U0678147

HETEROGENEOUS
FIRMS

AND

CHINA'S ECONOMIC
UPGRADING

异质企业
与中国经济升级

李锋 著

HETEROGENEOUS
FIRMS
AND
CHINA'S ECONOMIC
UPGRADING

社会科学文献出版社
SOCIAL SCIENCES ACADEMIC PRESS (CHINA)

序

　　当前，中国经济进入新常态，向形态更高级、分工更复杂、结构更合理的阶段演化，核心是促进经济升级，宁可主动将增长速度降下来一些，也要从根本上解决经济长远发展问题，把提高增长质量和可持续发展能力放在第一位。党的十八大提出，要适应国内外经济形势新变化，加快形成新的经济发展方式，把推动发展的立足点转到提高质量和效益上来，不断增强长期发展后劲。党的十八届三中全会提出，加快转变经济发展方式，加快建设创新型国家，推动经济更有效率、更加公平、更可持续发展。而避免陷入"中等收入陷阱"、成功跻身高收入国家行列、实现由经济大国到经济强国的转变，成为新阶段的主要任务。

　　种种迹象表明，我国在经历了30多年的高速增长后，经济升级将成为中国经济发展的主旋律。2014年2月24日召开的中共中央政治局会议强调：把改革创新贯穿于经济社会发展各个领域各个环节，全面深化改革，实施创新驱动，加快转方式调结构促升级，着力保障和改善民生，切实提高发展质量和效益。2014年中央经济工作会议指出，加快转变经济发展方式，促进提质增效升级，推动经济持续健康发展。2014年5月，习近平总书记在河南考察时指出，要增强信心，从当前我国经济发展的阶段性特征出发，适应新常态。2014年6月9日，习近平总书记在中国科学院第十七次院士大会、中国工程院第十二次院士大会上指出，进入21世纪以来，新一轮科技革命和产业变革正在孕育兴起，全球科技创新呈现新的发展态势和特征，面对科技创新发展新趋势，世界主要国家都在寻找科技创新的突破口，抢占未来经济科技发展的先机，我们必须清醒看到，我国经济规模很大，但依然大而不强，我国经济增速很快，但依然快而不优，主要依靠资源等要素投入推动经济增长和规模扩张的粗放型发展方式是不可持续的，要加快从以要素驱动、投资规模驱动发展为主向以创新驱动发展为主转变。2014年8月18日，习近平总书记在中央财经领导小组第七次会议的讲话中强调，我们必须认识到，从发展上看，主导国家发展命运的决定性因素是社会生产力发展和劳动生产率提高，只有不断推进科技创新，不断解放和发展社会生产力，不断提高劳动生产率，才能实现经济社会持续健康发展；必须增强紧迫感，紧紧抓住机遇，及时确立发展战略，全面增强自主创新能力，掌握新一轮全球科技竞争的战略主动。李克强总理在十二届全国人大一次会议闭幕后与中外记者见面时，首次提出了"打造中国经济升级版"概念，之后又多次对如何"打造中国经济升级版"提出了明确要求，强调我国经济发展正处在"爬坡过坎"的关键阶段，必须远近结合，在有效应对短期问题、保持经济合理增长速度的同时，实施好扩大内需、创新驱动、转型发展等战略，更加注重改善民生，更加注重提高发展质量。2014年8月27日，李克强总理在全球研究理事会2014年北京大会开幕式致辞时强调，持续下好中国经济这盘棋，实现升级是方向，这需要不断深化体制改革，激发全社会创新动力、创造潜力、创业活力，为此我们要弘扬求真探源的科学精神，尊重个性、宽容失败，支持科研工作者在探索中获得更多原创性、基础性的发现和发明，让创新成为中国发展的强音、实现中国经济升级的强大动力。促进中国经济升级，契合了世界经济发展的新特点与新趋势，是妥善应对我国经济未来发展面临的新挑战和新问题的有效途径，是实现中国经济由大到强的重要经济方略。

中国经济升级可从宏观、中观、微观三个层面来考量。从宏观层面看，中国经济升级是经济发展的体制升级、方式升级、动力升级、福祉升级，放弃唯GDP论，推动经济发展从主要依靠低端要素驱动向创新驱动转变，努力创造产品附加值高、发展质量好、能够支撑人民收入与经济同步增长的发展模式。从中观层面看，中国经济升级是产业升级，通过技术进步和生产要素的优化组合，实现产业结构的改善和产业素质与效率的提升，从产业的低端环节向中高端环节延伸，提升产业的国际竞争力和影响力。从微观层面看，中国经济升级是企业升级，通过提升企业的经营规模、生产率、自主创新能力、管理能力和营销能力，打造世界级的企业和品牌，提升产品和服务的附加值。中国经济宏观层面和中观层面的升级离不开微观层面的升级，微观升级是基础，只有实现企业升级才能更好实现产业升级，进而实现经济发展的体制升级、方式升级、动力升级、福祉升级，最终实现中国经济升级。

中国缺乏推动经济升级的世界级企业和品牌。《财富》世界500强企业排行榜是全球大型企业的知名榜单，2014年，中国上榜企业数量依然保持增长态势，总数达到100家，仅比美国上榜公司数量少28家，差距进一步缩小。在看到世界500强中国企业数量增加的同时，必须清醒认识到，虽然中国企业在世界500强排行榜中的数量不断攀升，但与其他国家上榜企业相比，中国企业多数还不是世界级的企业。中国大陆进入世界500强排行榜的95家企业平均利润为32.2亿美元，低于世界500强企业的平均利润（39.1亿美元），与美国上榜128家企业的平均利润62.4亿美元相比，差距更大。相比利润，生产率更是需要深远考虑的企业核心竞争力，中国企业员工的平均数量是美国的1.5倍，说明中国上榜企业人均盈利能力与美国上榜企业相比还有相当大差距。与中国企业在世界500强企业排行榜上屡创新高、跻身世界第二的辉煌，形成巨大反差的是，2001～2013年，世界品牌价值咨询机构Interbrand发布的全球最有价值100个品牌排行榜中，均没有中国品牌入选；直到2014年才有中国企业华为入选，且仅此一家。2013年8月28日，国家质检总局指出，中国出口商品中大约90%是贴牌产品，制造业品牌国际化进程缓慢。世界级企业缺乏，不仅是世界500强中国企业大而不强的主要原因，也是中国经济难以实现升级的根源。此外，《巴伦周刊》评选出2014年度最受尊敬的100家公司，上榜中国企业仅有中国移动、腾讯和中国建设银行，中国移动位居第96，腾讯位居第97，中国建设银行位居第99。《福布斯杂志》列举了中国企业排名靠后的四点原因：一是中国企业还没有现代化的管理系统；二是中国企业采用创新的商业模式遇阻；三是中国企业还未发展出现代化的资本运作思维；四是中国企业缺乏透明的会计系统。

　　中国经济升级的现实要求与异质企业贸易理论研究主题存在理想的契合点。2015 年 7 月 30 日，中共中央政治局会议指出，必须坚持用发展的办法解决前进中的问题，真正把功夫下在巩固基础、增强底气上，把发展实体经济和培育有核心竞争力的优秀企业作为制定和实施经济政策的出发点。进入 21 世纪以来，依托"大数据"的技术优势，国际经济研究突破了原有同质企业假设，以异质企业的视角分析贸易、投资等经济活动，随着分析对象由产业向企业转变，也把政府治理经济的重点由中观产业转向了微观企业。异质企业贸易理论主要研究对象是比较优势的新来源——异质企业，该理论分析了异质企业如何在对内销售与对外出口、对外出口与对外投资之间进行选择，阐述了异质企业的自我选择如何产生贸易利得。该问题也是目前我国企业升级的抉择难题。中国经济在改革开放以来的 30 多年中取得了快速发展，但是产品附加值低、自主品牌缺乏、资源消耗多和环境成本高等弊端成为众多国内外学者批评的焦点，中国经济升级的呼声越来越高。2008 年爆发的国际金融危机更暴露了中国经济发展方式存在的弊端，中国经济升级的紧迫性空前高涨。一方面，国际金融危机通过价格和收入双重效应使中国出口的外部需求大幅萎缩，倒逼经济升级，长期以来对外贸易采取出口导向、大进大出、低成本和低价格竞争的策略难以为继。另一方面，国际金融危机发生以来，贸易保护主义倾向在世界范围不断增强，作为全球第二大出口国，我国也成为全球贸易保护主义打击的最大目标，各贸易伙伴屡屡发起针对我国产品的贸易救济调查。而且，对中国发起贸易救济调查的不仅仅是发达国家，一些发展中国家为保护国内市场，也纷纷发起针对中国的贸易保护调查。贸易保护主义频频针对中国的部分原因在于中国粗放的经济发展方式。我国企业如何升级以及我们的经济如何升级，是困扰当前理论界的重大问题。针对这些问题，本书引入异质企业贸易理论的框架，从这一视角给出思路和回答。

　　中国少数企业发展成异质企业给本书写作带来了启发。异质企业是指具备较高的生产率、较大的规模、较多的人力资本以及较高的技术密集度和资本密集度等异质性特征的企业。中国部分企业通过创造和提升企业异质性，不仅使企业成为异质企业或竞争力更强的异质企业，还有效地促进了中国经济升级。首先，部分企业通过实施品牌国际化战略，成为竞争力更强的异质企业，促进了中国经济升级。2006~2010年，在连续5年对北京纺织服装行业10家自主品牌出口企业进行调查研究过程中发现，主动实施自主品牌战略的企业出口增长较快，利润率增加明显。企业通过品牌经营创造和提升了企业的异质性，成为异质企业，形成了更大的竞争优势，推动了生产要素向异质企业集中，进而提升了整个行业的平均劳动生产率，直接促进了中国经济升级。其次，部分企业通过扩大规模，成为异质企业或竞争力更强的异质企业，促进了中国经济升级。对一些企业进行实地调研的过程中发现：部分企业在应对国际金融危机的过程中，抓住机遇进行投资并购和企业联合实现了跨越式发展，推动了生产要素向异质企业集中，进而提升了整个行业的平均劳动生产率。再次，部分企业通过实施产业链经营，成为异质企业或竞争力更强的异质企业，促进了中国经济升级。在研究北京制造业与生产性服务业互动发展过程中发现，部分企业积极提升企业产品及配套服务的整体提供能力，成为竞争力更强的异质企业，不仅推动了制造业与生产性服务业融合发展，还推动了经济升级。最后，部分外商投资企业通过延长产业链，实现了加工贸易的转型升级，促进了中国经济升级。在调研过程中还发现：部分外商投资企业通过延长产业链，增强了企业的异质性，促进了发展方式的转变。企业为适应国内外环境变化而主动采取的创造和提升企业异质性的行为虽然数量不多，但代表性很强，使企业成为异质企业或竞争力更强的异质企业，将在促进中国经济升级的过程中发挥较大作用，值得深入研究。

　　实现中国经济升级的关键在于培育更多的异质企业。中国经济升级需要新的理论指导实践，需要从新的角度重新审视如何实现中国经济升级。而从经济发展的微观主体企业入手研究如何实现中国经济升级，对理论创新具有重大意义。从动态的角度看，研究我国企业如何创造和提升企业异质性以实现中国经济升级的意义就更大了。如果把企业异质性的创造、维持和再创造理解为一个动态过程，即企业的异质化，那么从企业创造和提升异质性角度阐述中国经济升级的路径选择，可以把经济发展模式转变等理论内在化，增强理论的解释力。本书选取"异质企业与中国经济升级"作为主题，正是试图阐述异质企业与中国经济升级的内在逻辑，研究异质企业促进中国经济升级的行为选择，分析创造和提升企业异质性的资源重置效应，以给出一个异质企业视野下中国经济升级微观机理的综合分析框架。同时，中国经济升级以体制升级为前提，以动力升级为基础，以方式升级为核心，以福祉升级为宗旨，通过释放改革的红利、挖掘内需的潜力、激活创新的活力、深化开放的推力、发挥区域的合力，形成促进经济升级的新动力，培育更多依靠内需拉动、创新驱动、绿色推动、区域互动的经济发展新方式，使经济质量和效益、居民就业和收入、资源节约和环境保护等有效提升，逐渐实现中国经济由大到强的升级。中国经济升级是以时间和空间相结合的经济量变逐渐发展到经济质变的过程，是对现有经济发展版本的继承与发展。本书将把国际上最新的异质企业理论与中国经济升级实践结合起来，以异质企业这一独特的视角分析中国经济升级的微观基础，为中国顺利实现经济升级进行相应的理论研究和实践探索。

目 录 ——————
Contents

第一章

导论

实现中国经济升级契合国内外经济发展新趋势，是我国避免陷入"中等收入陷阱"、成功跻身高收入国家行列、实现经济大国到经济强国转变的必由之路，培育更多的异质企业是实现这一重要战略任务的微观基础。

一 主要背景

（一）世界经济进入深度转型调整期

当前，国际金融危机的深层次影响仍在不断发酵，在复杂多变、不确定性因素增加的形势下，经济低迷成为未来一段时间世界经济的新常态，发达经济体和新兴经济体都在加速转型，推动世界经济进入深度转型调整期。

第一，世界经济平衡出现新变化。目前，主要发达经济体复苏乏力，未来可能会陷入长期低迷；而新兴经济体可能逐步成为引领世界经济增长的新动力。新兴经济体的崛起，既表现在发展中国家的整体性崛起，又表现在新兴大国的崛起，经济总量最大的 10 个新兴经济体占世界经济的比重从 2001 年的 14.1% 上升到 2010 年的 24.2%，上升了 10.1 个百分点，21世纪的第一个 10 年对世界经济增长的贡献为 34.6%。[①] 尽管发达国家整体实力在相当长时期内仍将保持优势地位，仍将处于世界经济治理、国际规

---

① 方晋：《新兴经济体崛起》，中国发展出版社，2012。

则制定的主导地位。但是，新兴经济体随着地位和影响力的上升，必然要求对现有的国际经济秩序做出调整，在全球经济治理中发挥更重要的作用。同时，随着亚太地区经济一体化的不断发展，该地区各经济体之间的经济联系与分工日益深化，经济总量不断扩大，世界经济重心呈现向亚太地区转移的新趋势。亚太地区是当今世界最具发展活力和潜力的地区之一。目前，亚太经合组织（APEC）所有成员的国内生产总值（GDP）之和与贸易总额均占全球一半左右。特别是亚洲国家积极探索适合本国情况的发展道路，成为拉动世界经济复苏和增长的重要引擎，近年来对世界经济增长的贡献率已超过 50%。随着新兴经济体特别是以中国、印度为代表的亚洲发展中国家的快速发展，以及亚洲同世界其他地区的区域、次区域合作展现出勃勃生机和美好前景，一些机构预测，亚洲经济规模将在未来十几年内超过北美和欧洲的总和。世界经济重心从大西洋地区向亚太地区转移的趋势越来越明显。温迪·道伯森（Wendy Dobson）在《亚洲新势力2030：世界经济重心转移》中预测：到 2030 年，中国和印度有可能成为世界经济的动力之源，以中国、印度为主的亚洲将成为世界经济的重心。普华永道发布的《2050 年的世界》报告显示，国际金融危机及其余波加快经济重心向中国、印度和其他新兴经济体的转移，美国、中国和印度将成为世界前三大经济体。有人甚至提出，21 世纪是"亚洲时代"、"太平洋时代"。世界经济重心转移将带来深远的影响。世界各国纷纷将战略重点转向亚太，美国提出了"战略东移"、"重返亚洲"、"亚太再平衡"的战略；欧洲理事会常任主席范龙佩则提出欧盟应当"向东看"，加强与亚洲国家的合作，促进经贸关系深入发展。这些都将给国际格局和国际关系带来深刻调整，也将给我国的外部发展环境带来重大变化。

第二，发达经济体和新兴经济体加速转型。国际金融危机对世界经济造成了巨大冲击，在复杂多变、不确定性因素增加形势下，世界经济面临的下行风险尚未完全消失，世界经济增长将继续保持低迷，经济低迷将成为未来一段时间世界经济的新常态。国际金融危机爆发 7 年来，有关国家为应对危机而出台的财政政策、货币政策在一定程度上缓解了危机，但没有从根本上改变主要经济体需求疲弱的局势。近一段时间以来，欧债危机的压力有所缓解，但从基本面看，欧元区所有国家的公共债务比例依旧呈上升趋势，债务问题仍将长期困扰欧洲，并给经济增长留下严重的后遗症。此次国际金融危机的出现引起了人们对全球化和自由贸易的反思，进一步催化了贸易保护主义情绪的释放，各国政府纷纷采取贸易保护措施缓解国内的矛盾和压力。2008 年国际金融危机爆发以来，耐克、阿迪达斯相继将在中国的自有生产工厂迁往越南、缅甸，星巴克、佳顿、福特等企业则将全部或部分产能迁回美国本土，第四次国际产业转移开始启动。前三次的国际产业转移都是单方向由上往下的转移，即由经济发达国家向新兴发展中国家转移，而这次转移出现了双向的转移，一部分高端制造业在美国、欧洲等发达国家"再工业化"战略的引导下回流。在这次国际产业转移中，中国制造业可能会成为受冲击最大的行业。如何应对国际金融危机带来的深层次影响，成为世界各国特别是出口导向型国家必须面对和解决的难题。发达国家致力于改变借贷消费的模式，吸引制造业回流，扩大实体经济比重。新兴经济体则致力于扩大国内需求，加快产业转型升级，努力实现创新驱动发展。发达经济体和新兴经济体促进经济转型的努力将重塑全球制造业和服务业的关系，重塑世界经济地理，重塑国家间利益分配的格局。

第三，第三次工业革命的征兆越来越明显。美国著名未来学家杰里米·里夫金的著作《第三次工业革命——新经济模式如何改变世界》描绘了第三次工业革命将从根本上改变人们的生活和工作方式。随后，英国《经济学人》杂志的一系列相关文章再次勾勒出"第三次工业革命"令人震撼的图景。事实上，以大数据、智能制造、无线革命为代表的第三次超级技术变革，正在美国酝酿并初现端倪。苹果公司 iPhone 手机的计算能力已超越 IBM 在 20 世纪 70 年代生产的大型计算机；"云计算"在数据处理方面的成就让此前难以想象的服务成为可能；智能制造将使人类的制造方式发生根本性变化。越来越多的事实让人们开始感受到全球范围内一场技术大变革正处在孕育期，很有可能引发新一轮工业革命。第三次工业革命将催生世界经济新格局。观察家普遍认为：在接下来的半个世纪，第一、第二次工业革命的集中经营活动将被第三次工业革命的分散经营方式所取代。前两次工业革命的经验表明，工业革命决定经济发展的未来，第三次工业革命有可能使全球技术要素与市场要素的配置方式发生革命性变化，引领全球产业分工新布局，催生世界经济新格局。第三次工业革命既带来机遇也带来挑战。未来国家竞争力的基础在于能否占领第三次工业革命核心技术的制高点。第三次工业革命在使许多劳动密集型产业消失的同时，也将使机器人、可再生能源、新材料、智能制造、纳米技术、生物电子技术等新兴产业不断成长为新的主导产业。更重要的是，如果一个国家在第三次工业革命主导产业的核心技术上不能取得国际领先地位，它原先在传统工业上的国际竞争优势最终也会丧失。在全球经济迈向第三次工业革命的背景下，美国率先提出了"再工业化"战略。任何国家欲在第三次工业革命中占据先机和提升其在世界经济格局中的地位与利益，必须加快本国经济转型，不断提升国际竞争力。

第四，经济全球化日趋深入。经济全球化是第二次世界大战以来，特别是进入21世纪以来世界经济发展的重要趋势。2011年，世界货物和服务出口总额占国民生产总值的比重达到32%，比2000年提高了7.5个百分点；全球对外直接投资（FDI）流量总额达到1.69万亿美元，是2000年全球对外直接投资流量总额的1.38倍。根据联合国贸发组织发布的《世界投资报告》数据，全球最大的100家跨国公司的跨国指数不断提高，1994年这些跨国公司平均跨国指数为40%，到2010年全球最大的100家跨国公司平均跨国指数已经超过60%。经济全球化有利于资源和生产要素在全球的合理配置、有利于实现资本和产品的全球性流动、有利于实现科技的全球性扩张、有利于促进不发达地区经济的发展，是人类发展进步的表现，也是世界经济发展的必然结果。随着现代科技的进步，交通工具现代化水平和网络普及率不断提升，跨国公司业务持续扩展，经济全球化进程迅猛加快。经济全球化是当今世界发展的一个重要趋势，任何一个国家的经济发展都会成为全球经济发展的一部分。同时，经济全球化对每个国家来说，都是一把双刃剑，既是机遇，也是挑战。特别是对经济实力薄弱和科学技术比较落后的发展中国家，面对全球性的激烈竞争，所遇到的风险、挑战将更加严峻。此外，进入 21 世纪以来，经济全球化与跨国公司的深入发展，既给世界贸易带来了重大的推动力，也给各国经贸发展带来了诸多不确定因素，使其出现许多新的特点和矛盾。因此，无论是发达国家还是发展中国家，在经济全球化进程中都应以开放的心态把握全球的资源、需求和人才，只有在保护本国利益的基础上积极参与其中才能在经济全球化的过程中实现互利双赢。

第五，服务业成为世界经济复苏的主要动力。当前，服务业已居世界经济主导地位，服务业占世界经济总量的比重已达到 70% 左右，其中高收入国家服务业比重为 74%，低收入国家服务业比重为 50%。特别是进入 21 世纪以来，主要国家和地区的服务业发展速度较快，比重不断提升。2000 ~ 2010 年，美国服务业增加值占 GDP 的比重由 73.5% 上升至 80%，日本所占比重由 66.8% 上升至 74%，德国所占比重由 67.3% 上升至 71.2%，巴西所占比重由 64.3% 上升至 67.4%，印度所占比重由 48.2% 上升至 55%，中国所占比重由 33.2% 上升至 43.2%。服务业成为国际直接投资的主要领域。20 世纪 70 年代初期，服务业吸收的外国直接投资仅占全球外国直接投资的 1/4。而联合国贸发组织会议数据表明，服务业国际直接投资存量所占比重从 1990 年的 48.9% 上升至 2006 年的 62.2%，成为国际直接投资的主要投资领域。即使在国际金融危机发生后的前两年里，服务业国际直接投资额占全球国际直接投资总额的比重也达到 48%，仍然高于制造业；只是在 2010 年，服务业国际直接投资额占全球国际直接投资总额的比重下降到 39%，但是 2011 年已经回升到 40%。[1] 服务贸易在国际贸易中的比重不断提高。1980 ~ 2010 年，世界服务出口总额从 3673 亿美元扩大到 36639 亿美元，30 年间增长了 9 倍，占世界贸易出口总额的比重

---

[1]　UNCTAD Estimates Based on Cross – border M&A Database for M&A, and Information from the Financial Times Ltd, FDI Markets (www.fdimarkets.com) for Greenfield Projects.

从 1/7 增长到近 1/5。2012 年世界服务贸易总额达到 43450 亿美元，同比增长 2%，高于货物贸易 2 个百分点，占全球贸易的比重达到 19.2%。① 相比制造业，服务业具有附加值高、资源消耗少、环境污染小、就业容量大等优势，其发展水平已经成为衡量一个国家和地区综合实力以及国际竞争力的重要标志，成为推动世界经济强劲、平衡、可持续发展的重要动力。

（二）中国经济进入新常态

2014 年 11 月，习近平总书记在亚太经合组织工商领导人峰会开幕式上首次系统阐述了新常态。2014 年 12 月，中央经济工作会议全面描述了经济进入新常态的九大趋势性变化，提出要认识新常态，适应新常态，引领新常态。中国经济进入新常态，经济发展的体制、动力、模式和目标都将加速转变，同时也面临诸多挑战，需要根据新的约束条件选择适当的发展战略，才能实现中国经济升级。

中国经济新常态具备五大特征。中国经济进入新常态是由经济发展的客观规律决定的，是经济发展的阶段性现象和自然过程。认识和准确把握经济发展新常态，是适应新常态、引领新常态的前提。从中国经济发展的阶段性特征和趋势性变化来看，中国经济进入新常态是指我国经济向形态更高级、分工更复杂、结构更合理的阶段演化，经济发展方式更加合理，质量效率型集约增长成为主体；经济结构更加优化，服务业和消费需求逐步成为主体；经济发展动力更加强劲，创新驱动成为经济增长的主体；经济发展目标更加科学，广大民众成为享受发展成果的主体。中国经济新常态的核心是推进经济转型升级，宁可主动将增长速度降下来一些，也要从根本上解决经济长远发展问题，把提高增长质量和可持续发展能力放在第一位。从时间维度上看，新常态指的不是短期的一两年，也不是长期的二三十年，而是一个中期的概念。具体来讲，中国经济新常态的基本内涵可

---

① WTO Secretariat Estimates for Merchandise and WTO and UNCTAD Secretariat Estimates for Commercial Services.

从以下五个方面来理解。第一，经济发展动力从传统增长点转向新增长点。我国过去30多年经济发展的动力，在需求结构上主要依靠投资和出口拉动，在产业结构上主要依靠第二产业带动，在要素投入上主要依靠增加物资和资源消耗。中国经济新常态立足于改变传统的经济发展动力，从拉动经济增长的三大需求看，经济发展动力将从传统增长点转向新增长点，消费需求、投资需求和出口需求都将出现新增长点，并将叠加起来形成推动经济发展的新动力。第二，经济发展方式从规模速度型转向质量效率型。中国经济目前已经到了只有转型升级才能持续发展的关键阶段，曾经让我们受益多年、以要素驱动为主的传统发展方式已经走到了尽头。同时，要素成本优势弱化、产业被低端循环锁定、企业创新动力不足，这些新的不利因素迫切需要我国尽快转变经济发展方式。中国经济新常态将改变经济发展对要素驱动、投资驱动的过度依赖，转向依靠技术进步来提高劳动生产率的创新驱动，不断提高科技创新对经济增长的贡献率，形成创新驱动经济发展的新方式。第三，经济结构正从增量扩能转向调整存量和做优增量。制造业智能化、服务业高端化已经成为推动经济强劲、平衡、可持续发展的重要动力，是衡量一个国家和地区综合实力以及国际竞争力的重要标志。中国经济进入新常态，经济结构将从增量扩能为主转向调整存量、做优增量并存的深度调整，无论是制造业还是服务业甚至农业发展的重点都将从产业中低端环节向研发营销等产业高端环节转变，实现中国制造到中国创造的成功跨越。第四，经济管理从刺激增长转向科学调控。我国经济正面临着近年来少有的"增长速度进入换挡期、结构调整面临阵痛期、前期刺激进入政策消化期"三期叠加的错综复杂局面，再加上世界经济处于深度调整之中，使我国经济发展的内外环境更趋复杂。如果一味地采取总量刺激政策，忽视深化改革与结构调整，只能是拖延系统性风险爆发的时间。考虑到我国经济拥有巨大韧性、潜力和回旋余地，市场空间广阔和发展潜力巨大。中国经济新常态的宏观经济管理将从刺激增长转向科学调控，着力增强宏观调控政策的精准性、有效性、前瞻性和协调性，确保就业稳定，避免出现系统性风险。第五，经济发展目标从追求经济增长转向共享发展成果。不惜代价追求经济高速增长的发展模式难以持续，中国经济新常态将放弃唯 GDP 论，真正做到以人为本，突出解决好教育、就业、社保等人民群众最关心、最直接、最现实的利益问题，促进公共服务共享、社会公平公正、环境保护和资源节约有新提升，实现人民生活水平的显著提升，保障人民共享发展成果。同时，我国还将实行更加积极主动的开放战略，扩大同各方的利益汇合点，实现共同发展、共同受益。

中国经济新常态呈现九大趋势。第一，个性化、多样化、品质化的消费成为新的经济增长点。从消费需求看，过去我国消费具有明显的模仿型排浪式特征，现在模仿型排浪式消费阶段基本结束，个性化、多样化消费渐成主流，保证产品质量安全、通过创新供给激活需求的重要性显著上升，个性化、多样化、品质化的消费将成为推动经济发展的新增长点。第二，公共服务、新技术、新产品、新业态、新商业模式的投资成为新的经济增长点。从投资需求看，经历了 30 多年高强度、大规模开发建设后，传统产业相对饱和，但基础设施互联互通和一些新技术、新产品、新业态、新商业模式的投资机会大量涌现，公共服务、新技术、新产品、新业态、新商业模式的投资将成为推动经济发展的新增长点。第三，高附加值产品和服务的出口将成为新的经济增长点。从国际需求看，国际金融危机发生前国际市场空间扩张很快，出口成为拉动我国经济快速发展的重要动能，现在全球总需求不振，我国低成本比较优势也发生了转化，同时我国高水平引进来、大规模走出去正在同步发生，高附加值产品和服务的出口将成为推动经济发展的新增长点。第四，小型化、智能化、专业化生产成为产业组织的新特征。从生产能力和产业组织方式看，过去供给不足是长期困扰我们的一个主要矛盾，现在传统产业供给能力大幅超出需求，产业结构优化升级成为必然，企业兼并重组、生产相对集中不可避免，新兴产业、服务业、小微企业作用更加凸显，生产小型化、智能化、专业化将成为产业组织的新特征。第五，创新成为驱动经济发展的新引擎。从生产要素相对优势看，过去劳动力成本低是最大优势，引进技术和管理就能迅速变成生产力，现在人口老龄化日趋明显，农业富余劳动力减少，要素的规模驱动力减弱，经济增长将更多依靠人力资本质量和技术进步，创新将成为驱动发展的新引擎。第六，质量型、差异化的市场竞争成为主旋律。从市场竞争特点看，过去主要是数量扩张和价格竞争，现在正逐步转向质量型、差异化为主的竞争。中国经济新常态将按照经济发展的内生性要求，深化改革开放，统一全国市场，形成统一透明、有序规范的市场环境，质量型、差异化的市场竞争将成为主旋律。第七，绿色、低碳、循环发展成为新方式。从资源环境约束看，过去能源资源和生态环境空间相对较大，现在环境承载能力已经达到或接近上限。中国经济新常态将顺应人民群众对良好生态环境的期待，推动形成绿色、低碳、循环发展新方式。第八，各类隐性风险逐步显性化。从经济风险积累和化解看，伴随着经济增速下调，过去被经济高增长和政府直接配置资源掩盖的各类隐性风险逐步显性化。虽然风险总体可控，但化解以高杠杆和泡沫化为主要特征的各类风险将持续一段时间。第九，市场在资源配置中起决定性作用。从资源配置模式和宏观调控方式看，全面刺激政策的边际效果明显递减，中国经济新常态将根据总供求关系的新变化，在全面化解产能过剩的基础上，通过发挥市场机制作用探索未来产业发展方向，科学进行宏观调控。

中国经济进入新常态面临重大机遇。改革开放以来，我国经济经历了30多年的高速增长，取得了举世瞩目的成就，众多主要经济指标名列世界前列，已成为世界第二大经济体和世界货物贸易第一大国，迈入中等收入国家行列。同时，我国经济规模很大，但依然大而不强；我国经济增速很快，但依然快而不优。主要依靠资源等要素投入推动经济增长和规模扩张的粗放型发展方式难以持续。2012年党的十八大提出了关于全面深化改革的战略部署，2013年党的十八届三中全会研究了全面深化改革的若干重大问题，做出了《中共中央关于全面深化改革若干重大问题的决定》，提出了全面深化改革的总目标，到2020年，在重要领域和关键环节改革上取得决定性成果，完成本决定提出的改革任务，形成系统完备、科学规范、运行有效的制度体系，使各方面制度更加成熟、更加定型。这预示着中国经济进入新常态面临重大机遇。

第一，经济发展进入质量提升期。中国经济经过 30 多年的年均增长率在 10% 左右的高速发展，总量已经位列世界第二。由于基数的增大以及发展方式转型，长期保持 GDP 两位数的高速增长将不会是常态，中国经济开始进入个位数增长的"换挡期"。但是，中国还拥有广阔的市场空间和发展潜力，保持年均 7% 左右的增长速度、推动经济持续健康发展是完全有可能的。我国城市化率刚刚超过一半，消费需求增长的最大潜力将来自城市化的持续推进。区域经济发展不平衡是我国经济高速发展期的一个重要特点，在缩小区域间发展差距的同时，也将为可持续的经济增长提供广阔空间。当中国经济从投资和出口拉动型向消费拉动型转变时，经济增长放缓可能更多是结构性的而非周期性的。对中国经济而言，新常态是 7% 左右的持续增长。经济增长速度适度回落是经济达到中等收入之后的普遍规律。从国际上看，二战以后德国、日本、韩国等一批国家成为成功的追赶型经济体，这些国家都经历了高速增长，当人均收入达到按照购买力平价计算的 11000 美元时，几乎无一例外地出现了增长速度回落，回落的幅度平均在 30% ~ 40%，由高速增长转入了中速增长的阶段。德国的经济增速回落发生在 20 世纪 60 年代后期，日本的经济增速回落发生在 20 世纪 70 年代早期，韩国的经济增速回落发生在 20 世纪 90 年代中后期。中国的增长周期和这些国家相类似，在今后一段时期里我国的经济增长将保持一个中速增长的态势。经济增长速度适度回落是经济变得成熟的标志之一。原有的人口红利逐渐消失，资本回报率不断下降，这就是经济增长到了中等收入之后下降的根本原因。增长阶段的新变化，除了增长速度适度放缓，更重要的是经济结构和增长动力的重大调整。增长阶段的新变化，不仅表明经济发展的潜力依然可观，也将呈现与以往显著不同的特征，经济增长将更多地依靠要素生产率的提高、创新驱动和人力资本的提升。

第二，经济发展进入升级机遇期。国际经济形势的深刻变化为中国经济升级提供了难得的机遇。准确把握国际金融危机深层次影响不断显现和世界经济进入深度转型调整期的机遇，有利于培育我国经济发展的新优势；准确把握经济全球化日趋深入和全球经济治理机制进入变革期的机遇，有利于增强我国参与国际经济分工和全球经济治理的能力；准确把握第三次工业革命处于孕育期和服务经济时代来临的机遇，有利于抢占未来经济发展战略制高点；准确把握新兴市场国家力量步入上升期和世界经济重心向亚太地区转移的机遇，有利于增强国际竞争力。经济总量和人均收入跃上新台阶为中国经济升级提供了较大的回旋余地。中国作为世界上人口最多的发展中国家，在改革开放以来的 30 多年时间里，保持了 10% 左右的高速增长，经济总量跃居世界第二位，能够容忍因经济升级带来的经济增速放缓的压力。2013 年，中国货物出口总额处于世界首位，服务出口总额位居世界第五，对外经济交往的能力显著增强，有助于进一步提升我国国际产业标准和规则制定的话语权，有助于影响国际商品和服务价格的生成，为中国经济升级创造更好的外部环境。2012 年，我国人均 GDP 已超过 6000 美元，进入了中等收入阶段，消费升级空间广阔，将为中国经济升级提供强大的内需支撑。巨大的发展潜力为中国经济升级提供了显著的空间。与发达国家相比，中国的经济还有相当大的增长潜力，后发优势依然比较明显，经济升级仍处于大有可为的战略机遇期。首先，我国居民消费结构正处于迅速提升的阶段，消费市场非常广阔，广大人民改善物质生活和文化生活的迫切要求，是中国经济升级的持续动力。其次，城镇化正处于加速提升阶段，农村富余劳动力向非农产业和城镇的进一步转移，都将持续促进消费增长，为中国经济升级提供新的动力。再次，区域协调发展正处于加快推进阶段，中西部大开发、东北老工业基地振兴和东部沿海地区产业结构调整将推动全国范围内梯次产业转移与升级。最后，改革的红利可以进一步释放，进一步激活中国经济升级的潜力。总之，只要把改革的红利和内需潜力逐步释放出来，就能促进中国经济不断升级。

第三，经济发展进入转型关键期。中国现有的经济发展方式不可持续。中国现有的经济发展方式，在需求结构上主要依靠投资和出口拉动，在产业结构上主要依靠第二产业带动，在要素投入上主要依靠增加物质和资源消耗。2013 年，我国最终消费支出总额占 GDP 的比重为 49.8%，而高收入国家一般在 70% 左右，消费在拉动经济增长的作用方面不突出；相比之下，当年固定资产投资占 GDP 的比重高达 45.9%，远高于世界平均水平。我国的发展方式表现为"三高一低"，即高投入、高消耗、高污染、低效益，2012 年我国 GDP 约占世界总量的 11.6%，而消耗的能源占到 21.3%。中国现有的经济发展方式已难以持续，必须进行转型。在国际竞争日趋激烈的情况下，能否顺利实现转型，形成新的经济竞争力，在保持经济增长的同时，实现可持续发展，将决定未来中国经济崛起的走势。虽然我国劳动力等要素的低成本优势不可能瞬间消失，能利用的还是要尽量利用，但这种优势的逐渐减弱却是客观必然的趋势。作为替代，必须加强创新驱动，不断提升产品和服务的附加值，确保在一些重要领域与国际先行者并驾齐驱甚至局部领先。服务业将成为引领转型发展的新引擎和新方向。经济发展方式转变要有相应的服务供给来支撑，要通过创新驱动，提升产业层次，补足服务业等短板，提高发展的质量和效益。服务业依然是中国经济发展中的一块短板，2013 年，中国服务业增加值占国内生产总值的 46%，大大低于发达国家 70% 以上的份额，也比同等收入水平的发展中国家低 10 个百分点左右。差距就是潜力，中国服务业具有广阔的发展空间，服务业的发展将扩展新的增长和就业空间，尤其是通过技术和知识密集型等生产性服务业的发展，通过大力发展企业服务外包，既可以为制造业升级提供支撑，也将为服务业内部产业升级提供持久的引导力量。

中国经济新常态面临诸多挑战。经济发展进入新常态，我国发展仍处于可以大有作为的重要战略机遇期，但无论是从国际形势还是内部变化来看，我国经济发展都面临诸多挑战。

第一，面临更加复杂多变的国际环境。世界经济深度调整成为新常态。国际金融危机的深层次影响仍在不断发酵，未来一段时间世界经济形势更加复杂多变、不确定性因素增加，深度调整将成为未来一段时期世界经济的新常态。首先，发达国家制造业回流成为新常态。国际金融危机使美国和欧盟等发达经济体重新认识到制造业对于推动技术进步、拉动就业的重要性，将重塑制造业视作拉动经济复苏、恢复经济活力的关键，并出台了一系列政策来实现本国的"再工业化"，吸引制造企业回归。美国先后推出《美国制造业促进法案》、《重振美国制造业政策框架》、《先进制造业伙伴计划》等一系列措施，鼓励企业在本国建厂，为制造业回流本土创造良好的政策环境。德国政府提出了"工业4.0"战略，进一步提高德国工业的竞争力，在新一轮工业革命中占领先机。其次，发达经济体经济结盟成为新常态。长期以来发达国家一直是推动世界经济增长的最主要引擎，2008年国际金融危机之后，新兴经济体的增速明显高于发达经济体。为推动发达经济体经济快速复苏并继续主导世界经济，以美国为首的发达国家从军事结盟、外交结盟开始转向经济结盟。经济结盟的主要策略是组建自由贸易区，以此形成发达经济体的自由贸易网络，对于非经济结盟的国家和地区形成战略挤压。美国正在努力推进跨太平洋伙伴关系协议（TPP）和跨大西洋贸易与投资伙伴关系协议（TTIP），希望通过推行更高标准的自由贸易区遏制新兴市场国家和发展中国家经济发展。再次，新兴市场国家和发展中国家经济增速放缓成为新常态。当前，新兴市场国家和发展中国家的经济总量已占到全球一半之多。但是国际金融危机导致作为全球增长引擎的新兴市场国家和发展中国家的经济增速放缓，对世界经济产生重大影响。同时，一些新兴市场国家陷入了"中年危机"，出现国家经济结构长期失衡的趋势，将直接导致其经济脆弱。最后，世界经济还存在一些不确定的因素。当前国际大宗商品价格波动幅度加大，未来10年或更长时间，国际大宗商品价格大幅波动可能成为新常态。国际金融危机引发了人们对经济全球化和自由贸易的反思，进一步催化了贸易保护主义情绪的释放，各国政府将采取更多的贸易保护措施来缓解国内的矛盾和压力。此外，地缘政治等非经济因素影响加大。在欧洲，乌克兰危机引发的地缘政治格局正在发生冷战后最剧烈的嬗变，其外溢效益已经传递到亚太地区。在亚洲，一些国家出于觊觎之心与狭隘的民族主义情绪，在岛屿争端和海洋权益问题上狂飙突进；在美国"亚太再平衡战略"的催化下，中国同周边国家的关系出现了新困难。在中东，"伊斯兰国"、"基地组织"等极端恐怖势力的异军突起，悄然改变中东政治版图与国际反恐格局。在西亚北非，埃及政局动荡不已，利比亚战争后遗症严重，叙利亚内战前景不明，地区国家宗教内部以及宗教和世俗政权之间的矛盾尖锐。地缘政治等非经济因素已经并将继续影响我国周边稳定、能源安全和经济安全。

第二，陷入"中等收入陷阱"的风险。世界银行《东亚经济发展报告（2006）》提出了"中等收入陷阱"的概念，基本含义是指：鲜有中等收入的经济体成功地跻身为高收入国家，这些国家往往陷入了经济增长的停滞期，既无法在工资方面与低收入国家竞争，又无法在尖端技术研制方面与高收入国家竞争。按照世界银行的标准，2012年我国已经进入中等收入国家的行列。目前，经济增长减速、经济发展动力不足、经济发展方式不适应、就业压力上升、腐败现象蔓延等其他国家在进入中等收入阶段出现过的问题，在我国也相当程度地存在。这些问题如果解决不好，不但会给社会稳定造成极大的危害，甚至陷入"中等收入陷阱"。同时，我国还出现了严重的贫富差距问题，北京大学中国社会科学调查中心发布"中国家庭追踪调查"数据显示，中国家庭收入两极分化严重，贫富差距高达234倍；2014年中国官方公布过去10年的基尼系数，始终在0.47以上，远远高于国际公认的0.4的警戒线。只有加快转变经济发展方式，形成新的发展动力，才能避免经济快速发展积累的矛盾集中爆发，防止经济增长出现大幅波动或陷入停滞，最终避免陷入"中等收入陷阱"。但是，我国经济提质增效升级的动力基础薄弱，国内消费需求增长乏力，我国最终消费支出总额占GDP的比重低于世界平均水平，同时企业普遍缺乏核心技术，转型升级困难。

第三，各类经济风险将持续一段时间。以高杠杆和泡沫化为主要特征的各类风险将持续一段时间。当前高杠杆的风险点主要包括企业高负债风险和地方政府性债务风险；泡沫化的风险源则是以房地产为主的资产价格风险。近年来，企业高负债风险日益凸显，2014年多家大型企业因负债率高、无力偿还债务或资金周转出现问题而出现债务危机，陷入破产重整的境地。这些企业无不背负巨额银行贷款，靠高负债、高杠杆实现企业大规模扩张，在经济增速放缓与结构调整的双重压力下，这种高负债模式的风险逐渐暴露。地方政府性债务风险同样具有高杠杆特征。《全国政府债务审计结果》显示，截至 2013 年 6 月，全国共有 7170 个融资平台公司；地方政府负有直接偿还责任的债务为 10.88 万亿元，负有担保责任的债务为 2.66 万亿元，可能承担一定救助责任的债务为 4.34 万亿元，占国内生产总值的 37%。而 2015 年 1 月 5 日中国指数研究院发布报告显示，2014 年全国 300 个城市土地出让金仅有 2.3 万亿元，同比下降 28%。同时，经过此前 10 年的繁荣，房价持续高涨，大量资金流入房地产市场，整个市场出现泡沫化迹象。随着市场进入调整下行期，房地产领域的风险隐患逐渐显现，部分地区已经出现小型房企因资金链问题而破产的案例。从发展态势来看，企业高负债风险、地方政府性债务风险和资产价格泡沫化风险还处于凸显阶段，短时期内难以化解。

第四，已经进入并将长期处于人口老龄化社会。人口老龄化是我国面临的长期挑战。2014 年 6 月 17 日民政部发布的《2013 年社会服务发展统计公报》显示，截至 2013 年底，我国 60 岁及以上老年人口占总人口的 14.9%。人口老龄化一般指 60 岁及以上的老年人口或 65 岁及以上的老年人口在总人口中的比例超过 10% 或 7%。这表明，我国已进入并将长期处于老龄化社会。如果维持现行生育政策不调整，几十年后劳动年龄人口锐减，老年人口比重过大，势必严重影响我国经济社会发展活力和国际竞争力。同时，随着经济社会发展、国民收入增长、社会保障制度趋于健全、城镇化水平提高，特别是生活、教育成本的提高导致低生育思维定式已在处于生育期的新生代家庭中悄然形成，妇女总和生育率还可能进一步下降。我国人口老龄化与世界其他国家相比具有明显不同的特点，解决起来更加困难。一是整体数量庞大。目前我国 60 岁及以上老年人口占世界老年人口总量的 1/5 强，占亚洲老年人口的 1/2 强。二是高龄趋势明显。我国高龄老年人口正以较快速度增长，预计到 2020 年 80 岁及以上老年人口将达到 3000 万。三是性别比严重失调。我国老年人口中女性比男性多数百万人，特别是 80 岁及以上年龄段尤为明显。四是老龄化先于工业化。发达国家在进入老龄化社会时都实现了工业化，而我国现在仍处于工业化的进程之中。

第五，生态环境承载能力已经达到或接近上限。生态环境严重恶化。2014年中央经济工作会议对生态环境的承载能力首次用了"上限"二字，这是中央在研判当前生态环境保护形势后，发出的有史以来最为严厉的警告。2013年中央经济工作会议对生态环境保护形势的定性还是"生态环境恶化"，时隔一年之后，形势判断发生了巨大转变。措辞变化的背后是生态环境的急剧恶化。2014年6月4日，环保部发布的《2013中国环境状况公报》显示，全国生态环境保护形势依然严峻，最受公众关注的大气、水、土壤污染状况依然令人忧虑。依据新的《环境空气质量标准》进行评价，74个新标准实施第一阶段城市环境空气质量达标率仅为4.1%，华北不少城市常年被雾霾笼罩。生态环境恶化的形势短期内难以改善。尽管2014年度的各项环境污染及相关指标尚未统计出来，但从现有的信息看，环境质量在总量和结构上的进一步恶化已经难以避免，环境污染的存量和增量都将持续发力，使得生态环境质量在短期内仍无望好转，生态环境承载能力达到或接近上限。无论我们如何调整经济发展方式，物质和环境资源消耗的自然规律都将使我国的利用总量在这段时期内达到峰值，正如2014年11月12日《中美气候变化联合声明》所提出的，2030年可能是中国碳排放的峰值年份，从同根同源和相关性角度看，碳排放的峰值年份其实也正是其他污染物的大概峰值年份。所以，在达到或接近生态环境承载能力上限后，如果无法扭转生态环境的恶化趋势，就有可能危及经济发展甚至社会安全。

（三）经济升级将成为中国经济发展的主旋律

中国经济进入新常态，经济升级将成为经济发展的主旋律。党的十八大提出，要适应国内外经济形势新变化，全面深化经济体制改革，实施创新驱动发展战略，推进经济结构战略性调整，推动城乡发展一体化，全面提高开放型经济水平，加快形成新的经济发展方式，把推动发展的立足点转到提高质量和效益上来，不断增强长期发展后劲。党的十八届三中全会提出，加快转变经济发展方式，加快建设创新型国家，推动经济更有效率、更加公平、更可持续发展。2014 年中央经济工作会议指出，加快转变经济发展方式，促进提质增效升级，推动经济持续健康发展。2014 年 2 月 24 日召开的中共中央政治局会议强调：把改革创新贯穿于经济社会发展各个领域各个环节，全面深化改革，实施创新驱动，加快转方式调结构促升级，着力保障和改善民生，切实提高发展质量和效益。

2012 年 12 月，习近平总书记在广东考察工作期间高屋建瓴地提出，加快推进经济结构战略性调整是大势所趋，刻不容缓。国际竞争历来就是时间和速度的竞争，谁动作快，谁就能抢占先机，掌控制高点和主动权；谁动作慢，谁就会丢失机会，被别人甩在后边。2014 年 6 月 9 日，习近平总书记在中国科学院第十七次院士大会、中国工程院第十二次院士大会上指出，进入 21 世纪以来，新一轮科技革命和产业变革正在孕育兴起，全球科技创新呈现出新的发展态势和特征，面对科技创新发展新趋势，世界主要国家都在寻找科技创新的突破口，抢占未来经济科技发展的先机，我们必须清醒地看到，我国经济规模很大，但依然大而不强，我国经济增速很快，但依然快而不优，主要依靠资源等要素投入推动经济增长和规模扩张的粗放型发展方式是不可持续的，要加快从以要素驱动、投资规模驱动发展为主向以创新驱动发展为主的转变。2014 年 8 月 18 日，习近平总书记在中央财经领导小组第七次会议的讲话中强调，我们必须认识到，从发展上看，主导国家发展命运的决定性因素是社会生产力发展和劳动生产率提高，只有不断推进科技创新，不断解放和发展社会生产力，不断提高劳动生产率，才能实现经济社会持续健康发展，必须增强紧迫感，紧紧抓住机遇，及时确立发展战略，全面增强自主创新能力，掌握新一轮全球科技竞争的战略主动。

2013 年 3 月，十二届全国人大一次会议闭幕后，李克强总理在与中外记者见面并回答记者提问时，首次提出了"打造中国经济升级版"概念，指出要把改革的红利、内需的潜力、创新的活力叠加起来，形成新动力，使质量和效益、就业和收入、环境保护和资源节约有新提升。之后，他又在很多场合对如何"打造中国经济升级版"提出了明确要求，做出了具体部署。2013 年 3 月 20 日，李克强总理在国务院第一次全体会议上再次提出，"稳中求进"中的"进"关键要靠经济转型，打造中国经济的升级版……中国的经济到了今天，不转型将难以为继。2013 年 3 月 25 日，在与出席中国发展高层论坛 2013 年年会的境外代表座谈时，李克强总理再一次提出：要有相应的供给做支撑，要通过创新驱动，提升产业层次，补足服务业等短板，提高发展的质量和效益，打造中国经济升级版。2013 年 3 月 27～29 日，李克强在上海召开部分省市经济形势座谈会时强调：我们要用开放促进改革，要以勇气和智慧打造中国经济升级版。2013 年 4 月 12 日，李克强在中南海主持召开专家和企业负责人座谈会时指出，我国经济发展正处在"爬坡过坎"的关键阶段，必须远近结合，在有效应对短期问题、保持经济合理增长速度的同时，更加注重提高发展的质量和效益，把力气更多地放在推动经济转型升级上来。2013 年 5 月 21 日，李克强总理在印度世界事务委员会发表题为《把握中印战略合作新机遇》的演讲中提到，我们将集中精力把自己的事情办好，实施好扩大内需、创新驱动、转型发展等战略，更加注重改善民生，更加注重提高发展质量，打造中国经济升级版。2013 年 6 月 4 日，李克强总理在同出席第四轮中美工商领袖和前高官对话会的美方代表进行座谈时表示，中国正在打造经济升级版，将进一步释放改革红利，扩大对外开放。2013 年 6 月 5 日，李克强总理同出席成都财富论坛企业家代表座谈时强调，我们将继续深化改革，扩大开放，转变经济发展方式，更加注重提高经济发展的质量和效益，打造中国经济升级版。2014 年 1 月 21 日，李克强总理在同部分外国专家座谈时指出，中国经济已进入提质增效升级的新阶段，根本上要靠创新和人才。2014 年 8 月 27 日，李克强总理在全球研究理事会 2014 年北京大会开幕式致辞时强调，持续下好中国经济这盘棋，实现升级是方向，这需要不断深化体制改革，激发全社会创新动力、创造潜力、创业活力，为此我们要弘扬求真探源的科学精神，尊重个性、宽容失败，支持科研工作者在探索中获得更多原创性、基础性的发现和发明，让创新成为中国发展的强音、实现中国经济升级的强大动力。

实现中国经济升级是国家根据世界经济发展的新特点与新趋势，针对我国经济未来发展面临的新机遇与新挑战提出的重要经济方略。当前，国际金融危机的深层次影响尚未消除，世界经济进入深度调整期，整体复苏艰难曲折。为在新一轮世界经济发展和竞争中抢占先机、掌控制高点和主动权，各国政府都在积极促进经济升级，以进一步提升本国经济的国际竞争力和影响力。发达经济体致力于改变以往的过度借贷消费模式，寻求再制造化，进一步优化产业结构。新兴经济体则致力于扩大国内需求，加快产业转型升级，努力实现创新驱动发展。发达经济体和新兴经济体促进经济升级的努力将重塑世界经济的地理，重塑国家间利益分配的格局。中国经济在经历了30多年高速增长后，经济总量位居世界第二，进出口总额位居世界第二，外汇储备位居世界第一，经济发展站在了一个更高的起点上。同时，我们必须清楚地看到，我国虽然已成为经济大国，但不是经济强国，我国经济增速很快，但依然快而不优，主要依靠资源等要素投入推动经济增长和规模扩张的粗放型发展方式是不可持续的；发展中不平衡、不协调、不可持续的问题依然突出，高投入、高消耗、高污染、低产出、低效益的发展模式仍未改变，科技创新能力不足、产业结构层次低、世界级的企业和品牌缺乏等问题不容忽视。世界经济论坛发布的《2014～2018年全球竞争力报告》显示，中国排名第28位，较2011年下降了2个位次，中国经济再不升级，国际竞争力提高将无以为继。

中国经济升级既是稳增长、调结构、提高经济发展质量与效益的需要，也是为经济社会发展提供持久动力的需要，更是实现中华民族伟大复兴的中国梦和增进人民福祉的需要。历史给中国开启了一道难得的时间窗口，我国仍处于重要战略机遇期，完全可以通过深化改革开放、释放需求潜力、提高创新能力，成功实现中国经济升级，而且这条路也一定会越走越好。

（四）异质企业贸易理论蓬勃发展

自20世纪90年代以来，对企业的研究越来越成为国际学术界最活跃的领域之一。对企业问题的研究大致可分为两大分支：以研究企业的市场行为规律为主要内容的"产业组织理论"；以研究企业本身性质和内部制度安排规律的"企业理论"。现代企业理论是由科斯（Coase）开创的，在其革命性的论文《企业的性质》（1937）中提出了交易费用的概念，并认为"企业"的本质是对"市场"的一种替代，在一定的范围内节省了交易费用，促进了分工的拓展。张五常在《企业的契约性质》（1983）一文中进一步揭示，企业在本质上只是用一种要素雇用契约替代商品契约。以威廉姆森为代表的经济学家认为科斯并没有把"交易费用"的成因分析清楚，从而提出了"专用性投资/资产"（specific investment/assets）概念，强调企业是保护和激励专用性投资的装置，研究的重点转向了纵向与横向一体化问题。以哈特为代表的一些经济学家认为交易费用理论以交易作为分析对象，对于企业内部的关系，尤其是对权利（rights）/权力（power）关系难以进行分析，提出了"不完全契约理论"（the theory of incomplete contract），强调了契约的不完全性，并认为"剩余控制权"的配置是企业制度中最关键的内容。由于企业理论和管理学联系紧密，管理学家也越来越多地进入企业理论的研究领域中。帕哈拉特（Prahalad）等管理学家认识到企业并非像经济学理论中所抽象的那样是一种"同质化"组织，而是具有很强的"异质性"，这种异质性体现在企业"核心竞争力"的差别上，由此引发了一系列内容广泛的研究。

近些年，国外学者受企业异质性和大量企业数据分析结果的启发，将新贸易理论的假设由代表性企业放松为异质企业，从出口企业和非出口企业的差异性以及跨国企业与出口企业和非出口企业的差异性来解释企业的出口行为选择和对外投资选择，并运用企业层面数据进行实证分析，在一定程度上打通了宏观经济分析的微观基础，将国际贸易理论对国际贸易模式和贸易利得的解释深入企业层次的微观研究。传统贸易理论和新贸易理论研究重心在国家和产业的层面，很少考虑到企业在贸易经营过程中的微观特征，都不涉及异质企业，忽视了企业之间差异性及企业之间的国际贸易维度。最早研究异质企业贸易理论的代表文献当属 Melitz（2003）、Antras（2003）、Bernard（2003）等学者的论文，该理论认为只有具备异质性优势的企业才能弥补进入国际市场的固定成本，才能够选择出口贸易、开展对外投资，异质企业的自我选择行为提升了其经营活动的地理范围和产品多样性，获得了更大的规模经济和范围经济，与国内非异质企业相比竞争优势更加突出，从而进一步吸引人力资本、技术等优质资源向其集中，不仅带来了传统贸易和新贸易理论所强调的商品成本下降和产品多样性增加的贸易利得，而且还带来了由生产要素在企业间优化配置所导致的产业生产率的提高，进而获得了新的贸易利得，这是以前的贸易理论没有揭示的。新新贸易理论是国际贸易理论的前沿，能够较好的解释当前国际贸易现实。同时，跨国公司在全球经济中的重要性与日俱增，企业国际化过程中日益复杂的一体化战略选择，以及中间投入品贸易在国际贸易中份额的不断上升，都使得研究国际贸易和国际投资中的企业行为选择变得非常重要。异质企业贸易理论和企业内生边界理论是这些国际贸易前沿研究的代表。Baldwin（2005）和 Larry Qiu（2006）等学者将异质企业贸易理论和企业内生边界理论称为"新新贸易理论"（New – New Trade Theory）。

随着中国改革开放的不断深化，对企业研究的广度和深度都在迅速扩展。企业核心竞争力、企业网络化、企业创立与发展、企业制度演进等都是国内研究的重要问题。但是将微观企业研究与宏观经济分析结合起来的并不多，实现中国经济升级需要微观视角，特别是需要从企业的角度分析如何实现中国经济升级。异质企业贸易理论所阐释的自由贸易带来的产业生产率提高与中国经济升级的内涵高度一致，具有内在的逻辑自洽性。随着中国异质企业的不断增加和逐渐提升，中国经济的发展将更多地体现在全要素生产率和产业生产率的迅速提高上。考虑到异质企业理论愈来愈成为现代经济学讨论的关键性问题以及在中国经济升级中的重要应用价值，本书以独特的视角来分析异质企业如何为中国经济升级服务，如何推动中国经济实现由大到强的转变。

（五）中国的异质企业还相对缺乏

《财富》世界 500 强企业排行榜是衡量全球大型企业的知名榜单，

2014 年中国上榜企业数量依然保持增长态势，总数达到 100 家，仅比美国上榜公司数量少 28 家，差距进一步缩小。然而，与其他国家上榜企业相比，中国大陆企业多数还不算世界级的企业，国际化程度较低，异质企业缺乏，并存在严重的结构失衡，上榜企业主要分布在钢铁、汽车、资源、化工、金融等领域，其中多数处于受管制的行业。中国大陆进入世界 500 强排行榜的 95 家企业平均利润为 32.2 亿美元，低于世界 500 强企业的平均利润（39.1 亿美元），与美国上榜 128 家企业的平均利润额 62.4 亿美元相比差距更大。相比利润，生产率是更需要深远考虑的企业核心竞争力，中国企业的平均员工数量是美国的 1.5 倍，说明中国上榜企业人均盈利能力与美国上榜企业还有相当大的差距。同时，中国上榜企业中的国有企业居多，民营企业较少，体现出中国企业竞争能力不强、市场活力不足的特点。特别应该指出的是，上榜的科技型企业很少，充分显现出中国企业研发投入不足、创新能力较差的致命弱点。与中国企业在世界 500 强排行榜上屡创新高，跻身世界第二的辉煌。形成巨大反差的是，在世界创新企业百强榜单中竟无一家中国企业入选。世界创新企业百强一共有四个指标：一是专利数量；二是国际专利数量；三是创造发明专利的占比；四是创造发明专利在企业经营总额中的占比。在这张排行榜上，美国企业 49 个，日本企业 17 个，韩国企业 12 个。虽然中国企业在专利申请数量上位列全球第一，但其专利质量和影响力明显不足。因此，世界级企业缺乏不仅是世界 500 强中的中国企业大而不强的主要原因，也是中国经济难以实现升级的根源。

2014 年 9 月 2 日，由中国企业联合会、中国企业家协会评选的"2014 中国企业 500 强"在重庆发布，榜单前 19 名均为国企，17 家银行企业的利润合计额所占的比重超过一半，中石化以 29450 亿元营业收入排名第一，中石油、国家电网分别以 27593 亿、20498 亿元营收列第二、三位，中国银行、农业银行、工商银行和建设银行四大国有银行全部进入前十。其中，共有 260 家制造企业和 17 家银行企业（包括以中国邮政储蓄银行为主要业务来源和利润来源的中国邮政集团）进入中国企业 500 强，260 家制造企业的营业收入合计为 23.0 万亿元、资产合计为 20.9 万亿元、净利润合计为 4623 亿元，分别占中国企业 500 强营业收入总额的 40.6%、资产总额的 11.8%、净利润总额的 19.5%；17 家银行的营业收入合计为 5.52 万亿元、资产合计为 107.3 万亿元、净利润合计为 1.23 万亿元，分别占中国企业 500 强营业收入总额的 9.7%、资产总额的 60.8%、净利润总额的 51.0%；制造业企业的平均净资产收益率为 8.8%，而银行的平均净资产收益率为 18.6%。

与中国企业在世界 500 强排行榜上屡创新高、跻身世界第二的辉煌，形成巨大反差的是，2001～2013 年，世界品牌价值咨询机构 Interbrand 发布的全球最有价值 100 个品牌排行榜中，均没有中国品牌入选；直到 2014 年才有中国企业华为入选，且仅此一家。2013 年 8 月 28 日国家质检总局指出，中国出口商品中大约 90% 是贴牌产品，制造业品牌国际化进程缓慢，2008 年至今，没有一家中国制造业品牌跻身世界品牌 500 强排行榜中前 100 位。中国产品质量水平结构性差异依然突出，国家监督抽查合格率有所下滑。2013 年上半年，质检总局共抽查 43 种 3487 家企业生产的 3639 批次产品，批次抽样合格率为 88.9%，比 2012 年同期下降了 2.2 个百分点。日用消费品类、建筑和装饰装修材料类、工业生产资料类、农业生产资料类等重点产品批次抽样合格率分别为 89.4%、85%、86%、92.1%，同比分别下降了 1.3 个、2.8 个、1.3 个、2.0 个百分点。玩具、童车、纸尿裤、卫生巾、电磁灶、自行车、汽车 GPS 导航产品等日用消费品批次抽查合格率为 89.4%，同比下降 1.3 个百分点。杀虫剂、除草剂、脱粒机、铡草机、植物保护机械等 5 种 537 家企业生产的 585 批次产品批次抽样合格率为 92.1%，同比下降 2 个百分点。小型微型企业的质量问题依然突出。2013 年上半年，小型企业批次抽样合格率仍然是最低的，为 86.5%，同比下降 2.1 个百分点。由于缺乏核心技术，原创性设计不够，我国产品档次偏低，结构性矛盾突出。我国企业在塑造品牌的进程中，更多依靠的是成本优势和国内广大市场，而非出自技术革新。中国制造业规模已跃居世界第一，但绝大部分产品属于为他人作嫁衣的贴牌产品。

由《巴伦周刊》评选出 2014 年度最受尊敬的 100 家公司，上榜的中国企业仅有中国移动、腾讯和中国建设银行，中国移动位居第 96，腾讯位居第 97，中国建设银行位居第 99。《福布斯杂志》列举了中国企业排名靠后的四点原因：一是中国企业还没有现代化的管理系统；二是中国企业采用创新的商业模式遇阻；三是中国企业还未发展出现代化的资本运作思维；四是中国企业缺乏透明的会计系统。

中国少数企业发展成异质企业给本书写作带来了启发。中国部分企业通过创造和提升企业异质性，不仅使企业成为异质企业或竞争力更强的异质企业，还有效地促进了中国经济升级。首先，部分企业通过实施品牌国际化战略，成为竞争力更强的异质企业，促进了中国经济升级。2006～2010年，在连续 5 年对北京纺织服装行业 10 家自主品牌出口企业进行调查研究过程中发现，主动实施自主品牌战略的企业出口增长较快，利润率增加明显。企业通过品牌经营创造和提升了企业的异质性，成为异质企业，形成了更大的竞争优势，推动了生产要素向异质企业集中，进而提升了整个行业的平均劳动生产率，直接促进了中国经济升级。其次，部分企业通过扩大规模，成为异质企业或竞争力更强的异质企业，促进了中国经济升级。国际金融危机期间，对一些企业进行了实地调研，发现部分企业在应对危机的过程中抓住机遇进行投资并购和企业联合实现了跨越式发展，推动了生产要素向异质企业集中，进而提升了整个行业的平均劳动生产率。再次，部分企业通过实施产业链经营，成为异质企业或竞争力更强的异质企业，促进了中国经济升级。在北京制造业与生产性服务业互动发展研究过程中发现，部分企业在积极提升企业产品及配套服务的整体提供能力，比如联想集团成功地由制造企业转向服务型制造企业，成为竞争力更强的异质企业。正是企业实施产业链经营战略推动了制造业与生产性服务业融合发展，企业成为这种融合的主体，在制造业与生产性服务业互动发展过程中发挥了重要作用，推动了经济升级。因此，企业实施产业链经营是实现中国经济升级的有效途径，而不是简单的转向服务贸易。而且，产品及服务整体提供能力的提升也有效地提高了企业竞争力，同时还是创造和提升企业异质性的一种重要途径。此外，部分外商投资企业通过延长产业链，实现了加工贸易的转型升级。2009 年，对通用医疗、索爱在中国设立的外商投资企业通用电气中国有限公司和北京索爱普天移动通信有限公司进行调研时发现，在国际金融危机期间它们开展了母公司全球产品的再制造和维修服务业务，扩大了经营范围，是典型的加工贸易转型升级案例，也是企业通过延长产业链，创造企业的异质性，进而转变发展方式的一种有效形式。企业为适应国内外环境变化而主动采取的创造和提升企业异质性的行为虽然数量不多，但代表性很强，使企业成为异质企业或竞争力更强的异质企业，将在实现中国经济升级的过程中发挥较大作用，值得进行深入研究，分析是否存在普遍性。

异质企业贸易理论的主要研究对象是比较优势的新来源——异质企业，分析了异质企业如何在对内销售与对外出口、对外出口与对外投资之间进行选择，阐述了异质企业的自我选择如何产生贸易利得。该问题也是目前我国企业升级的抉择难题。中国经济在改革开放以来的 30 多年中取得了快速发展，但是产品附加值低、自主品牌缺乏、资源消耗多和环境成本高等弊端成为众多国内外学者批评的焦点，中国经济升级的呼声越来越高。2008 年爆发的国际金融危机更暴露了中国经济发展方式存在的弊端，中国经济升级的紧迫性空前高涨，主要表现在以下三个方面。第一，国际金融危机通过价格和收入双重效应导致中国出口的外部需求大幅萎缩，倒逼经济升级，长期以来对外贸易采取出口导向、大进大出、低成本和低价格竞争的策略难以为继。第二，国际金融危机发生以来，贸易保护主义倾向在世界范围内不断增强，作为全球第二大出口国，我国也成为全球贸易保护主义打击的最大目标，各贸易伙伴屡屡发起针对我国产品的贸易救济调查。2009 年，中国遭遇的贸易摩擦为历年之最，案件数目超 100 起、案值约 120 亿美元，两者都比 2008 翻了一番。① 而且，对中国发起贸易救济调查的不仅仅是发达国家，一些发展中国家为保护国内市场，也纷纷发起

---

① 资料来源：《中国今年所遇贸易摩擦为历年之最》，中国新闻网，http：//www.chinanews.com.cn。

针对中国的贸易保护调查。贸易保护主义频频针对中国的部分原因在于中国粗放的经济发展方式。第三，人民币升值的压力不断增大。近两年中国采取盯住美元的汇率政策，但是美国却通过大量发行美元和国债以及长期的低利率政策操纵美元汇率不断贬值（2000～2009年，美元兑欧元累计贬值35%、美元对日元累计贬值13%、美元对加元累计贬值31%）[①]，人民币也相应地跟着贬值，中国的部分贸易伙伴已经开始抱怨中国的汇率政策，要求人民币升值的意愿不断增强，这无疑给中国经济升级又增加了一个变数。我国企业如何升级以及我们的经济如何升级，是困扰当前理论界的重大问题。针对这些问题，本书引入异质企业贸易理论的框架，从这一视角给出思路和回答。

二　重要意义

（一）理论意义

用国际贸易前沿理论解释中国经济升级的机理与路径存在理论创新的空间。当前国际贸易前沿研究已经由规模经济、不完全竞争和产品差别等转向异质企业，从异质企业的国内生产、对外出口、国际外包和对外投资等行为选择入手分析企业的各种决策行为及效果，并从企业的集约贸易边界和扩展贸易边界两个角度研究国际贸易和投资问题。新近发展起来的新新贸易理论为我们开展中国经济升级的理论研究提供了新的方法和工具。新新贸易理论突破了古典贸易理论和新贸易理论以产业为对象的研究范畴，将分析变量进一步细化到企业，以异质企业的国际贸易和国际投资行为作为研究重点，通过异质企业贸易模型的建立，解释了现实中只有部分企业选择出口和对外投资的原因；通过企业内生边界模型的建立，将产业组织理论和契约理论融入国际贸易模型中，较好地解释了企业内贸易模式，并在企业全球化生产研究领域进行了理论创新。根据美国经济学家梅

---

① 李锋、钟青：《美国操纵汇率剖析》，《中国经贸导刊》2010年第22期，第24～27页。

里兹（Melitz）等人最新发展的异质企业贸易模型（Heterogeneous Firm Trade Model），一国的贸易增长主要是沿着扩展贸易边界（the extensive margin of trade）和集约贸易边界（the intensive margin of trade）而实现的。集约贸易边界意味着一国贸易增长来源于企业出口（进口）单个市场的产品或服务平均价值的增加；扩展贸易边界意味着一国贸易增长来源于出口企业的增加、出口（进口）产品或服务的种类及出口市场数量的增加。长期来看，贸易模式和贸易类型的不同是由扩展贸易边界决定的，而非集约贸易边界。而且，不同的贸易边界蕴含着不同的福利含义，如果一国出口增长主要来源于集约贸易边界，那将极易遭受外部冲击从而导致较高的收入不稳定；如果一国出口增长主要源于扩展贸易边界，那将增加贸易产品或服务的种类和贸易市场的数量而不单是贸易额，不仅有利于增加出口产品或服务的平均价值，还有利于出口国产业结构的优化和有效防止贸易条件恶化。因此，一国应该尽量使自身的出口增长更多地倾向于扩展贸易边界。2007 年，国际货币经济组织的经济学家 Amiti 和 Freund 比较分析中国对美国的 10 位数 HS 编码的出口数据发现，自 1992 年以来，中国对美国出口的产品种类增加了 40%，但扩展贸易边界对中国出口增长的贡献最多不过 15%。[①] 所以，研究企业能否通过创造和提升企业异质性进入产业链的高端，克服加工贸易和服务外包附加值低的弊端，扩大我国出口的扩展贸易边界，有一定的理论价值。同时，现有理论研究大多是在企业异质性差异不变的假设下展开分析的，而研究企业如何创造和提升企业异质性以实现中国经济升级尚属少见。而且，新新贸易理论的实证研究多以发达国家的企业数据为分析基础，以发展中国家企业为研究对象进行分析的较少，从异质企业的角度研究如何实现中国经济升级的就更少了。因此，对我国这样的出口导向型国家，在异质企业视野下研究如何实现中国经济升级的理论意义不言而喻。

---

① Mary Amiti, Caroline Freund, "An Anatomy of China's Export Growth", *Paper Presented at the Trade Conference*, Research Department Hosted by the International Monetary Fund Washington, DC—April 6, 2007 January 31. pp. 7.

中国目前是制造大国还不是制造强国，实现中国经济升级势在必行。中国经济升级需要新的理论指导实践，需要从新的角度重新审视如何实现中国经济升级。而从经济发展的微观主体企业入手研究如何实现中国经济升级将对理论创新具有重大意义。从动态的角度看，研究我国企业如何创造和提升企业异质性以实现中国经济升级的意义就更大了。如果把企业异质性的创造、维持和再创造理解为一个动态过程，即企业的异质化，从企业创造和提升异质性的角度阐述中国经济升级的路径选择，可以把创新驱动发展和发展模式转变等理论内在化，增强理论的解释力。本书选取"异质企业与中国经济升级"作为主题，正是试图阐述异质企业与中国经济升级的内在逻辑，研究异质企业促进中国经济升级的行为选择，分析创造和提升企业异质性的资源重置效应，以给出一个异质企业视野下中国经济升级微观机理的综合分析框架。

（二）现实意义

第一，中国经济升级具有稳增长和增后劲的双重作用。中国经济升级能够对总需求结构和总供给结构进行战略性调整。目前，中国正经历由中等收入向高收入跨越的经济发展新阶段，经济发展面临的约束条件发生了根本变化，经济升级是我国适应这种变化进而稳定经济增长的重要途径，能够在克服不利因素的同时，培育有利因素。一方面，有利于改善总需求结构。中国经济升级立足于扩大内需，重视消费需求的拉动作用和新型城镇化释放的内需，保证居民收入增长及其比重与国民经济增长要求相协调，逐渐改变经济增长过于依赖投资拉动和出口拉动的局面，优化投资、出口与消费间的需求结构，确保经济稳定增长的需求基础。另一方面，有利于调整总供给结构。中国经济升级的关键是实现经济转型，提升服务业特别是生产性服务业的发展水平，使其比重与经济发展的阶段和成长要求相适应，逐渐改变产业结构提升水平落后于经济规模扩张水平的局面，提升经济发展带动的供给弹性，促进生产效率和消费扩张，以有效供给的不断增加保持经济增长的持续性。同时，中国经济升级能够形成保持经济发展后劲的新动力。目前中国经济正经历内生增长动力不足的困境，实现中国经济升级是我国破解这种困境、增强经济发展后劲的重要途径。增强经济发展后劲既要发挥宏观政策的作用，更要依靠改革形成促进经济增长的新动力，激发社会、企业、个人的活力和创造力。中国经济升级就是要通过抓紧清理束缚生产力发展的障碍、取消不合理的政策和制度规定，降低企业生产经营成本，使他们在更公平、更公正的环境中参与竞争；特别是要加快转变政府职能，向市场放权、为企业松绑，用政府权力的"减法"换取市场活力的"加法"，加速资源由低效率产业部门向更高效率产业部门的流动和转移，提高经济增长中的结构变迁效应。

第二，中国经济升级是实现"新四化"的必由之路。中国经济升级与实现中国特色新型工业化、信息化、城镇化、农业现代化（"新四化"）高度吻合。"新四化"是党的十八大从我国经济社会发展全局出发提出的重大战略，是我国实现现代化的基本途径，符合现代化建设的客观规律，符合我国基本国情。"新四化"相互联系、相互促进，工业化与信息化是发展到一定阶段的"孪生子"，其深度融合是产业升级的方向与动力；城镇化蕴含着最大的内需潜力，是现代化建设的载体；农业现代化则是整个经济社会发展的根本基础和重要支撑；信息化已经覆盖了国民经济的所有行业，是推进其他"三化"的重要力量。中国经济升级能够推动信息化和工业化深度融合、工业化和城镇化良性互动、城镇化和农业现代化相互协调，促进工业化、信息化、城镇化、农业现代化同步发展。中国经济升级是实现"新四化"的必然选择。首先，中国经济升级能够形成科学的发展理念，有利于准确理解"新四化"的内涵，制定正确的规划，采取有针对性的措施，切实推进"新四化"建设，最终实现从原先以物为核心的"四化"走向以人为核心的"新四化"。其次，中国经济升级能够为"新四化"建设提供制度保障，能够通过不失时机地深化重要领域改革，破解中国经济中的二元结构问题，建成更加公平高效的市场，充分激发企业和个人的活力，确保"新四化"持续推进的基础。最后，中国经济升级能够为"新四化"建设提供动力支撑，有利于推进技术创新和产业升级，形成集约、绿色、生态的发展方式，提高推动经济发展的内在承载力，实现社会生产力的跨越式发展，促进"新四化"走上内涵式发展的新路。

第三，中国经济升级是避免"中等收入陷阱"的基本前提。世界上存在"中等收入陷阱"问题。世界银行《东亚经济发展报告（2006）》提出了"中等收入陷阱"（MiddleIncomeTrap）的概念，基本含义是指：鲜有中等收入的经济体成功地跻身为高收入国家，这些国家往往陷入了经济增长的停滞期，既无法在工资方面与低收入国家竞争，又无法在尖端技术研制方面与高收入国家竞争。当今世界，绝大多数国家是发展中国家，存在所谓的"中等收入陷阱"问题。比较突出的例子是墨西哥、阿根廷、智利等拉美国家在 20 世纪 50~70 年代的 30 年中，经济发展势头非常好。但是，到了 20 世纪的 80 年代和 90 年代，出现了经济增长的停滞，只是在过去的 10 多年中又开始了新的增长。我国面临陷入"中等收入陷阱"的风险。按照世界银行的标准，2012 年我国人均国内生产总值超过 6000 美元，已经进入中等收入国家的行列。从世界其他国家的发展经验来看，一个国家进入中等收入时期，也是社会各种矛盾比较充分展现和暴露的时期。目前，经济增长减速、经济发展动力不足、经济发展方式不适应、贫富差距拉大、就业压力上升、腐败现象蔓延等其他国家在这个时期出现过的问题，我国也相当程度地存在。这些问题如果解决不好，不但关系到政府的公信力，给社会稳定造成极大危害，也势必影响中国特色社会主义建设的成功，甚至陷入"中等收入陷阱"。即使不陷入"中等收入陷阱"，我们也必须面对一个基本的经济发展规律，就是在经济达到中等收入之后，经济增长的速度会下降、会放慢。中国经济升级是唯一出路。陷入"中等收入陷阱"的种种风险，需要我们对经济发展规律进行新的探索，实现中国经济升级。只有实现中国经济升级，才能摆脱由低收入进入中等收入的发展模式，顺利实现经济发展方式的转变，进而实现经济腾飞；才能避免经济快速发展积累的矛盾集中爆发，才能形成新的发展动力和优势，不断改善民生和增强人民群众的幸福感、安全感；才能应对经济可能出现的系统性风险，防止经济增长出现大幅波动或陷入停滞，避免陷入"中等收入陷阱"。

而且，世界上也有成功的经验值得借鉴，我们周边韩国、中国台湾等国家和地区就没有陷入"中等收入的陷阱"。

第四，中国经济升级是实现中国梦的重要路径。中国经济升级是实现中国梦的物质基础。习近平总书记在参观"复兴之路"展览时，提出了实现中华民族伟大复兴的中国梦；在十二届全国人大一次会议上的讲话中，系统阐述了这个思想；在出访俄罗斯、非洲国家和出席亚洲博鳌论坛等讲话中，又进一步做了论述。中国梦的本质内涵是实现国家富强、民族复兴、人民幸福。中国梦是民族的梦，也是每个中国人的梦，归根到底是人民的梦，寄托着全国人民对未来美好生活的希望。实现"中国梦"离不开坚实的物质基础，实现"中国梦"需要中国经济持续健康地发展，实现"中国梦"需要在不断地发展中实现经济成果由人民共享。中国经济升级有利于提高经济发展的自主性和安全性。加速推进市场化、工业化和城镇化是中国经济升级的重要抓手，市场化、工业化和城镇化能够释放庞大内需，不仅将为我国经济未来20年的发展提供持续动力，还有利于从根本上扭转目前我国经济发展过度依赖投资和出口带动的局面，实现经济发展更多地依靠内需带动，进而削弱国际因素对我国经济发展的影响，提高经济发展的自主性和安全性，促进经济社会的持续健康发展，为整个国家的繁荣强大奠定坚实的基础，推动实现中华民族的伟大复兴。中国经济升级有利于满足人民群众的新期待和促进人民群众的全面发展。中国经济升级将通过建设更加公平、更加公正的市场竞争环境，为人们提供更多发展和就业机会，持续提高低收入群体的收入，扩大中等收入群体的范围，是富裕人民、造福人民的重要途径。

第五，中国经济升级是增进人民福祉的可行方式。首先，中国经济升级的最终目标是增进人民福祉。中国经济升级是要在工资福利、子女入学、劳动就业、公共卫生医疗等方面提供更多的便利，为人们提供更加舒适便捷、更加丰富多彩的生活，能够享受更多现代文明的成果，增进人民福祉。增进人民福祉总的来讲要靠经济发展来解决，靠推进新型城镇化和工业化，特别是靠增加就业、鼓励创业，提供更多更好的就业机会，保证人民生活水平的全面提高。其次，中国经济升级的重要任务是做好民生保障。做好民生保障的基础是要织好一张覆盖全民的基本民生安全保障网，总体实现基本公共服务均等化，全民受教育程度明显提高，人人享有基本医疗卫生服务，住房保障体系基本形成，社会保障全民覆盖，社会和谐稳定。再次，中国经济升级的内在要求是建设生态文明。中国经济升级就包括在发展中让人民呼吸洁净的空气、饮用安全的水、食用放心食品。建设生态文明，是关系人民福祉、关乎民族未来的长远大计。面对资源约束趋紧、环境污染严重、生态系统退化的严峻形势，中国经济升级就是要树立尊重自然、顺应自然、保护自然的生态文明理念，把生态文明建设放在突出地位，融入经济发展的各方面和全过程，着力推进绿色发展、循环发展、低碳发展，形成节约资源和保护环境的空间格局、产业结构、生产方式、生活方式，从源头上扭转生态环境恶化趋势，为人民创造良好的生产生活环境，努力建设美丽中国，实现中华民族永续发展。

实现上述目标必须促进中国经济升级，但目前有关中国经济升级的研究主要集中在顶层设计宏观层面和产业升级中观层面，针对企业升级微观层面的不多，而关于企业异质化的研究就更少了。因此，研究异质企业与中国经济升级的关系，有利于国家政策在企业层面寻求突破，提出有针对性的政策措施来培育更多的异质企业以实现中国经济升级。

三　研究方法

辩证分析法。坚持把马克思主义唯物辩证法应用于本书研究的整个过程，坚持用联系的观点、发展的观点、全面的观点、对立统一的观点、具体问题具体分析的观点和实事求是的观点来认识异质企业与中国经济升级的本质，揭示中国经济升级的规律。异质企业具有鲜明的时代特征和环境特征，在实现中国经济升级的同时，必须坚持辩证分析法，分析在不同时期和不同环境下异质企业的作用，并据此提出相应的建议。

比较分析法。本书将从不同产业、不同企业规模、不同企业性质和不同企业出口产品价格等角度，比较分析异质企业与中国经济升级的行为选择和路径选择及其效果，在此基础上归纳分析得出异质企业促进中国经济升级的本质性规律。同时，尝试从成本与收益的角度对异质与非异质企业进行比较分析，阐释出它们的差异及原因。

数理和计量分析方法。异质企业作为中国经济升级的主体，需要通过数理方法确定企业异质性与产品增加值之间的函数关系，并衡量其实施效果。本书将运用数理经济学和计量经济学的基本方法，构建相应的数理模型和计量模型，以揭示异质企业促进中国经济升级的内在机理，并对企业在异质化过程中所采取的路径及其实施后果进行定量分析。首先，以2004～2009年中国出口企业200强和民营出口企业100强为样本，根据其进入中国出口企业200强和民营出口企业100强的次数划分为存量出口企业和增量出口企业，以此为基础分析集约贸易边界和扩展贸易边界在促进中国经济升级中的作用。其次，以7041家北京外商投资企业为样本，对出口型外商投资企业和非出口型外商投资企业的投资规模、就业人数、投资收益率和人均利润率进行数理分析，以确定异质外商投资企业在促进中国经济升级过程中的作用。再次，以北京纺织服装行业2005～2009年出口100强企业为样本，对100强企业的出口额、出口数量和出口价格进行数量分析，根据其进入北京纺织服装出口100强企业的次数划分为存量出口企业和增量出口企业，以此为基础分析集约贸易边界和扩展贸易边界在促进中国经济升级中的作用。最后，以2005～2009年北京制造业各行业规模以上企业和大中型企业的出口交货价值比重与增加值率、人均增加值和创新率进行面板数据分析，比较异质企业的不同异质性在促进中国经济升级中的具体作用。

实证与案例分析法。选取异质化企业作为典型，从企业产品差异化、规模扩大化、经营产业链化和品牌国际化等角度对这些企业进行实证分析和案例分析，研究异质企业在促进中国经济升级中的作用，比较企业异质化的行为选择与路径选择的异同。

四　可能的创新点

从异质企业视角分析中国经济升级微观主体的行为选择和路径选择，给出一个异质企业视野下中国经济升级微观机理的综合分析框架。异质企业自我提升和非异质企业转变为异质企业成为解释产品或服务附加值提升的重要因素。中国经济升级的异质企业分析不仅能够解释产品的优化升级和由提供产品向提供服务的延伸，还能解释外向型产业生产率的快速增长，在理论上扩展和检验异质企业贸易理论的主要观点和结论，为中国经济升级进行新的探索。

构建异质企业促进中国经济升级的函数。把异质贸易理论应用于中国经济升级实践的分析中，利用计量经济模型对中国的企业数据进行实证检验，确定异质企业与中国经济升级之间的数量关系，分析异质企业在中国经济升级中的作用。

提出中国经济升级的企业异质化模式。从异质企业形成与发展的动态视角分析企业异质化的路径选择，比较产品差异化、规模扩大化、经营品牌化和经营产业链化等不同路径的具体作用和效果，确定企业异质化模式的理论框架，并就企业异质化模式进行实证检验和案例分析。

五　结构安排

本书的章节安排如下：第一章是导论；第二章是中国经济升级的新视角：异质企业；第三章是异质企业与中国经济升级的机理分析，从理论上对异质企业如何促进中国经济升级进行剖析；第四章是异质企业与中国经济升级的实证分析，选取具体的企业数据分析企业的行为选择如何促进中国经济升级；第五章是异质企业与中国经济升级的路径选择，从理论和实践两方面研究异质企业促进中国经济升级的主要路径；第六章是异质企业与中国经济升级的案例分析，通过分析典型企业的行为选择和实际效果验证异质企业在中国经济升级中的具体作用。第七章是政策建议，分析研究结果对中国经济升级的政策启示。

图 1-1　本书的结构安排

第二章
中国经济升级的新视角：异质企业

进入 21 世纪以来，异质企业贸易理论的经济解释能力不断增强，国际影响力日益扩大，逐渐成为分析国际贸易、国际投资、国家经济发展和经济福利来源的新视角。异质企业贸易理论是为了解释一些新的国际贸易现象而产生的。国际贸易理论是用来解释国际贸易现象、国际贸易模式和国际贸易趋势以及分析国际贸易经济效应的，是随着国际贸易实践的发展而不断发展的。以比较优势理论和要素禀赋理论为主要内容的传统国际贸易理论，在规模报酬不变、完全市场竞争、同质产品和同质企业等假设下，很好地解释了产业间的国际分工和贸易模式；以战略贸易理论和垄断竞争贸易理论为主要内容的新贸易理论，在不完全竞争、规模经济、产品差异化和代表性企业等假设下，很好地解释了产业内的国际分工和贸易模式。然而，随着国际分工的进一步发展和企业活动国际一体化的深入，跨国公司内部的国际贸易与日俱增，出现了以企业为核心的国际贸易新格局。在服务国际市场方面，并不是所有的企业都出口或进行对外投资，只有少数企业采用出口贸易的形式供应国际市场，极少数企业通过对外直接投资服务国际市场，多数企业只供应国内市场，企业覆盖的市场范围存在显著的差异；在生产组织上，多数企业采取内部化一体化的生产结构，把产品生产的各环节和上下游产品都纳入企业内部以获得分工经济和交易成本降低的好处，只有少数企业把部分生产环节外包给国内企业甚至国外企业。传统贸易理论和新贸易理论无法充分解释这些新的现象，就出现了以异质企业、不完全竞争和规模经济为特征的异质企业贸易理论。异质企业贸易理论的最大特点是以微观企业为分析视角，研究单个企业的行为选择。异质企业贸易理论与传统贸易理论、新贸易理论的主要区别在于：无论是传统贸易理论还是新贸易理论，都将产业作为研究单位，而新新贸易理论则将分析变量进一步细化到企业层面，研究企业层面变量（firm – level variations）的行为选择，从而开拓了国际贸易理论和实证研究的新前沿。近年来，国内对中国经济升级进行了大量研究，主要集中在制度改革、发展模式转变、创新驱动发展和人民福祉提升等方面，研究的时间比较短，尚未形成完整的理论体系，而从企业层面进行研究的还比较少。本书将以异质企业为视角分析中国经济升级的内在要求和主要机理。

一　异质企业的概念

（一）异质企业的内涵

以梅里兹（Melitz）和伯纳德（Bernard）为代表的经济学家通过实证研究发现，同一产业内部企业之间在其规模、生产率以及工人的工资上都存在显著差异，特别是出口企业与非出口企业之间存在明显差异，他们根据这些差异提出了异质企业的概念。伯纳德（Bernard）和詹森（Jensen）（1995）在研究美国出口企业和非出口企业时发现：与非出口企业相比，出口企业规模更大、生产率更高、支付的工资更多，使用的工人更熟练，更具备技术密集型和资本密集型特征，他们把出口企业的这些特征概括为企业异质性，把具备异质性特征的企业称为异质企业。伯纳德（Bernard）和瓦格纳（Wagner）（1996）在研究德国出口企业和非出口企业时同样发现，与非出口企业相比，出口企业规模较大、生产率较高、支付较高的工资、使用更熟练的技术工人以及技术密集度和资本密度较高，出口企业存在显著的异质性，进一步验证了异质企业的概念。克莱里季斯（Clerides）、莱茨（Lach）和泰伯特（Tybout）（1998）在对哥伦比亚、墨西哥和摩洛哥三国出口企业和非出口企业进行研究时也发现出口企业的规模和生产率明显高于非出口企业，两类企业之间存在明显差异，异质企业的概念获得更多的认同。伊顿（Eaton）、考图姆（Kortum）和克拉马日（Kramarz）（2004）在研究法国出口企业和非出口企业时发现，相对于非出口企业，出口企业存在明显的异质性——规模大、生产率高、工人技术熟练、支付工资高、技术和资本使用程度更密集，异质企业的概念被接受的范围进一步扩大。总之，国外学者把规模更大、生产率更高、支付的工资更多、使用的工人更熟练、更具备技术密集型和资本密集型的企业称为异质企业，以区别非异质企业。

在伯纳德（Bernard）等学者关于异质企业的内涵和特征研究基础上，本书把异质企业定义为具备较高的生产率、较大的规模、较多的人力资本以及较高的技术密集度和资本密集度等异质性特征的企业。

（二）异质企业的贸易边界

钱德勒和科斯分别从企业的生产率和交易成本两个角度研究了企业边界是如何决定的，并吸引了大量学者研究企业边界的决定因素。异质企业贸易理论在企业边界基础上，引入贸易边界来衡量异质企业的边界，以此分析异质企业之间以及异质企业与非异质企业的差异。企业的贸易边界包括两种，一种是集约贸易边界，主要用于衡量企业出口（进口）产品或服务的生产率；另一种是扩展贸易边界，主要用于衡量企业的出口（进口）规模，出口（进口）规模主要包括出口（进口）金额的大小、出口（进口）市场覆盖范围的大小、出口（进口）产品种类的多少等。

集约贸易边界是指企业向每个出口（进口）市场出口（进口）产品或服务的平均价值。由于产品或服务的平均价值主要由其耗费的社会平均劳动时间决定，因此，集约贸易边界主要由企业生产率决定。新贸易理论研究主要集中于产品多样性的水平差异，基本不研究产品和服务的平均价值，更不考虑企业集约贸易边界的差异。但是伯纳德（Bernard）（2006）发现产品多样性的垂直差异同样重要，通过对美国进口贸易数据的分析发现，大量的进口产品来源于禀赋差别较大的国家。虽然，初看起来这与新贸易理论强调的产品多样性相吻合，但是进口产品的价格相差甚远且呈规律性变化，从资本和技能密集的国家进口产品的价格明显高于从劳动密集国家进口产品的价格。这种进口价格变化反映了产品多样性垂直差异的重要性，更高的价格代表了更高的产品质量。出口（进口）产品价格和出口（进口）者相对禀赋之间的正向关系回应了传统贸易理论，并暗示应该更加关注产品垂直链条中各个细分领域产品差异而不是广泛的国家之间和产业之间产品的差异。发达国家的贸易事实证实了这一结论，发达国家利用他们的禀赋优势创造了更高的附加值，甚至在狭窄的产品领域里生产了高质量的多样化产品，即同一产业链条上不同环节生产出的产品的附加值是不一样的，资本密集和技能密集等禀赋创造高质量和获得高价格，劳动密集等禀赋创造低质量和获得低价格。林德（Linder）（1961）是最早强调国际贸易中产品质量的，他认为富国对质量拥有更高的偏好，其国家的企业由于更接近富裕的消费者而拥有生产高质量产品的比较优势。随后，弗农（Vernon）（1966）的产品生命周期理论的核心也是关注产品质量，高质量产品先在发达国家生产，成熟之后转移到发展中国家。同时，伯纳德（Bernard）、詹森（Jensen）和肖特（Schott）（2006）研究发现原本发生在国家间的产品周期同样存在于企业之间，他们还发现出口企业所在的产业对低工资国家开放程度较高，而进口企业所在的产业对低工资国家开放程度较低，而且美国企业通过升级它们的产品使之与美国的比较优势更匹配，从而避免与劳动成本较低国家企业的竞争。所以，异质企业通过国际贸易、国际一体化或国际外包更好地发挥了自己的比较优势，创造了更高的附加值，有效地促进了外贸发展。近几年，跨国公司加速海外投资和不断增加海外外包的事实进一步证实这一观点。因此，增加资本密集度和技术密集度来提高产品的垂直差异性，是创造高质量产品或服务以获得高价格的主要途径，不同的比较优势会带来不同的生产率，进而形成企业差异化的集约贸易边界。

扩展贸易边界是指企业出口（进口）产品或服务的种类和出口（进口）市场的数量。由于企业出口与进口的扩展贸易边界基本类似，本节只重点分析企业出口的扩展贸易边界。不同产品和服务的自身及外部需求的差异性，往往导致企业出口不同产品面临差异化的固定成本，国家间经济实力和经济环境的差异性等因素也会导致企业出口不同市场面临不同的出口固定成本。因此，在企业生产率给定的条件下，企业出口产品的种类取决于企业现有生产率能够弥补多少种产品的出口固定成本，不同种类产品出口固定成本越低，企业出口产品的种类就越多；反之，在不同种类产品出口固定成本既定的条件下，企业生产率越高则出口产品的种类就越多。同理，在企业生产率给定的条件下，出口不同市场的数量取决于企业现有生产率能够弥补多少出口市场的出口固定成本，不同出口市场面临的出口固定成本越低，企业出口市场的数量就越多；反之，在不同出口市场出口固定成本既定的条件下，企业生产率越高则出口市场的数量就越多。因此，企业的扩展贸易边界是由企业生产率和出口固定成本共同决定的，无论是企业生产率的提高还是出口固定成本的降低都能够促进企业扩展贸易边界的扩大。伯纳德（Bernard）（2006）考察了出口固定成本下降条件下的企业出口行为，他认为出口固定成本的下降会导致企业增加出口目的地和扩大出口产品种类，能够增加利润，在企业生产率不变的条件下，对原有出口目的国出口固定成本的下降会导致出口产品种类的增加，原先出口无法盈利的产品发生了逆转，能够带来利润；对非出口目的国出口固定成本的下降会导致对该国的出口，原先无法盈利的出口市场发生了逆转，能够带来利润，出口市场的数量增加了。

本书在伯纳德（Bernard）（2006）考察出口固定成本下降导致企业扩展贸易边界扩大的基础上，把梅里兹（Melitz）（2003）考察企业生产率高低对出口选择的影响结合起来，同时考虑这两种因素对企业扩展贸易边界的影响。当企业生产率提高时，出口产品 i 的变动成本 C_i 会下降，在出口产品价格 P_i 不变和国内固定成本 F_{di} 不变的假设下，企业的净收益 R_i 会增加 [见公式（1）]，因此，即使出口市场的固定成本 F_{ei} 不下降，企业的净收益 R_i（$P_iQ_i - C_i - F_{di} - F_{ei}$）也会扩大，这样企业生产率提高带来净收益的增加就能克服其他国家较高的固定出口成本，实现对其出口，扩大出口市场的数量；反之，如果出口市场的固定成本 F_{ei} 下降，即使企业生产率 C_i 不变，企业净利润 R_i 也会扩大，同样能够克服其他国家较高的固定出口成本，实现对其出口，扩大出口市场的数量；如果企业生产率提高和出口市场的固定成本下降同时发生，那么能够克服更多国家较高的固定出口成本，实现对其出口，扩大出口市场的数量。所以，企业生产率和出口市场的固定成本任何一方的改进都会促进扩展贸易边界的扩大。即 $P_iQ_i - C_i - F_{di} - F_{ei}$ 越大，扩展贸易边界就会越大，两者成正相关关系。

$$R_i = P_iQ_i - C_i - F_{di} - F_{ei} \qquad (1)$$

其中，R_i 代表出口产品净收益，P_i 代表出口产品的价格，Q_i 代表出口产品的数量，C_i 代表出口产品变动成本，F_{di} 代表国内固定成本，F_{ei} 代表企业的出口固定成本。

同理，对于非出口产品 j，当企业产品 j 的生产率提高时，产品 j 的变动成本 C_j 会下降，在出口产品价格 P_j 不变和出口固定成本 F_{ej} 不变的假设下，企业的净收益 R_j 会增加［见公式（2）］，因此，即使出口市场的固定成本 F_{ej} 不下降，企业的净收益 R_j（$P_jQ_j - C_j - F_{dj} - F_{ej}$）也会扩大，这样企业产品 j 的生产率提高带来净收益的增加就能克服产品 j 较高的固定出口成本，实现出口，扩大出口产品的种类；同时，出口市场的固定成本 F_{ej} 下降，即使企业生产率不变，企业净收益 R_j 也会扩大，同样能够克服其他国家较高的固定出口成本，实现对其出口，扩大出口产品的种类；如果企业生产率提高和出口市场的固定成本下降同时发生，那么能够克服更多国家较高的固定出口成本，实现对他们的出口，扩大出口产品的种类。所以，企业生产率和出口市场的固定成本任何一方的改进都会促进扩展贸易边界的扩大。即 $P_jQ_j - C_j - F_{dj} - F_{ej}$ 越大，扩展贸易边界就会越大，两者成正相关关系。

$$R_j = P_iQ_i - C_j - F_{dj} - F_{ej} \qquad (2)$$

其中，R_j 代表非出口产品转变为出口产品的净收益，P_j 代表非出口产品的价格，Q_j 代表非出口产品的数量，C_j 代表非出口产品变动成本，F_{dj} 代表国内固定成本，F_{ej}代表企业的非出口固定成本。

因此，企业的扩展贸易边界主要是由生产率和出口固定成本共同决定的，只要 $PQ - C - F_d - F_e$ 大于零，那么企业就有动力扩大出口市场的数量和增加产品出口的种类。

异质企业扩展贸易边界的扩大是推动企业发展的重要因素。伯纳德（Bernard）（2006）还分析了出口边界扩大的影响，针对出口目的国出口固定成本的下降会导致高生产率企业出口更多的市场，针对出口产品的出口固定成本的下降会导致高生产率企业出口更多种类的产品，因此，异质企业扩展贸易边界的扩大能够推动企业发展。但是，企业扩展贸易边界的扩大会加剧贸易不平衡，更有利于高生产率企业。伯纳德（Bernard）（2009）利用 2000 年美国制造业出口企业的数据证实了他的观点：64% 的美国出口企业只出口一个市场，但他们合计出口额仅占所有企业出口额的 3.3%；出口市场在 5 个以上的企业数量仅占所有企业总数的 13.7%，但他们合计出口额却占所有企业出口额的 92.9%。因此，企业如何实现扩展贸易边界的扩大是推动企业发展的关键。

（三）异质企业的成因

耶普尔（Yeaple）等学者分析了异质企业形成的原因。耶普尔（Yeaple）（2005）将竞争性技术、国际贸易成本和拥有高技能的工人三个因素归结为异质企业的形成原因，并认为异质企业会在众多的竞争性技术中选取一种或几种技术，同时雇用与该技术相匹配的高技能工人，借此这些企业的产品或服务就具有了异质性贸易优势。根据耶普尔的分析，我们可以发现竞争性技术是异质企业形成的关键，是异质企业区别于非异质企业的重要原因，因为只有拥有竞争性技术才能创造出有竞争力的产品和服务。而拥有高技能的工人是竞争性技术得以有效实施的基础，只有两者的有机结合，才能形成较高的生产率，才能形成贸易优势。同时，贸易成本优势也是不可或缺的，如果国际贸易成本过高，拥有竞争性技术和高技能的工人所带来的较高生产率可能无法弥补过高的出口固定成本，出口就无法带来利润。

但是，除了竞争性技术、国际贸易成本和拥有高技能工人三个因素之外，企业拥有规模经济、自主品牌和对整个产业链的控制程度也是异质企业形成的重要原因。规模经济能够有效降低产品平均成本，并依此形成价格优势；自主品牌能够增强消费者的认知度和忠诚度，并依此形成差异化优势；对整个产业链的控制力增强能够形成较大的价格影响能力。因此，本书认为，异质企业的成因主要有六点。一是拥有竞争性技术，能够创造出有竞争力的产品和服务；二是拥有高技能工人，能够确保竞争性技术得以有效实施；三是拥有较大的企业规模，能够形成规模经济，具备更高的劳动生产率；四是拥有自主品牌，能够增加企业产品或服务的附加值；五是拥有对整个产业链的市场控制力，能够使企业的产品或服务获取较高的价格；六是拥有较强的国际市场营销能力，能够带来较高的产品或服务的市场占有率。

二 异质企业贸易理论：国际贸易研究的最新进展

新新贸易理论更关注企业异质性与出口和 FDI 的关系，关注企业在国际经营中对每种组织形式的选择。新新贸易理论要解决和回答的主要问题包括：什么样的企业会选择出口？出口能否增强企业的绩效和竞争力？贸易自由化给企业、产业和国家带来哪些效应？企业如何在出口和 FDI 之间进行抉择？新新贸易理论有两个分支：一个是以梅里兹（Melitz）为代表的学者提出的异质企业贸易理论，另一个是以安特拉斯（Antras）为代表的学者提出的企业内生边界理论。异质企业贸易理论主要解释为什么只有部分企业从事出口贸易；企业内生边界理论主要解释决定企业选择公司内贸易、市场交易进行资源配置的关键因素。两个理论分支都研究决定企业选择以出口方式还是 FDI 方式进入海外市场的主要原因。

（一）异质企业贸易理论的主要内容及研究方法

伯纳德（Bernard）和詹森（Jensen）（1995）关于美国企业的研究以

及伯纳德（Bernard）和瓦格纳（Wagner）（1996）针对德国企业的研究是对异质企业的最早研究，可以算是异质企业贸易理论的起源。他们对美国与德国出口企业与非出口企业的研究均得出类似结论：只有少数企业开展出口贸易，且出口企业与非出口企业存在较大差异，出口企业的规模更大、生产率更高、技术水平更先进、工人技能更熟练和资本密集度更大。

梅里兹（Melitz）对异质企业贸易理论做出了开创性的研究。梅里兹（Melitz）（2003）率先建立了异质企业贸易模型，极大地推动了异质企业贸易的发展。梅里兹（Melitz）（2003）的异质企业贸易模型以克鲁格曼（Krugman）（1980）的贸易模型和昊鹏海恩（Hopenhayn）（1992）动态产业模型为基础，放宽了企业生产率同质的假设，以企业生产率的差异来解释国际贸易中不同企业的差异化行为选择。梅里兹（Melitz）的异质企业模型假定存在两个国家，两国均有一个生产部门和一种生产要素——劳动，同时存在生产沉没成本和国际贸易成本，在同一产业内部，不同的企业拥有不同的生产率以及不同的生产沉没成本和国际贸易成本，企业只有在权衡了生产率、生产沉没成本和国际贸易成本之后才会做出出口决策。梅里兹（Melitz）（2003）的研究结果显示：只有生产率较高的企业能够进入出口市场，而生产率较低的企业只能在本国销售甚至退出市场。梅里兹（Melitz）（2003）根据生产率的不同将企业化分为三种不同类型——X 型企业 [出口企业（Export Firms）]、D 型企业 [内销企业（Domestic Firms）] 和 N 型企业 [退出企业（Non – producers）]，X 型企业的生产率最高，同时在国内市场和国外市场销售，D 型企业的生产率居中，只能在国内市场销售，N 型企业劳动生产率最低，放弃生产，退出市场。梅里兹异质企业贸易模型还提出贸易自由化促进产业生产率增长的产业内资源重置效应——贸易自由化可以通过促使低效率企业退出以及市场份额向高效率企业转移，实现产业内资源重置，进而提高整个产业总生产率水平。国际贸易使资源重新配置并流向生产率较高的企业，产业的总体生产率由于资源重新配置获得了提高，这种类型的贸易福利是先前贸易理论没有解释过的贸易利得，也是经济转型升级的基本途径。

在梅里兹（Melitz）研究的基础上，众多学者对异质企业贸易模型进行了大量创新和发展。伯纳德（Bernard）与伊顿（Eaton）、詹森（Jensen）和考图姆（Kortum）（2003）放宽了梅里兹（Melitz）异质企业贸易模型垄断竞争市场结构的假设，采用竞争结构，建立了一个新的异质企业贸易模型（简称 BEJK 模型），重点研究异质企业的生产率和出口之间的关系。基于出口企业占企业总数的比重较低、出口企业规模更大和生产率更高等事实，伯纳德（Bernard）等模拟了全球范围内贸易壁垒削减 5% 的情形，研究结果显示：在此情形下国际贸易额将上涨 39%，总生产率也由于低生产率企业倒闭和高生产率企业出口扩张而上升；在同一产业内，较低的贸易成本和产品差异会导致企业不同的反应，生产率最低的企业可能倒闭，生产率相对较高的企业选择出口。赫尔普曼（Helpman）、梅里兹（Melitz）和耶普尔（Yeaple）（2004）拓展了梅里兹（Melitz）异质企业贸易模型，将异质企业引入多国多部门的贸易与投资模型中，分析企业国际化的行为选择——选择出口、对外直接投资或只在国内市场销售。赫尔普曼（Helpman）、梅里兹（Melitz）和耶普尔（Yeaple）的研究结果显示：生产率水平最高的企业会选择对外直接投资，或者对外直接投资和出口结合，生产率水平较高的企业会选择出口，生产率水平居中的企业选择在国内市场销售，生产率水平低的企业被挤出市场，同时各个产业的对外开放都会使产业内的资源配置不断优化，产生选择效应（selection effect）和再配置效应（redistributive effect），促进产业优化升级，提高贸易国之间的福利水平。异质企业的引入可以将同一产业内的企业区分为从事出口的企业和跨国公司，因此，赫尔普曼（Helpman）、梅里兹（Melitz）和耶普尔（Yeaple）对出口和对外直接投资关系研究的贡献与梅里兹（Melitz）对异质企业国际贸易决策研究的贡献同样杰出。耶普尔（Yeaple）（2005）将技术选择和雇佣工人选择等因变量引入梅里兹（Melitz）异质企业贸易模型，内生了企业异质性，最终生产技术和工人的不同组合产生了企业生产率的不同，并以此建立了一般均衡模型，将贸易成本与企业的进入、技术选择、是否出口和雇佣工人等四方面决策联系起来，模型能够解释国际贸易对技能溢价（skill premium）和能观测到的产业层面上生产率变化的影响。鲍德温（Baldwin）和大久保（Okubo）（2006）将企业迁移引入梅里兹（Melitz）异质企业贸易模型中，重点分析了贸易国为大国和小国不同情形下异质企业的行为选择和效果。鲍德温（Baldwin）和欧库伯（Okubo）的研究结果显示：由于大国存在规模经济和较低的交易成本，企业会以对外直接投资、外包和撤离母国等形式向大国不断的迁移，大国会得到企业跨国迁移所带来的额外收益，而小国的市场规模被挤占，但自由贸易对小国来说依旧是有利的。赫尔普曼（Helpman）（2007）在异质企业的假定下将 FDI 分为水平 FDI 和垂直 FDI，建立了一个分析跨国公司一体化战略选择的理论模型，更加细致地分析了出口与 FDI 的选择问题。跨国公司一体化战略选择模型假定世界上只有三个国家，两个同质的北方国家和一个异质的南方国家。赫尔普曼（Helpman）等的研究结果表明：生产效率高的企业最有可能从事 FDI，它们在南方国家生产中间投入品并组装为最终产品，然后再出口北方国家；劳动生产效率居中的企业从事部分 FDI，它们在南方国家生产中间投入品，然后进口到本国后再组装为最终产品，随后再将最终产品出口到其他北方国家和南方国家；劳动生产效率低的企业不从事 FDI，在本国完成全部生产过程，然后将最终产品出口到其他北方国家和南方国家。赫尔普曼（Helpman）、格罗斯曼（Grossman）和费金巴姆（Fajgelbaum）（2009）在上述研究基础上做了进一步探讨，引入了消费者收入异质、偏好异质和产品异质的假设，分析了这些情形下异质企业行为选择带来的不同贸易选择和福利分配。

综上所述，梅里兹（Melitz）创立的异质企业贸易模型，后经伯纳德（Bernard）、耶普尔（Yeaple）、鲍德温（Baldwin）和赫尔普曼（Helpman）等对该模型的扩展和延伸，目前已经成为研究国际贸易和国际投资等领域的重要理论依据，其基本结论是：具有生产率优势的异质企业倾向于出口，低生产率企业往往选择内销，最高生产率企业出口大市场，较高生产率企业出口小市场，异质企业的出口行为决策会改善资源在企业间的配置，进而提高产业的生产率。异质企业贸易理论突破了传统贸易理论和新贸易理论对企业同质性的基本假定，将研究视角从宏观贸易理论延伸到贸易的微观基础——异质企业本身的异质性和行为选择，并结合国际贸易的固定成本，解释了出口企业、对外投资企业和其他企业不同行为选择的原因，丰富了国际贸易理论。当然，从梅里兹（Melitz）（2003）建立异质企业贸易模型算起，异质企业贸易理论的发展历程仅10多年，理论体系并不完善，贸易壁垒、关税、补贴和贸易政策等影响异质企业行为选择的相关变量并没有纳入模型当中，需要进一步完善。

异质企业贸易理论主要解释企业是否应该以及选择哪种方式（对外直接投资、出口或外包等）进入国际市场的国际化决策问题。但是，随着跨国公司的不断发展，很多企业的国际贸易行为并非发生在不同企业之间而是发生在企业内部，企业内贸易占国际贸易的比重不断上升，异质企业贸易理论并没有对此做出明确的解释。为此，一部分学者根据20世纪90年代格罗斯曼（Grossman）和赫尔普曼（Helpman）等经济学家提出的内生增长理论，从单个企业的组织选择问题入手，将国际贸易理论和企业理论结合在一个统一框架下，形成了企业内生边界理论。

企业内生边界理论同样强调企业的异质性（技术先进、资本密集和组织制度完善等）在企业国际化决策中发挥着重要作用。企业内生边界理论最早起源于安特拉斯（Antras）（2003）的研究。关于企业边界有两个相对较为基础的模型，一个模型是将科斯（Coase）和威廉姆森（Williamson）的交易成本理论应用在企业国际化的研究中；另一个模型是采用格罗斯曼（Grossman）、哈特（Hart）和莫尔（Moore）的产权分析方法。安特拉斯（Antras）（2003）对企业边界理论进行了创新，将格罗斯曼（Grossman）、哈特（Hart）和莫尔（Moore）的产权分析方法与赫尔普曼和克鲁格曼（Helpman–Kmgman）的贸易理论结合在一个理论框架下，提出不完全竞争假设和产品差异化假设下的企业边界产权模型来分析企业的国际经营一体化决策，模型中的企业会权衡国际一体化的收益与成本来决定是否采取一体化策略。企业边界产权模型显示：中间投入品的资本密集度越高，垂直一体化的方式对企业就越有吸引力，因此，资本密集型最终产品的生产企业将采取垂直一体化形式，而劳动密集型最终产品的生产企业将采取外包的形式获得中间投入品。所以，资本密集的中间投入品进口主要通过企业内贸易解决，而劳动密集的中间投入品主要通过外包解决。安特拉斯（Antras）通过对美国进口企业和出口的研究分析发现，企业内部进口占美国进口的比例很大，企业内出口占美国出口的比例也很大，出口企业的资本技术密集度比进口企业更高，并依此得出结论：企业的异质性在企业国际化决策中发挥着重要作用，跨国公司采用企业内贸易最重要的原因是降低国际市场的交易成本，同时也是出于保持技术垄断地位或管理优势的需要，以及规避风险和市场管制的需要。

在安特拉斯（Antras）（2003）研究的基础上，一批学者对企业内生边界理论进行了创新和发展。安特拉斯（Antras）和赫尔普曼（Helpman）（2004）构建了一个南北贸易模型来解释企业外包的选择问题，假定北方国家生产差异化产品，产业最终产品生产企业的生产率水平是不同的，企业国际一体化战略是企业对企业边界的自发选择，基于生产率水平的高低，企业会选择是否通过一体化或外包来获取中间投入品：高生产率企业倾向于采用内部一体化——母公司与子公司之间或者子公司与子公司之间的内部贸易——从南方国家获取中间品，较高生产率企业倾向于采用外包的形式从北方国家获取中间品。安特拉斯（Antras）和赫尔普曼（Helpman）的南北贸易模型解释了为什么发达国家的跨国公司有着越来越集中的资本和技术垄断以及为什么发展中国家企业的国际一体化程度远远落后等问题。格罗斯曼（Grossman）和赫尔普曼（Helpman）（2005）建立了一般均衡外包模型，在安特拉斯（Antras）和赫尔普曼（Helpman）（2004）南北贸易模型的基础上引入了更多的解释变量，在不完全契约假设下分析国内外市场中间投入品的供给情况、每个市场的相对搜寻成本、一国合约制定和保护的环境等对于企业外包选择的影响。一般均衡外包模型的结论是：南方国家的发展以及产业内贸易的推进能够促进外包发展，但投资技术的改进对外包的影响不大，除非南方国家的技术改进速度比北方国家更快，南方国家法律环境的改善会增加来自北方国家的外包。安特拉斯

（Antras）和赫尔普曼（Helpman）（2006）放松了安特拉斯（Antras）和赫尔普曼（Helpman）（2004）南北贸易模型的假设，允许存在不同程度的契约摩擦，并允许其程度因不同投入品和国家而异，高生产率企业自我选择是否实行一体化或将中间投入品的生产进行外包，并决定在哪个国家进行。他们的研究发现：生产率水平不同的企业存在不同的均衡点，并依次选择不同的所有权结构和进口国，高生产率企业选择国际一体化，较高生产率企业选择外包，契约制度的好坏也将对企业的国际化决策产生不同程度的影响。此外，安特拉斯（Antras）和考斯蒂诺（Costinot）（2009）把中介贸易商引入标准的两国产品的李嘉图贸易模型，构建了一个简单中介贸易模型，分析了中介贸易商作为一个经济主体在贸易过程中便利生产者和消费者的作用，以及在此过程中中介贸易商对跨国公司贸易模式选择的影响。

综上所述，企业内生边界理论探讨了企业的异质性是如何影响企业内部一体化和外部一体化战略的实施，对企业边界是如何影响贸易模式和投资模式等问题进行了有益的探索。企业内生边界理论的基本结论是：企业生产率差异使得企业可以进行自我选择，生产率最高的企业会选择国际垂直一体化，生产率处于中等水平的企业选择出口，而生产率低的企业只在国内市场销售；同时，高生产率企业海外分支机构规模较大，跨国公司内部贸易随之增加。安特拉斯（Antras）、赫尔普曼（Helpman）、格罗斯曼（Grossman）和考斯蒂诺（Costinot）等学者探讨了企业的异质性对企业边界战略选择的影响，重点分析了企业组织形式对 FDI 和国际贸易的影响，尤其是分析了跨国公司这种组织形式对企业内贸易的影响，为研究异质企业全球化提供了全新的视角。

（二）异质企业贸易理论的实证研究

伯纳德（Bernard）和詹森（Jensen）（1995）对美国出口企业和非出口企业进行了实证研究，发现在美国只有一小部分企业从事出口，与非出口企业相比，美国的出口企业存在显著的不同，出口企业规模都相当大、生产率较高、支付较高的工资、雇用更熟练的技术工人、技术密集度和资本密集度较高。伯纳德（Bernard）和瓦格纳（Wagner）（1996）又对德国出口企业和非出口企业进行了实证研究，发现德国的出口企业和非出口企业同样存在上述差异，异质企业的出口行为是企业根据自身实际情况和出口市场的国际固定贸易成本主动选择的结果。克莱里季斯（Clerides）、莱茨（Lach）和泰伯特（Tybout）（1998）对哥伦比亚、墨西哥和摩洛哥三国的出口企业和非出口企业进行了实证研究，伯纳德（Bernard）和胡（Aw）（2000）等对中国台湾出口企业和非出口企业进行了实证研究，伊顿（Eaton）、考图姆（Kortum）和克拉马日（Kramarz）（2004）对法国出口企业和非出口企业进行了实证研究，都得出了类似结论：与非出口企业相比，出口企业的异质性特征明显，出口是异质企业凭借较高生产率主动选择的结果。

安特拉斯（Antras）（2003）在对美国产业面板数据和国家面板数据分析中都发现，企业内进口占美国进口总额的比重非常高。安特拉斯（Antras）（2003）还借鉴了卡森（Casson）（1979）、拉格曼（Rugman）（1981）、埃塞尔（Ethier）和马库森（Markusen）（1996）的研究成果，证实了资本密集度和剩余索取权配置在企业国际化决策中的作用。

伯纳德（Bernard）、詹森（Jensen）、雷丁（Redding）和肖特（Schott）（2009）利用美国企业贸易交易链接数据库［U. S. Linked/Longitudinal Firm Trade Transaction Database（LFTTD）］——该数据库把美国的单个贸易交易与美国企业对接，对于每一笔进口和出口的交易，他们观察了10位码的海关数据分类体系、运输商品的名义价值和数量、运输日期、目的地或来源国、运输模式及贸易伙伴的性质［关联方和非关联方（出口：持股10%以上的公司之间；进口持股6%以上的公司之间）］。他们从关联方和非关联方交易以及短期和长期等角度，分析了美国出口、进口的贸易边界。他们发现尽管从较短的时期（1年）来看，集约贸易边界在美国与贸易伙伴之间的贸易变化发挥了主要作用，但是从更长的时期（5年或10年）来看，扩展的贸易边界在贸易发展中发挥了更大的作用。同时，通过比较关联方和非关联方贸易企业的数据发现：无论是从时间序列的角度还是跨部门的交易来看，集约贸易边界对关联方贸易的影响较大。此外，他们还考察了亚洲金融危机期间美国的进口和出口行为，发现：尽管亚洲金融危机期间扩展的贸易边界出现大量的变化，但是集约贸易边界的变化却是此期间出口下降和进口上升的主要力量；而且关联方的表现明显不同于非关联方，关联方的进口和出口的集约贸易边界增幅明显高于非关联方。

陈文芝（2009）利用2001~2006年中国制造业企业层面的数据，采用计量经济学的方法对贸易自由化与制造业生产率增长进行回归分析，得出结论：中国制造业中出口企业与非出口企业存在显著的特性差异，出口企业具有更高的生产率水平、更大的规模、支付更高的平均工资，但是出口企业的人均资本和主营业务利润率并没有显著高于非出口企业。

李春顶（2009）研究了企业异质性国际化路径选择，将我国分行业企业数据指标与国外同行业企业数据指标进行对比研究，对比的结果表明：我国整体行业和企业的生产率水平并不高，尚没有达到大规模对外直接投资阶段，企业应该根据自身的生产率状况决定出口和对外直接投资。

总之，异质企业贸易理论的实证研究进一步验证了异质企业贸易理论，并推动了其发展，为异质企业贸易理论进一步应用到实践中，提供了宝贵的数据支持和经验支持。

（三）异质企业贸易理论的创新点

一方面，异质企业贸易理论界定了比较优势的新来源。传统国际贸易理论的比较优势来源于劳动生产率的差异和要素禀赋的不同。比较优势理论和要素禀赋理论是传统国际贸易理论的核心，其基本假定是完全竞争和产品同质，用劳动生产率的差异和要素禀赋的不同来解释国际贸易，劳动生产率和要素禀赋的差异带来的产品生产成本的不同是一国比较优势的主要来源。在完全竞争和产品同质的基本假设下，传统贸易理论缺乏对异质企业的研究，假设产业内所有企业是同质的，因此，国际贸易的比较优势只能来源于产品生产率的差异和要素禀赋的不同,只能解释产业间贸易现象不能解释产业内贸易现象。新贸易理论的比较优势来源于在劳动生产率和要素禀赋的差异基础上增加了规模报酬递增和产品差异性。新贸易理论在不完全竞争的基本假设下,用规模报酬递增和产品差异性来解释产业内贸易,规模报酬递增和产品差异性成为比较优势的新来源。虽然赫尔普曼和克鲁格曼(Helpman-Krugman)的差别产品模型对企业的规模做出了限定,但为简化起见,其选用的是代表性企业,同样不考虑企业间的差异。在异质企业贸易理论中,异质企业成为国际贸易比较优势的新来源。新新贸易理论放松了传统国际贸易理论和新贸易理论关于同质企业的假设,其研究视角从传统的国家和产业层面转向企业层面,以生产率差异作为企业的主要特征,从微观层面详细剖析了企业的出口和对外投资等国际化生产组织行为,为国际贸易的比较优势来源提供了新的解释。企业是否出口是异质企业在相似的外部环境下做出不同行为选择的结果,而影响异质企业出口决策的关键因素是企业生产率、产品差异性和进入国际市场的固定成本。不同国家的异质企业是不同的,即使同一产业内不同国家的异质企业也是不同的,因此国际贸易的比较优势除了来自劳动生产率差异、要素禀赋差异、产品差异和规模经济外,也来源于企业的差异性。

另一方面,异质企业贸易理论揭示了贸易福利的新来源。传统贸易理论认为贸易福利来源于各国根据比较优势所进行的专业化分工导致的分工经济。新贸易理论认为贸易福利主要来源于规模经济和产品多样性。异质企业贸易理论的实证研究发现企业层面的贸易自由化是贸易福利又一个来源:高生产率企业的扩张或进入国际市场,以及低生产率企业的萎缩或退出国际市场共同促进了产业生产率的提高,推动了资源从低生产率企业向高生产率企业转移,通过资源的优化配置提升了整个产业的平均生产率。传统贸易理论强调劳动生产率和要素禀赋的比较优势所带来产品产量增加形成的贸易福利,新贸易理论注重研究规模经济和产品多样性,很少关注企业带来产业生产率的增长。但是,异质企业贸易理论证明,实施贸易自由化会导致优质资源向异质企业集中,会促进产业生产率更快的增长。

三　小结

异质企业贸易理论放松了传统贸易理论和新贸易理论关于企业同质的假设，把国际贸易的研究引向具体从事国际贸易和国际投资等跨国经营活动的异质企业，开创了国际贸易研究的微观基础，增强了国际贸易理论的解释力。更为重要的是，异质企业贸易理论把传统贸易理论和新贸易理论关注的焦点从国家和产业转向了企业，并用大量事实证明从事国际贸易、国际投资的企业与不从事国际贸易、国际投资的企业确实存在显著的不同，界定了比较优势的新源泉——异质企业，分析了贸易福利的新来源——企业间资源优化配置导致产业生产率提高。同时，异质企业贸易理论也为分析一国经济升级提供了新的视角，如何培育和提升异质企业，不断提升主要行业的生产率，逐渐提升整个国家的生产率，使经济发展更多地依靠科技进步和劳动者素质提高上来。

表 2－1　传统贸易理论、新贸易理论和异质企业贸易理论的比较

主要理论	传统贸易理论	新贸易理论	异质企业贸易理论
基本假设	同质企业 同质产品 完全竞争市场 规模报酬不变	代表性企业 产品差异化 不完全竞争市场 规模经济	异质企业 产品差异化 不完全竞争市场 规模经济
主要理论	绝对优势理论 比较优势理论 要素禀赋理论	产品差异化理论 偏好相似理论 战略贸易理论 垄断竞争贸易理论	异质企业贸易理论 企业内生边界理论
解释能力	产业间贸易	产业间贸易 产业内贸易	产业间贸易 产业内贸易 企业内贸易
贸易福利	专业化经济	专业化经济 规模经济 产品多样性	专业化经济 规模经济 产品多样性 产业生产率提高

主要理论	传统贸易理论	新贸易理论	异质企业贸易理论
代表人物	斯密（Smith） 李嘉图（Ricardo） 赫克歇尔（Heckscher） 俄林（Ohlin）	克鲁格曼（Krugman） 赫尔普曼（HelPman） 格罗斯曼（Grossman）	梅里兹（Melitz） 安特拉斯（Antras） 伯纳德（Bernard） 耶普尔（Yeaple）

　　异质企业贸易理论为异质企业的出口和对外投资选择提供了强大的理论支撑，为中国经济升级提供了新的理论视角。尽管异质企业贸易理论在引入异质企业行为解释贸易模式和贸易福利上取得了巨大进步，但是，从梅里兹（Melitz）和安特拉斯（Antras）的开创工作算起，异质企业贸易理论的发展历程仅仅十余年，理论体系并不完善，今后需要进一步努力把企业品牌、国际营销、贸易壁垒、关税、补贴和贸易政策等变量纳入模型中，深化对企业国际经营决策和异质企业对经济升级作用的研究。随着理论研究和实证研究的进一步深入，异质企业贸易理论对国际贸易、国际投资和经济发展微观基础的理解必将深化，将为中国经济升级提供更多的理论支持。

第三章
异质企业与中国经济升级的机理分析

波特的国家竞争优势理论把经济发展分为四个阶段，生产要素驱动阶段、投资驱动阶段、创新驱动阶段和财富驱动阶段。目前，中国经济已经基本上走完生产要素驱动阶段，正处于投资驱动阶段向创新驱动阶段转变的过渡时期。企业是创新驱动的主体，企业创新能力的不断提升是实现创新驱动的关键，也是中国经济升级的基础，因此，创新能力较强的异质企业将成为中国经济升级的关键。

一　中国经济升级的基本内涵

（一）中国经济升级的含义

中国经济升级是以体制升级为前提，以动力升级为基础，以方式升级为核心，以福祉升级为宗旨，通过释放改革的红利、挖掘内需的潜力、激活创新的活力、深化开放的推力、发挥区域的合力，形成促进经济转型和持续发展的新动力；培育更多依靠内需拉动、创新驱动、绿色推动、区域互动的经济发展新方式，使经济质量和效益、居民就业和收入、资源节约和环境保护等有新提升，逐渐实现中国经济由大到强的升级。中国经济升级是对现有经济发展版本的继承与发展，是以时间和空间相结合的经济量变逐渐发展到经济质变的过程。对于中国经济升级的内涵，可从以下四个方面来理解。

首先，中国经济升级是实现中国经济由大到强的质变。准确把握我国经济发展所处的阶段，是正确理解中国经济升级内涵的重要前提。第一，从经济发展水平来看，2012 年，我国人均 GDP 已经超过 6000 美元，步入中等收入国家行列，不仅面临如何从中等收入国家迈向高收入国家的艰巨任务，还面临着陷入"中等收入陷阱"的风险。第二，从经济发展动力来看，中国经济正处于从投资驱动阶段向创新驱动阶段过渡的重要时期，需要着力激发各类市场主体发展的新活力，着力增强创新驱动发展的新动力。第三，从经济发展质量来看，我国部分产业还处于"微笑曲线"的底端，没有掌控研发、营销等高端环节，生产商品和服务的附加值还不高，国际竞争力不强；制造业比重较高，服务业特别是生产性服务业占比较低，很多产业的投入多、产出低，经济效益不高，资源消耗高、生态环境污染严重，发展难以持续。第四，从经济发展协调性来看，我国区域差距、城乡差距、个人收入差距仍然较大，面临着如何促进区域协调发展和城乡一体化发展、缩小收入差距、推进新型城镇化等种种难题。总之，现阶段中国经济面临的重要任务是实现经济由大到强的转变，只有这样才能拓宽发展空间，才能跨越中等收入陷阱，才能步入高收入国家行列。目前，中国仅仅是把经济总量做大了，还没有把经济质量做强，还只是一个总量上的经济大国，而不是一个质和量统一的经济强国。但是，也应当看到我国经济虽然不可能再保持两位数的高速增长，然而支撑经济提升质量和效益的各种红利还远未得到全面地发掘和释放，特别是改革的红利远未释放、城镇化水平还有巨大的提升空间、区域协调发展和城乡统筹发展远未到位、技术创新潜力亟待发掘，这些有利因素会支撑我国经济实现由大到强的质变，这是中国经济升级的根本出发点。

其次，中国经济升级是形成中国经济持续发展的新动力。准确把握我国经济发展所依赖的动力，是正确理解中国经济升级内涵的重要参照。当前，中国经济正进入重要转折期，表面上看是从高速增长向中速增长转变，实质上是改革红利的减弱、需求增速的下降、市场竞争的加剧和传统动力的衰竭，这必然迫使中国经济寻求新的发展动力。第一，中国特色的社会主义市场经济体制尚不完善，政府与市场的边界没有完全厘清，市场配置资源的决定性作用不能充分发挥，企业家精神和民营经济的发展受到了较大的限制，经济创新发展的动力不足。第二，经济发展遭遇需求瓶颈，出口、消费、投资三大需求增速均出现了阶段性降低，潜在经济增长率在中长期呈下降趋势。第三，开放型经济发展水平不高，全球经济治理的话语权不大，国际商品价格生成的影响力不强，不利于形成长期持续发展的新动力。因此，中国经济升级的关键在于能否形成新的发展动力，并以此为基础形成核心竞争力，使质量和效益、环境保护和资源节约有新提升。

再次，中国经济升级是形成中国经济科学发展的新方式。准确把握我国经济发展所运用的方式，是正确理解中国经济升级内涵的关键。随着外需市场的持续低迷、国内劳动力成本和资源价格的快速攀升，中国经济现有发展方式的弊病逐渐显现。一是遭遇比较优势弱化的瓶颈，中国经济原有的比较优势正在减弱，而新的比较优势尚未形成，现有经济发展方式的动力基础开始动摇，难以为继。二是遭遇需求下降的瓶颈，国际金融危机导致我国的外部市场需求明显萎缩，同时国内消费需求增长乏力，现有经济发展方式的市场基础开始削弱。三是遭遇成本上升的瓶颈，劳动力、土地、资金、资源等生产要素价格持续上涨，企业生产成本大幅提高，现有经济发展方式的生产要素的低价格优势已不复存在。四是遭遇技术缺乏的瓶颈，我国企业普遍缺乏核心技术，形成不了核心竞争力，在供求关系改变和市场竞争加剧的形势下，企业经营日益困难。所以，中国经济升级的核心是要更加依靠创新驱动，实现发展方式的根本转变。

最后，中国经济升级是全面提升人民的福祉。准确把握我国经济发展的宗旨，是正确理解中国经济升级内涵的基础。经济转型升级最重要的是改善民生，通过不断地释放和扩大就业的潜力、增加居民的收入，稳步提高人民生活水平，把让人民群众呼吸洁净空气、喝干净水、吃安全食品作为发展的重要内容。目前，公共服务享受不均等、收入分配差距过大、社会保障覆盖面较低等问题依然突出，中国经济升级的最终目标是全面提高人民生活水平，总体实现基本公共服务均等化，明显提高全民受教育程度，扩大就业范围，缩小收入分配差距，实现社会保障全民覆盖。

（二）中国经济升级的主要目标

第一，中国经济升级要实现体制升级。体制升级是指积极转变政府职能，加快体制机制改革，正确处理政府与市场的关系，建立更加公平、高效的市场。体制升级的关键是正确处理好政府与市场的关系。我国经济发展体制大体上经历了两次转型：第一次发生在新中国成立初期，从一种半统制半市场经济转变为计划经济；第二次发生在改革开放之后，由计划经济转变为社会主义市场经济。这两次转型对中国经济的发展都产生了重大影响。党的十八届三中全会提出：紧紧围绕使市场在资源配置中起决定性作用深化经济体制改革，推动经济更有效率、更加公平、更可持续发展。十八届三中全会的决定标志着我国正在开启经济发展体制的第三次转型：市场将在资源配置中起决定性作用。党的十八届三中全会将市场在资源配置中起基础性作用修改为起决定性作用，虽然只有两字之差，但对市场作用是一个全新的定位。政府和市场既各具优势，又存在各自的局限性，只有在各自具有比较优势的领域发挥作用才能实现经济转型升级。政府要注重顶层设计，提供更好的制度安排，保证各种所有制经济依法平等使用生产要素、公平参与市场竞争；要加快转变政府职能，从直接组织资源配置、抓招商引资和项目建设转向主要负责提供社会公共服务和创造更好的发展环境。同时，要更好地发挥市场配置资源和发现有效率经济组织的功能，激发各类经济主体的活力，充分利用市场集体学习的机制，为参与经济的所有角色提供一个通过试错方式不断学习、不断挖掘现有机会并开创新机会的平台。体制升级的核心是不断完善社会主义市场经济体制，减少事前审批和行业进入壁垒，以方便和鼓励企业进入市场和新兴领域；在土地制度、户籍制度等重要领域和关键环节进行突破，深化土地管理制度改革，释放城镇化的巨量内需，逐步剥离户口所附着的福利功能，恢复户籍制度的原有功能。

第二，中国经济升级要实现动力升级。动力升级是指立足于改变传统的经济发展动力，把改革的红利、内需的潜力、开放的推力、区域的合力等因素叠加起来，形成经济升级的新动力。一是要创造新的改革红利，通过深化改革创造类似于自由贸易实验区、"营改增"等制度优势，激发市场主体的活力。二是要释放内需的潜力，通过建立扩大消费需求的长效机制，充分释放居民消费潜力和城镇化蕴含的需求潜力。三是要形成开放的推力，通过实行更加积极主动的开放战略，加快推进向西开放和向北开放，积极参与亚太自贸区和服务贸易协定等新自由贸易协定的谈判，推动开放型经济发展。四是发挥区域的合力，深度挖掘区域经济发展不平衡的潜力，充分发挥各地区的比较优势，形成新的经济增长极；加快完善城乡发展一体化体制机制，增强农村经济发展的活力，逐步缩小城乡差距，促进城乡共同繁荣。

第三，中国经济升级要实现发展方式升级。发展方式升级是指改变经济发展对要素驱动、投资驱动的过度依赖，转向通过技术进步来提高劳动生产率的创新驱动，不断提高科技创新对经济增长的贡献率，形成促进经济发展的新方式。一是要加快建设国家创新体系，着力构建以企业为主体、市场为导向、产学研相结合的技术创新体系。二是要加快完善创新机制，着力完善创新项目激励机制、创新合作扶持机制、创新风险分担机制，鼓励创新型人才向企业集聚。三是要形成新的人口红利，充分发挥人才在方式升级中"第一资源"的作用，不断提高全要素生产率和科技创新对经济增长的贡献率。四是要强化供给管理，在商品市场的基础上形成创意市场，推动生产性服务业发展壮大，促进制造业向产业中高端环节延伸，增加产品和服务的有效供给。五是要加快培育世界知名企业和品牌，制定培育世界知名企业和品牌的中长期规划，有选择地扶持一批享有一定知名度、具有一定竞争优势和潜质的本土骨干企业实施国际化战略。

第四，中国经济升级要实现人民福祉升级。人民福祉升级是指真正做到以人为本，突出解决好教育、就业、社保等人民群众最关心、最直接、最现实的利益问题，促进就业、收入、公共服务共享、环境保护和资源节约有新提升，促进社会公平公正，实现人民生活水平的显著提升，保障人民共享发展成果。一是释放就业潜力，实施更加积极的就业政策，完善就业服务体系，大力发展服务业，提供更多更好的就业机会，不断提高就业率和就业质量。二是努力增加居民收入，深化收入分配制度改革，争取实现居民收入增长和经济发展同步、劳动报酬增长和劳动生产率提高同步，提高居民收入在国民收入分配中的比重。三是建设生态文明，支持节能低碳产业和新能源、可再生能源发展，深化资源性产品价格和税费改革，健全生态环境保护责任追究制度和环境损害赔偿制度，实现绿色发展。四是总体实现基本公共服务均等化，切实抓好基本公共服务均等化的综合改革工作，逐步建立与经济发展水平相适应的基本公共服务保障体系，加快缩小区域和群体之间的差距。

二　异质企业促进中国经济升级的基本原理

拥有更多的异质企业是中国经济升级的内在要求，是衡量经济升级的一个重要维度。反过来，异质企业又是中国经济升级的基础，异质企业的增多和发展能够不断地促进中国经济升级。通过对异质企业贸易理论与中国经济升级内涵的分析，可以发现异质企业拥有的异质性是实现中国经济升级的基础，因此，无论是异质企业还是非异质企业通过自身努力提升或创造企业异质性都能促进中国经济升级。现有的异质企业可以视为"存量"异质企业，非异质企业逐步发展为异质企业可视为"增量"异质企业。无论是"存量"异质企业和还是"增量"异质企业都会通过选择效应和再配置效应，优化产业的资源配置和提升产业的劳动生产率，推动产业升级，进而促进经济升级。选择效应是指异质企业通过选择出口、对外直接投资，或者既出口又对外直接投资，进一步扩大了市场范围，获得了更大的规模经济和范围经济，企业生产率水平进一步提高，带动整个产业优化升级，进而促进整个经济升级。再配置效应是指通过促使非异质企业退出市场以及生产要素向异质企业转移，实现产业内资源重新配置，进而提高整个产业的生产率水平。通过异质企业与非异质企业间竞争导致资源重新配置并流向生产率较高的企业，产业的总体生产率由于资源重新配置获得了提高，这种类型的经济福利是先前经济理论没有解释过的贸易利得，是促进经济升级的重要途径。

（一）"存量"异质企业促进经济升级的基本原理

存量异质企业凭借自身的异质性能够不断提高生产率和品牌影响力、实现规模经济、范围经济和产业链整合，增加产品或服务的附加值，促进经济升级。产品或服务附加值的增加是经济升级的集中体现，异质企业能够通过两种途径增加产品或服务的附加值。一种途径是异质企业通过技术创新、产业链经营和品牌国际化等途径提高产品或服务的附加值，通常这种努力能够带来产品或服务的平均利润的提升，表现为企业集约贸易边界的扩大。另一种途径是异质企业增加出口市场的数量和出口产品或服务的种类来提高出口产品或服务的附加值，出口市场数量的增加能使规模经济的潜力得到进一步发挥，出口产品或服务种类的增加能使实现范围经济的潜力得到进一步发挥，降低出口产品或服务的平均成本，在出口价格不变或下降幅度较小的条件下会增加原有出口市场的出口产品或服务的附加值，表现为企业扩展贸易边界的扩大。

1. 高生产率能提升产业的生产效率

异质企业的高生产率能够优化资源配置。异质企业的高生产率能够增加产品或服务的附加值，由于产品或服务的价值是由社会必要劳动时间决定的，且价值决定价格，而异质企业的生产率高于企业的平均生产率，因此，异质企业销售产品和服务的附加值更高，回报率更大。较大的产品回报率使得异质企业能够通过适当的价格策略增加市场份额，促使更多的生产要素向本企业集中，进而提高了产业的生产效率。同时，异质企业拥有高技能的工人，自主创新能力较强，这些有利于增加产品和服务的差异性，提高产品和服务的有效供给，不断地提高生产率，持续促进资源优化配置，提升产业的整体生产效率。

异质企业的高生产率能够增加出口产品或服务的附加值。从第二章的公式（1）$R_i = P_iQ_i - C_i - F_{di} - F_{ei}$能够清晰地看出，随着异质企业生产率的不断提高，出口产品的成本C_i会不断下降，企业的净收益R_i会不断提高。发展中国家出口企业与发达国家出口企业的最大区别是异质出口企业太少，大部分企业停留于简单的来料加工、进料加工或贴牌生产，生产率较低，导致出口产品附加值不高，在国际贸易中只赚取微薄的加工费。异质出口企业缺乏的主要原因之一就是企业的自主创新能力比较弱，导致整个产业的出口企业、出口产品和服务均严重同质化。非异质出口企业往往凭借数量众多和价格低廉的劳动力，从事劳动力密集型的加工装配业务和一般产品制造业务，出口利润主要来源于加工费和出口退税，这导致出口企业满足于现有利润，缺乏创新的动力和意识，多数成为单纯的加工企业，没有独立的产品开发体系和自主研发能力，少数发展较好的企业的研发也尚处于初级阶段，产品设计缺乏创新，内在的质量和发达国家异质出口企业相比差距较大。相反，在美国，异质企业是自主创新的绝对主体，企业的研发预算远远超过美国政府的研发预算；在日本，异质企业将自主创新能力看成生命线，企业拥有庞大的科研队伍，企业科研人员占日本科研人员总数的7/10左右；在芬兰，企业同样是创新体系中的核心，与高校、研究机构有合作项目的企业约占企业总数一半以上，企业的研发投入约占这个国家研发投入的70%。因此，提高企业特别是产业链中技术含量较低企业的自主创新能力是改变出口企业附加值低的最佳途径之一，是经济升级的中心环节之一。

2. 规模大能带来规模经济和范围经济

异质企业因拥有较高的生产率和自主创新能力，具有极强的规模扩大和范围扩张的动力，企业产品如果能够满足国际市场需求，则企业就能实现仅仅依靠国内市场无法实现的规模经济和范围经济。

在给定技术条件下，对于某一产品如果在某些产量范围内平均成本呈下降趋势，就可以认为存在规模经济。其具体表现为长期平均成本曲线向下倾斜，长期平均成本曲线上的最低点就是最佳规模。但是有效需求是企业规模经济得以实现的重要条件，如果没有足够大的市场需求，企业即使达到规模经济也无法销售出去，会产生供给过度，导致价格下降，进而利润率下降。异质企业凭借较高的生产率和自主创新能力能够在与东道国企业或其他国家企业的竞争中获得竞争优势，扩大企业产品的"市场半径"，克服制约企业的市场约束，实现规模经济。现代消费需求的多样化与个性化，并没有使规模经济因此而丧失，而是通过国内市场向国际市场的延伸使同一类产品的消费群体显著扩大，为企业实现规模经济提供条件。而且随着技术进步和生产工艺水平的提高，产品的最佳规模也会不断变化，异质企业就有了更大的回旋余地，能够更容易地实现规模经济。具体来讲，异质企业可以通过以下几种途径实现规模经济。首先，异质企业更容易实现专业化，使得企业的内部分工更专业、更科学，企业员工内部分工的深化能够显著地提高生产率。其次，异质企业的高利润率可以承担更高的出口固定成本，增加出口市场的数量和出口产品的种类。最后，异质企业的产品差异性和巨大原材料需求量能够使其获得与产品销售商和原材料供应商之间价格谈判上的强势地位，获得超额利润。因此，异质企业凭借规模经济能够有效地降低产品和服务的平均成本，增加产品和服务的增加值，促进经济升级。

范围经济这一概念于1975年首次被提出，后经美国学者阿尔弗雷德·钱德勒（Alfred D. Chandle）在《规模与范围：工业资本主义的动力》一书中将规模经济与范围经济的理论进一步系统化。范围经济是指企业通过增加产品种类，生产两种或两种以上的产品而引起的单位成本降低。与规模经济不同，范围经济通常是企业生产某系列产品的单位成本降低，是利用现有的设备进行其他产品的生产和销售所带来的成本降低。异质企业凭借自身的异质优势能够通过生产类似产品实现范围经济，给企业带来诸多优势，推动企业发展，进而促进经济升级。首先，异质企业能够通过生产类似产品实现范围经济，为企业带来生产成本优势。异质企业通过增加生产类似产品能够分摊固定成本，通过大量采购可以降低采购成本，从而降低产品的平均成本，这种成本的降低可以帮助企业增加产品的附加值，销售更多产品，包括出口更多种类的产品和出口到更多的国家，扩大扩展贸易边界。其次，异质企业能够通过生产类似产品实现范围经济，为企业带来差异化优势。范围经济形成的差异化产品既能满足顾客多样化和个性化的消费需求，又能锁定消费群体，细分消费市场，增加产品的附加值，扩大集约贸易边界，促进经济升级。再次，异质企业还能够通过生产类似产品实现范围经济，为企业带来市场营销优势。范围经济形成的生产成本优势和差异化优势体现了企业在产品品质和价格方面的竞争能力，既能在原有的营销平台上销售多种产品，还能更好地巩固和利用企业已经形成的品牌优势，为新产品开拓市场，降低产品的平均销售成本，增加产品的附加值。最后，异质企业能够通过生产类似产品实现范围经济为企业带来技术创新优势，范围经济可以形成科技创新的良性循环，持续的创新活动能使企业在应用新材料、采用新工艺、培养创新团队、加强市场营销等方面不断获得突破，能够持续提高企业生产率，不断巩固和提高企业的核心竞争优势，增加产品和服务的附加值。

异质企业凭借较高的生产率和较大的企业规模能够同时实现规模经济和范围经济。规模经济表现为生产能力扩大促进产量增加而带来的产品附加值的提升，范围经济表现为生产能力扩大促进产品种类增加而带来的产品附加值的提升。因此，对于一个异质企业而言，规模经济和范围经济一般是同时存在的，一个企业发展到一定规模就可能出现范围经济，两者还会互相促进，实现互动发展，推动企业提高生产率。所以，异质企业的规模经济和范围经济能够促进经济升级。

3. 国际品牌和营销战略能提升国际市场控制力

异质企业的国际品牌经营战略有助于提升国际市场控制力，促进经济升级。品牌是特定产品、服务或企业等的标识，包括多种形式，比如名称、符号、颜色组合和标语等。创立品牌有利于消费者识别企业的产品或服务，并使之同竞争对手的产品和服务区别开来。因此，品牌是一种无形资产，能够增强企业的形象认知、品质认知和国际市场认知，减少消费者的购买时间、增加企业市场份额。但是，品牌需要长期培育，更需要依附于商品和服务等载体才能发挥作用。异质企业具备培育国际品牌的先天优势，异质企业较高的生产率能够创造出优质的品牌载体——高质量的产品和服务，较大的企业规模能够承担品牌经营所需要的巨大投入，较强的创新能力能够保障品牌持续发展。由于需求的变化和竞争的推动，除了少数产品外，绝大多数产品不会长久地被消费者接受，产品都有一个生命周期，会经历投入、成长、成熟和衰退四个发展阶段。但是品牌却不同，它有可能超越产品的生命周期，赋予企业新产品独特的品牌内涵和价值。一个品牌一旦成为国际品牌，拥有广大的忠诚顾客，即使其产品几经改良和换代，但其领导地位却可以经久不衰。许多著名国际品牌历经几十年甚至上百年依然处于世界领先地位，如可口可乐（始于1886年）、吉列（始于1895年）、万宝路（始于1924年）、雀巢（始于1938年）等；我国的不少老字号在今天的市场竞争中依然有着品牌优势，如同仁堂、全聚德和稻香村等。由于品牌可以超越产品生命周期，使得品牌从开始依附在产品或服务上慢慢地发展到与产品或服务相对独立开来，并使消费者长期积累对它的认同和偏好，从而使品牌成为一种无形资产。所以，品牌比产品和服务本身要广泛得多，它可以随着市场变化加以调整，只要能跟得上市场变化和消费趋势，通过改进或创新产品和服务及品牌特性，就可以使品牌保持持久的生命力。而且，品牌在异质企业强大创新能力的支撑下能够实现品牌延伸，同一品牌可以拥有众多类别的产品，实现范围经济，品牌成为产品的核心，成为企业的灵魂，成为企业提升产品和服务附加值、开拓国际市场的重要保障。因此，异质企业的国际品牌经营战略能够通过为消费者带来形象认知、品质认知、国际市场认知、减少消费者购买时间和增加消费者的偏好程度来获得更高的销售价格，以此扩大集约贸易边界；同时通过品牌的国际影响力能够扩大出口产品的种类和出口市场的数量，以此扩大扩展贸易边界，这都有助于提高出口产品和服务的附加值，促进经济升级。

异质企业的国际营销战略有助于提升国际市场控制力，促进经济升级。国际营销与国内营销的最大差别在于营销的外部环境发生了显著变化，政治、经济、社会与文化等环境都完全不同于国内，营销环境比国内市场更加复杂，不确定性和不可控性更强。因此，如何选择和建立有效的营销渠道就成为企业出口面临的最重要、最复杂和最具挑战性的难题。异质企业具有开展国际营销渠道的内在动力，异质企业由于对未来发展前景抱有极大的信心，开拓国际市场的决心最大，制定和实施国际营销战略的积极性最高。在国际市场上，营销渠道代表企业的形象和承诺，企业凭此与国外消费者建立了一种共识，达成了一种默契，形成了一种长期关系。通常，企业会根据不同的市场条件，结合自己的发展战略采用委托代理商或自己建立销售机构的策略。异质企业由于自身实力比较强，一般倾向于选择直接建立销售机构，而且直营连锁经营的比较多，加盟连锁经营的比较少，因为直营连锁经营更容易控制整个销售渠道，保证产品和服务的质量，维护企业的声誉，保持企业产品和服务价格的稳定性，提升产品和服务的附加值；只有在企业产品和服务的考核相对简单或易于标准化时才倾向于选择加盟连锁经营的方式。异质企业在开拓国际市场的初始阶段，由于对国际市场风险考量存在一定程度的不确定性，企业首先会考虑使用进入国家（和地区）现有的营销系统。异质企业在经历了开拓国际市场的初始阶段后，通常会选择自行建立海外销售机构，以便更有效地争夺国际市场。异质企业的国际营销战略有助于随时掌握市场动态，促进企业创新，提高出口产品的附加值；能够向顾客提供更为完善的服务，提高市场知名度，在非价格竞争中确立优势，扩大集约贸易边界。同时，异质企业通过企业品牌形象的维护和售后服务的提供，能够扩大出口市场的数量和出口产品的种类，以此扩大扩展贸易边界，提高出口产品和服务的附加值，促进经济升级。

4. 产业链经营能增强对商品价格形成的影响力

异质企业的产业链经营能增强对商品价格形成的影响力，有助于促进经济升级。企业能够在产业链的各个环节创造价值，包括研发设计、产品制造、原料采购、仓储运输、批发零售以及售后服务等环节，多数企业只从事部分环节的经营活动，掌控产业链环节越多，越能对产品或服务的国际价格形成产生影响。异质企业在所属产业里往往处于领先地位，无论是研发能力、生产能力还是营销能力和服务能力都具备相对优势，随着企业规模的不断扩大，其整合产业链的需求日益增强，以实现对整个产业链的控制，即使放弃也是通过设立子公司或者外包的形式把制造环节或流通环节分离出去，但是依然要掌控研发设计、原料采购、批发零售和售后服务等环节。所以，异质企业基本上是一个集设计、生产、销售、管理和服务等活动于一体的综合体，并在各个环节开展增值活动，这些环节构成了异质企业的价值链。异质企业能够实现对产业链的高效整合，提升对出口产品和服务的国际价格形成的影响力，增加出口产品和服务的附加值。尽管随着产业内分工不断向纵深发展，传统的产业内部不同类型的价值创造活动逐步由一个企业为主导分离为多个企业的活动，但是异质企业产业链经营的主要特点是根据不同产品的特性和经营环境，将供应地和生产地置于最适合的地方，或在全世界范围内选择最合适的合作企业，在全球范围内组合产业链，实现产业链的最优化。通过实施产业链经营，异质企业不仅提升了对产品价格的国际影响力，而且通过向海外子公司或合作企业输出研发设计，提升了本国的出口产品结构，以更高的价格输出了更多的高技术产品和服务，同时扩大了集约贸易边界和扩展贸易边界，出口产品和服务的附加值明显提高，促进了经济升级。

（二）"增量"异质企业促进经济升级的基本原理

"增量"异质企业，是非异质企业凭借培育异质优势成为异质企业，能够形成提升效应和替代效应，促进经济升级。提升效应是指"增量"异质企业以比"存量"异质企业更优质的产品或服务供应市场，由于较高生产率的"增量"异质企业加入"存量"异质企业中，提高了异质企业的平均生产率，增加了产业产品或服务的平均附加值，促进了经济升级。替代效应是指，即使"增量"异质企业的劳动生产率低于"存量"异质企业的平均劳动生产率，但只要能够替代更低生产率的"存量"异质企业，就能增加异质企业的平均生产率，进而增加产业产品或服务的平均价值，促进经济升级。

在国家经济发展的不同阶段，随着比较优势的更替，每一阶段都会有新的异质企业产生，并有一部分"增量"异质企业的生产率高于"存量"异质企业的平均生产率，进而提高异质企业的平均生产率。在生产要素驱动阶段，几乎所有的异质企业都是依赖自然资源或廉价劳动力等基本生产要素来获得异质优势的，在这种条件下，只有拥有相关资源的企业才能成为异质企业。新出现的较高生产率的"增量"异质企业将提高异质企业的平均生产率，但是由于异质企业的平均生产率并不高，由此产生的提升幅度也不会太大。在投资驱动阶段，企业的投资能力和投资意愿显著增强，企业有能力对引进的技术实行消化、吸收和升级，自然资源和廉价劳动力等生产要素的作用下降，随着资本有机构成的不断提高，企业的生产率逐步提升，越来越多的企业开始拥有不同程度的异质优势，那些生产率增长较快的非异质企业成为异质企业，新出现的较高生产率的"增量"异质企业可以提高异质企业的平均生产率，但是由此产生的平均提升幅度会比生产要素驱动阶段大。在创新驱动阶段，企业在应用并改进技术的基础上，开始具备独立的技术开发能力，技术创新成为提高企业异质优势的主要因素，拥有独立技术开发能力的企业成为异质企业，那些在生产技术等方面开始居领先地位的"增量"异质企业可以提高异质企业的平均生产率。在财富驱动阶段，国内消费能力显著增强，消费者对产品的多样性和舒适性的要求明显提升，这些需求条件的改变，能极大地推动异质企业扩大规模和开展技术创新，进一步提高生产率和增加新产品的开发，拥有较高生产率和新产品的企业成为异质企业，其中会有一部分"增量"异质企业的劳动生产率超过"存量"异质企业的平均生产率。因此，"增量"异质企业以较高的生产率进入"存量"异质企业中，会提高异质企业的平均生产率。

同时，在国家经济发展的不同阶段，每一阶段的"增量"异质企业都会有一部分异质企业开始进入国际市场，这一部分"增量"异质企业的生产率一般会高于"存量"异质企业的平均生产率，进而提高异质企业的平均生产率。在投资驱动阶段，那些生产率增长较快的非异质企业的产品或服务能够克服出口固定成本的限制，开始有能力进军国际市场，成为异质出口企业，改善了原有异质出口企业依靠生产要素禀赋优势出口所带来的出口产品附加值低的问题，提高了异质出口企业的平均生产率。在创新驱动阶段，拥有独立技术开发能力的非异质企业在生产技术等方面开始居领先地位，其生产的一些新产品或服务能够克服出口固定成本的限制直接出口，解决了原有出口企业依靠投资优势出口所带来的出口产品附加值低的问题，也会提高异质出口企业的平均生产率。在财富驱动阶段，非异质企业通过研发差异化的产品满足消费者日益多样性、高品质的消费需求，进一步提高了生产率，成为异质出口企业，其中还会涌现出一批生产率较高的"增量"异质出口企业，能够提高异质出口企业的平均生产率。

此外，即使在"存量"异质企业中也存在生产率的高低之分，总会有一部分异质企业的生产率相对较低。因此，一部分非异质企业提升为异质企业，即使生产率不超过异质企业的平均生产率，但是只要超过生产率相对较低的异质企业的生产率并将其替代，就能够提高异质企业的平均生产率，这种替代效应也经常发生。

（三）异质企业通过内部贸易促进经济升级

异质企业理论揭示：生产率差异使得异质企业可以进行国际经营模式的自我选择，生产率最高的企业会选择国际垂直一体化，生产率处于中等水平的企业选择出口，而生产率低的企业只在国内市场销售。安特拉斯（Antras）和赫尔普曼（Helpman）的南北贸易模型指出：高生产率企业倾向于采用内部一体化——母公司与子公司之间或者子公司与子公司之间的内部贸易——从南方国家（发展中国家）获取中间品，较高生产率企业倾向于采用外包的形式从北方国家获取中间品。该模型解释了为什么发达国家的跨国公司有着越来越集中的资本和技术垄断，以及为什么发展中国家企业的国际一体化程度远远落后等问题。而且，中间投入品的资本密集度越高，垂直一体化的方式对企业就越有吸引力，机电等资本密集度较高产品的中间投入品主要由异质企业从其海外附属机构进口，而纺织品等劳动力密集型产品则从与其没有关联的企业进口，资本密集型的最终产品生产将采取垂直一体化形式，而劳动密集型最终产品的生产将被外包出去。随着异质企业垂直一体化的发展，异质企业内部贸易随之增加。异质企业内部贸易是指异质企业与国外子公司之间在产品、原材料、技术和服务等方面的交易活动。技术进步和国际分工进一步发展使传统的企业间分工转化为企业内部分工，传统的企业间的水平分工逐步让位于企业内部的垂直分工，其结果必然使企业内部贸易规模大幅增长。异质企业内部贸易是异质企业国际一体化的必然结果，异质企业国际一体化的根本目的就是充分利用国际资源，实现利益最大化，因此，其与子公司之间的经济往来是不可避免的，企业经营链的各个环节都可能发生经济往来。内部贸易是异质企业维持技术垄断优势以在国际贸易中获得高额垄断利润的有效手段。在异质企业的国际生产过程中，通过垂直一体化，分支企业的生产能够保证企业跨国经营的稳定性，通过企业内贸易能够防止技术优势的扩散，增强其在国际市场上的垄断地位和竞争能力，实现全球利益的最大化。对技术的垄断是异质企业的核心战略，根本目的是保证其存在和持续发展。相反，如果企业的技术在企业外部交易，则有可能被竞争对手模仿。因此，异质企业倾向于始终把握技术专利，并在其企业内部转让，以确保跨国经营的优势。

异质企业的内部贸易能够提升出口产品的附加值。在国外拥有众多子公司的异质企业的内部交易，在交易方式和交易动机上与正常的国际贸易交换大相径庭。异质企业内部交易的利益原则由正常国际贸易的双方共赢，变为以异质企业母公司的利益为重，交易价格不再由产品的价值决定，也不受国际市场供需关系的影响，而是由异质企业内部自行确定，把国际市场通过企业国际一体化内部化了。异质企业除了从海外机构进口中间投入品外，还通过与海外机构之间的内部贸易，将研发和设计等高端服务出口给子公司。为了达到国际避税的目的，研发和设计等高端服务的出口价格往往偏高，此种贸易模式增加了异质企业出口产品和服务的平均价值，扩大了异质企业的集约贸易边界。而且，随着异质企业在不同国家和地区海外分支机构的增加，其出口市场的数量也会随着增加，扩展贸易边界也随之扩大。因此，异质企业通过与国外子公司的内部贸易，从子公司进口附加值低的中间投入品，出口附加值高的研发和设计等高端服务，在实现异质企业利润最大化的过程中显著提升了出口产品和服务的附加值，促进了经济升级。

（四）异质企业与里昂惕夫之谜

如果从异质企业的角度重新审视里昂惕夫之谜，则会发现技能充裕相对于劳动充裕更有利于出口，出口产品或服务的质量和价格会更高。1951年，美国著名经济学家里昂惕夫利用美国经济的投入产出表计算美国在1947年每100万美元进口替代品和出口产品中的劳动和资本的数量时，得出令人震惊的检验结果：美国进口替代品的资本密集程度比美国出口商品资本密集程度高出约30%，在某种程度上意味着美国进口的是资本密集型商品，出口的是劳动密集型商品，其与要素禀赋理论的预测完全相反，这就是著名的里昂惕夫之谜。要素禀赋理论认为，一个国家出口的应是密集使用本国丰富的生产要素生产的商品，进口的应是密集使用本国稀缺的生产要素生产的商品。因此，美国是资本相对丰富、劳动相对稀缺的国家，理应出口资本密集型商品，进口劳动密集型商品。里昂惕夫之谜强烈地刺激经济学家去探求一种能解释这一结果的理论，产生一系列关于里昂惕夫之谜的有价值的研究。肯恩（1965）认为产生里昂惕夫悖论的一个重要原因是里昂惕夫所定义的资本仅仅包含物质资本，忽略了人力资本，人力资本是体现在人身上的技能和生产知识的存量，把人力资本加到实物资本上，就会使美国出口产品的资本密集度高于进口替代品。舒尔茨和贝克尔发现1939～1957年美国每年在培训工人方面投资相当大，而且这些投资已经超过了物质资本投资的增长。因此，人力资本提高了从自然资源中获得产出的水平，即使是最粗略的统计也表明美国大部分出口产品是科研和技能密集型的。基辛（1996）指出，对于相当多的制造业而言，国际贸易是基于各国技能禀赋差异进行的，里昂惕夫之谜与其说是一个悖论，倒不如说美国在技术水平上具有比较优势，出口高技能密集型产品。因此，人力资本优势成为解释里昂惕夫之谜的关键因素，是构成不同国家要素禀赋差异的关键要素。而人力资本正是异质企业形成的关键因素之一，依赖于人力资本形成的异质企业是一国出口优势和竞争力的源泉，能够创造更多的出口附加值。所以，实现中国经济升级必须提高企业的人力资本，并以此为基础培育更多的异质企业，提升产品和服务的附加值。

三　模型

异质企业贸易理论模型的主要特点是在异质企业（以企业边际成本差异表示）和存在两种固定成本（固定的生产成本和固定的国际市场进入成本）的假设下，对企业出口选择、对外投资选择和外包选择进行均衡分析，当企业的收益能够弥补企业的变动成本、固定的生产成本和固定的国际市场进入成本时，企业达到盈亏临界点，若盈利为正，则企业倾向于出口、外包甚至对外投资，若盈利为负，则企业只在国内销售。

本书采用异质企业贸易理论模型的主要分析方法和假设，但是分析的重点不是在异质企业国际市场进入的均衡分析上，而是在异质企业进入国际市场的行为选择对中国经济升级的具体影响上，即关注企业国际经营的行为选择如何促进经济升级。本节通过简单的模型设计，分析异质企业如何促进经济升级。

（一）模型假设

假设1：企业生产率不同，即企业是异质的。

一个国家不同企业的生产率是不一样的，特别是同一产业里不同企业的生产率是不一样的，本书采用异质企业贸易理论模型的假设，用边际成本来表示企业生产率的不同，若边际成本高，则生产率低，若边际成本低，则生产率高。

假设2：企业面临两种固定成本，即生产固定成本和出口固定成本。

这一假设与经济学的基本模型和国际贸易模型的假设是一致的，企业经营成本分为固定成本和变动成本两种；其中，固定成本又分为生产固定成本和出口固定成本，前者指为维持企业提供产品和服务的经营能力而必须投入的成本，如厂房和机器设备、房屋租金和管理人员工资等，后者指因企业进入某国际市场需要投入的市场进入成本，也称为"滩头成本"（beachheadcost），一般指企业进入某一新市场建立网点、营销渠道以及了解当地市场环境和需求信息等所需一次性投入的固定成本。

假设3：企业出口不同国家面临的出口固定成本是不同的。

由于不同国家的经济环境、法治环境和社会环境存在差异，在不同国家建立营销网点和营销渠道的固定成本是不同的，这在一定程度上决定了企业出口市场的数量，如果出口固定成本较高，则企业会因无利可图不选择该出口市场，如果出口固定成本较低，则企业会因有利可图选择该出口市场。

假设4：企业不同产品面临的出口固定成本是不同的。

由于企业不同产品对国际市场营销固定投入的要求存在差异，以及出口目的地类似产品的竞争程度存在差异，在同一个国家建立不同产品的营销网点或营销渠道的固定成本是不同的，这在一定程度上决定了企业对该国出口产品种类的多少，如果某种产品出口固定成本较高，则企业会因无利可图不选择出口该产品，如果某种产品出口固定成本较低，则企业会因有利可图选择出口该产品。

（二）模型分析

本节在上节异质企业促进经济升级机理分析的基础上，从异质企业的行为选择入手，分析异质企业如何促进某个产业和某个国家经济升级。

企业升级分析。企业产品附加值的增加是企业升级的突出表现。而且，产品附加值的增加不仅仅是绝对值的概念，更是相对值的概念，即使产品价格下降，只要投入产出比提高，销售产品的附加值也会增加。促进企业产品附加值增加的因素较多，异质企业贸易理论中形成异质企业的几类主要因素都包括在其中，高技能的工人能够推动全要素生产率的提升，降低企业的边际成本，体现技术进步的效应，增加产品附加值；劳动生产率的提高、企业规模的扩大和企业品牌价值的提升，同样能降低企业的边际成本甚至提高销售产品价格，增加产品附加值；企业组织创新等不可测量因素也会影响产品的附加值；企业固定生产成本的变动会导致产品附加值变动，本书把这些因素作为影响企业产品附加值变动的自变量，建立等式，等式的右边是影响附加值变动的六个自变量，等式的左边是作为因变量的产品附加值的变动值［参见公式（1）］，如果$\triangle V$为正，则代表企业升级。

$$\triangle V = a\triangle TFP + b\triangle L + c\triangle S + d\triangle B + e\triangle U - f\triangle C \qquad (1)$$

其中，$\triangle V$代表产品附加值的变动值，$\triangle TFP$代表企业的全要素生产率的变动值，$\triangle L$代表企业劳动生产率的变动值，$\triangle S$代表企业规模的变动值，$\triangle B$代表品牌价值的变动值，$\triangle U$代表组织创新等不可测量因素的变动值，$\triangle C$代表企业固定生产成本的变动值，a、b、c、d、e和f分别代表全要素生产率变动值的权重、企业劳动生产率变动值的权重、企业规模变动值的权重、企业品牌价值变动值的权重、组织创新等不可测量因素变动值的权重和企业固定生产成本变动值的权重。

异质企业促进经济升级的效果取决于6种主要自变量的变化程度及比重。第一，$\triangle TFP$的影响，在其他条件不变的情况下，如果异质企业技术创新加快，技术进步效应增加，则$\triangle TFP$的提高将带动$\triangle V$增加，$\triangle TFP$对$\triangle V$的贡献除了自身的绝对值之外，还取决于a的大小，$\triangle V$与$\triangle TFP$和a之间成正比关系。第二，$\triangle L$的影响，在其他条件不变的情况下，如果劳动生产率提升，则$\triangle L$的提高将带动$\triangle V$增加，$\triangle L$对$\triangle V$的贡献除了自身的绝对值之外，还取决于b的大小，$\triangle V$与$\triangle L$和b之间成正比关系。第三，$\triangle S$的影响，在其他条件不变的情况下，如果企业规模扩大，则$\triangle S$的提高将带动$\triangle V$增加，$\triangle S$对$\triangle V$的贡献除了自身的绝对值之外，还取决于c的大小，$\triangle V$与$\triangle S$和c之间成正比关系。第四，$\triangle B$的影响，在其他条件不变的情况下，如果企业的品牌影响力扩大，则△B 的提高将带动△V 增加，△B 对△V 的贡献除了自身的绝对值之外，还取决于 d 的大小，△V 与△B 和 d 之间成正比关系。第五，△U 的影响，在其他条件不变的情况下，如果企业的组织创新等不可测量因素提升，则△U 的提高将带动△V 增加，△U 对△V 的贡献除了自身的绝对值之外，还取决于 e 的大小，△V 与△U 和 e 之间成正比关系。第六，△C 的影响，在其他条件不变的情况下，如果企业的生产固定成本△C 增加，则△C 的提高将导致△V 降低；如果企业的生产固定成本△C 降低，则△C 的降低将带动△V 增加；△C 对△V 的贡献除了自身的绝对值之外，还取决于 f 的大小，△V 与△C 和 f 之间成反比关系。△TFP、△L、△S、△B、△U 和△C 这 6 个因变量不一定全部发生变化，而且也不一定都是上升，也可能下降，综合起来考虑它们对△V 的整体影响就会存在很大的不确定性，△V 可能上升也可能下降，但只要△V 上升就表明企业产品的附加值在提升，进而促进经济升级。

如果考虑企业升级中的出口企业升级对一国经济升级的作用，就更接近于异质企业贸易理论分析对象。企业出口产品附加值的增加是企业升级的突出表现。而且，出口产品附加值的增加也是一个相对值的概念，即使出口价格下降，只要投入产出比提高，出口产品的附加值也会增加。促进企业出口产品附加值增加的因素除了高技能的工人、劳动生产率的提高、企业规模的扩大、企业品牌价值的提升、企业组织创新等不可测量因素外，还包括生产固定成本和出口固定成本，生产固定成本和出口固定成本的变动也会影响出口产品的附加值，本书把这 7 类因素作为影响企业出口产品附加值变动的自变量，建立等式，等式的右边是影响附加值变动的 7 个自变量，等式的左边是作为因变量的企业附加值的变动值〔参见用公式（2）〕，如果△V 为正，则代表企业升级。

$$\triangle V = a\triangle TFP + b\triangle L + c\triangle S + d\triangle B + e\triangle U - f\triangle C - g\triangle F \qquad (2)$$

其中，△V 代表出口产品附加值的变动值，△TFP 代表出口企业的全要素生产率的变动值，△L 代表企业劳动生产率的变动值，△S 代表企业规模的变动值，△B 代表品牌价值的变动值，△U 代表组织创新等不可测量因素的变动值，△C 代表企业生产固定成本的变动值，△F 代表出口固定成本的变动值，a、b、c、d、e、f 和 g 分别代表全要素生产率变动值的权重、企业劳动生产率变动值的权重、企业规模变动值的权重、企业品牌价值变动值的权重、组织创新等不可测量因素变动值的权重、企业生产固定成本变动值的权重和出口固定成本变动值的权重。

异质出口企业促进经济升级的效果取决于 7 种主要自变量的变化程度及比重。异质出口企业的 △TFP、△L、S、△B、△U 和 △C 对 △V 影响与一般异质企业类似，这里就不重复了，只重点分析 △F 对 △V 影响。在其他条件不变的情况下，如果企业的出口固定成本 △F 增加，则 △F 的提高将导致 △V 降低；如果企业的出口固定成本 △F 降低，则 △F 的降低将带动 △V 增加。△F 对 △V 的贡献除了自身的绝对值之外，还取决于 g 的大小，△V 与 △F 和 g 之间成反比关系。总之，△TFP、△L、S、△B、△U、△C 和 △F 这 7 个因变量不一定全部发生变化，而且也不一定都是上升，也可能下降，综合起来考虑它们对 △V 的整体影响就会存在很大的不确定性，△V 可能上升也可能下降，但只要 △V 上升，就表明出口企业升级。

产业升级分析。企业升级是产业升级的基础。因此，本书从产业升级的微观基础出发，分析异质企业如何发挥作用。根据异质企业贸易理论模型，非异质企业提升为异质企业，会提高整个产业企业的平均生产率，促进产业升级；异质企业自身的提升会促进产业资源向自身聚集，进而提高产业的平均生产率，促进产业升级。因此，企业升级促进产业升级存在三种途径：非异质企业提升为异质企业；异质企业自身生产率提升；低生产率的企业退出市场。

如果扩展到开放型经济中，异质企业同样可以促进产业升级。根据异质企业贸易理论模型，企业进入出口市场存在临界点，若企业的平均收益大于平均成本，则企业出口会获得净利润，将自动选择出口，否则企业会选择在国内销售或退出市场。因此，在一段时期内，异质出口企业和非异质出口企业的数量会存在某种均衡，即以企业 i 为分界点 [参见公式 (3)]，净利润高于企业 i 的企业选择出口，其他企业选择内销。此外，出口退税等补贴措施尽管能够促进出口增长，但同时也存在负效应。根据公式 (3)，出口补贴会增加企业 i 的平均收益 AR，让生产率低于出口盈亏临界点的企业选择出口仍有利可图，若低生产率的企业从事出口，可能导致产业全部出口企业出口产品和服务的平均附加值降低，进而导致产业全部出口企业的平均生产率下降。因此，低生产率出口企业是产业升级的重点，应努力提升这些低生产率企业的经营水平，使其成为异质企业。

$$AR_i = MC_i + F_{id} + F_{ie} \qquad (3)$$

其中，AR_i 代表企业 i 的平均收益，MC_i 代表企业 i 的边际变动生产成本，F_{id} 代表企业 i 的国内生产固定成本，F_{ie} 代表企业 i 的出口固定成本。

随着出口企业自身的变化和新出口企业的出现，出口企业和非出口企业的均衡数量会发生变化，这种变化会影响产业出口企业的平均生产率，促进或阻碍产业升级。影响产业出口企业平均生产率变化的原因主要来自两方面：一方面是存量出口企业生产率的变化，即部分原有出口企业生产率提高，仍能够继续出口，同时部分原有出口企业生产率下降，会因无利可图退出部分甚至全部出口市场，这些存量出口企业生产率的变化构成了影响某一产业出口企业平均生产率的主要原因；另一方面是增量出口企业生产率的变化，部分非出口企业的生产率提高，开始进入出口市场，在这些新进入的出口企业中，一些企业生产率高于出口企业的平均生产率，会提高整个产业出口企业的平均生产率，这些新出口企业可称为新的异质出口企业，另一些企业生产率低于出口企业的平均生产率，会降低产业出口企业的平均生产率，这些增量出口企业的进入构成了影响某一产业出口企业平均生产率变化的主要原因。因此，某一时期某个产业出口企业的均衡数量会发生变化，而且，随着高生产率企业进入出口市场，低生产率企业退出出口市场，整个产业出口企业的平均生产率也会随之提高。如果某个产业当期出口企业的平均生产率大于上一期，则产业发生升级，出口企业平均生产率提升的幅度越大，产业升级的步伐就越快；反之，如果某个产业当期出口企业的平均生产率小于上一期，则产业经济发生弱化。

产业出现升级（当期企业的平均生产率大于上一期）的条件：

$$IALP_i > IALP_{i-1}$$

其中，$IALP_i$ 代表产业当期企业的平均生产率，$IALP_{i-1}$ 代表产业上一期企业的平均生产率。

某个产业经济出现弱化（当期企业的平均生产率小于上一期）的条件：

$$IALP_i < IALP_{i-1}$$

国家经济升级分析。企业升级也是国家经济升级的基础。因此，与产业升级的分析原理相同。非异质企业提升为异质企业，会提高所有企业的平均生产率，促进整个经济升级；异质企业自身的提升会推动资源向自身聚集，进而提高所有企业的平均生产率，促进整个经济升级。如果扩展到开放型经济中，那么异质企业同样可以促进国家经济升级。随着出口企业自身的变化和新的出口企业的出现，出口企业和非出口企业的均衡数量会发生变化，这种变化会影响全部出口企业的平均生产率，促进或阻碍国家经济升级。影响全部出口企业平均生产率变化的原因同样来自两方面：一方面是存量出口企业生产率的变化，部分原有出口企业的生产率提高，仍能够继续出口，同时部分原有出口企业生产率下降，因无利可图退出部分甚至全部出口市场，这些存量出口企业生产率的变化构成了影响全部出口企业生产率变化的主要原因；另一方面是增量出口企业生产率的变化，部分增量非出口企业的生产率提高，开始进入出口市场，在这些新进入的出口企业中，一些企业生产率高于出口企业的平均生产率，这些新出口企业可称为新的异质出口企业，有利于提高全部出口企业的平均生产率，另一些企业生产率低于出口企业的平均生产率，会在一定程度上降低全部出口企业的平均生产率，这些增量出口企业生产率的变化是构成影响全部出口企业平均生产率变化的重要原因。因此，某一时期全部出口企业的数量会发生变化，而且，随着高生产率企业进入出口市场，低生产率企业退出出口市场，出口企业的平均生产率也会随之提高。如果当期全部出口企业的平均生产率大于上一期，则国家经济升级，出口企业平均生产率提升的幅度越大，国家经济升级的步伐就越快；反之，如果当期全部出口企业的平均生产率小于上一期，则国家经济发生弱化。

国家经济出现升级（当期全部企业的平均劳动生产率大于上一期）的条件：

$$ALP_i > ALP_{i-1}$$

其中，ALP_i代表当期全部企业的平均生产率，ALP_{i-1}代表上一期全部企业的平均生产率。

国家经济出现弱化（当期全部企业的平均生产率小于上一期）的条件：

$$ALP_i < ALP_{i-1}$$

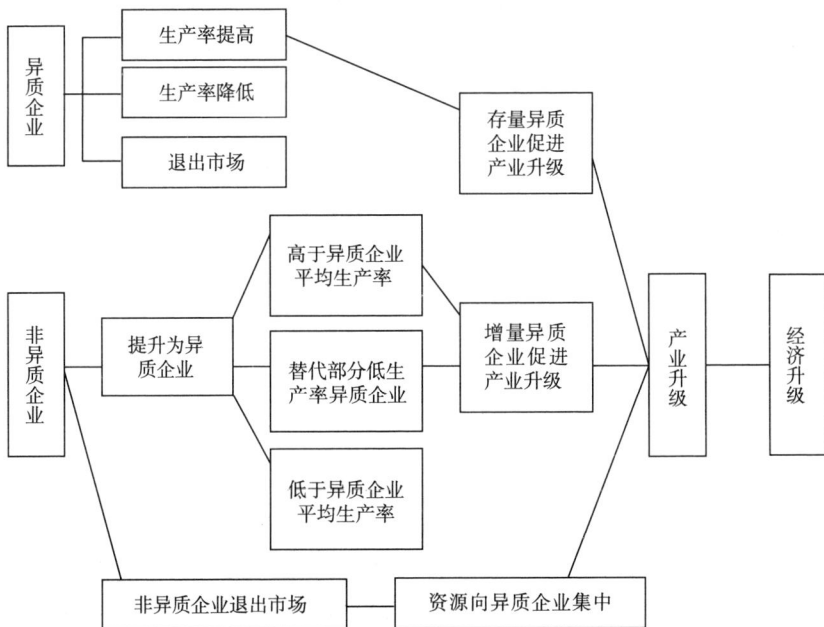

图 3-1　异质企业促进经济升级的主要途径

（三）主要结论

结论1：异质企业自我提升能促进经济升级。

异质企业的技术进步和品牌价值提升能提高产品和服务的附加值，异质企业的生产率提升、企业规模扩大和组织创新等努力会降低产品和服务的边际成本，这些努力能够扩大市场份额，实现更大的规模经济和范围经济，提高企业的平均生产率，促进经济升级；同时还可能突破出口固定成本的制约，既能使企业的产品和服务出口到更多的国家和地区，又能使更多的产品和服务实现出口，进一步发挥规模经济和范围经济的潜力，提高企业的平均生产率，增加出口产品和服务的附加值，促进经济升级。

结论2：非异质企业提升为异质企业能促进经济升级。

非异质企业通过技术创新、扩大规模、品牌经营和组织创新等努力提高企业生产率，成为"增量"异质企业，能够通过提升效应和替代效应促进经济升级。如果"增量"异质企业高于"存量"异质企业的平均生产率，将直接提高异质企业的平均生产率，增加产品或服务的平均附加值，促进经济升级，产生提升效应。如果"增量"异质企业低于"存量"异质企业的平均生产率，但高于更低生产率的"存量"异质企业的生产率，并能够替代更低生产率的"存量"异质企业，也能增加异质企业的平均生产率，促进经济升级。

结论3：出口补贴除了正效应外，也存在负效应，会导致低生产率企业进入出口市场，不利于经济升级。

四 小结

异质企业的自我提升是经济升级的关键。一方面，异质企业能够通过技术创新、产业链经营和品牌国际化等途径提高产品和服务的附加值。另一方面，异质企业能够通过增加出口市场的数量以及出口产品和服务的种类，提高出口产品和服务的附加值，出口市场数量的增加能够使规模经济的潜力得到进一步发挥，出口产品或服务种类的增加能够使范围经济的潜力得到进一步发挥，降低出口产品和服务的平均成本，增加出口产品和服务的附加值。

非异质企业通过培育异质优势成为"增量"异质企业，能够通过提升效应和替代效应促进经济升级。如果"增量"异质企业高于"存量"异质企业的平均生产率，将直接提高异质企业的平均生产率，增加产品或服务的平均附加值，促进经济升级，产生提升效应。如果"增量"异质企业低于"存量"异质企业的平均生产率，但高于更低生产率的"存量"异质企业的生产率，并能够替代更低生产率的"存量"异质企业，也能增加异质企业的平均生产率，促进经济升级。

出口补贴除了正效应外还存在负效应。出口补贴会促使非异质企业进入出口市场，不利于经济升级，这些企业是经济升级的重点，应努力提升这些企业的经营水平，使其尽快成为异质企业。

第四章
异质企业与中国经济升级的实证分析

异质企业与中国经济升级的内在机理可通过实证分析进一步检验。异质企业与中国经济升级的实证分析对数据要求较高。从企业数据来看，需要异质企业的生产率、品牌价值、员工数量、销售额，以及是否出口和对外投资、出口额和投资额、出口产品种类和投资涵盖领域、出口国家数量和投资国家数量等数据；从具体行业数据要求来看，需要每年异质企业增加和减少数量等数据；从出口市场来讲，需要每个出口市场出口企业增加和减少的数量以及企业出口产品种类变化情况的数据；从对外投资目的地来讲，需要每个对外投资目的地投资企业增加和减少的数量以及企业涵盖领域变化情况的数据。这样全面而具体的企业数据目前国内尚未有公开的统计资料，本书将通过典型的样本数据和地区数据为实证分析提供基本的数据支持。

一　基于企业数据的检验

本节选取 7041 家北京外商投资企业、中国出口 200 强企业、中国民营出口 100 强企业和北京纺织服装出口 100 强企业作为样本，分析异质企业在经济升级中的作用。

（一）基于北京外商投资企业数据的检验

数据的选取。为了验证异质企业与中国经济升级的关系，本书选取北

京外商投资企业的微观数据作为分析基础，从单个出口企业与非出口企业
的投资规模、出口规模、销售收入、净利润、从业人员数量和投资收益等
数据分析出口企业与非出口企业的异同。虽然选取的是某一区域企业的数
据，存在一定的局限性，但是北京外商投资企业在中国具有较强的代表
性，作为分析的样本还是令人满意的。首先，外商投资企业是中国对外出
口的主体，分析出口型外商投资企业和非出口型外商投资企业的异质性差
异，能够有效地检验异质企业在中国经济升级中的作用。2000 年以来，外
商投资企业一直是中国外贸出口的主体。2000 年，外商投资企业出口额为
1194.4 亿美元，占全国出口总额 2492.0 亿美元的 47.93%；2010 年，外商
投资企业出口额为 8622.3 亿美元，占全国出口总额 15777.5 亿美元的
54.65%，成为最大的出口主体。其次，外商投资企业的平均规模不断扩
大，无论是出口型外商投资企业还是非出口型外商投资企业的异质性都在
不断提升，能够从中选取部分异质性突出的企业作为分析对象，检验异质
企业在经济升级中的作用。2005 年，全国共有外商投资企业 353030 家，
平均投资规模 415 万美元，之后每年企业的平均投资额不断增加，2009 年
达到 576 万美元。再次，北京作为国家首都，投资环境在国内位居前列，
吸引了众多世界 500 强企业的投资，其所设立的外商投资企业的规模较大，
生产率较高，其中的部分企业可以称作中国的异质外商投资企业。最后，
北京外商投资企业的统计项目中有销售总额与国内销售额两个统计指标，
通过这两个指标能够把出口企业与非出口企业筛选出来进行对比分析，有
利于比较异质出口企业与异质非出口企业的差异及其在经济升级中的不同
作用。

表 4 - 1　2005 ~ 2009 年外商投资企业的平均投资规模

外资企业基本情况	2005 年	2006 年	2007 年	2008 年	2009 年
年底登记户数（户）	353030	376711	406442	434937	434248
投资总额（亿美元）	14640	17076	21088	23241	25000
企业平均投资额（万美元）	415	453	519	534	576

资料来源：《中国统计年鉴》，2006、2007、2008、2009、2010。

通过对北京 2005 年 7041 家外商投资企业数据的整理和计算发现，与非出口型外商投资企业相比，出口型外商投资企业存在明显的企业异质性。从企业平均投资规模看，出口型外商投资企业的规模较大，2005 年，北京 5078 家出口型外商投资企业的平均投资额为 823 万美元，大于 1963 家非出口型外商投资企业的平均投资额（697 万美元），前者是后者的 1.18 倍。从企业平均资产规模看，出口型外商投资企业的规模较大，2005 年，北京出口型外商投资企业的平均资产额为 14640 万元，大于非出口型外商投资企业的平均资产额（9769 万元），前者是后者的 1.5 倍。从企业平均销售收入看，出口型外商投资企业的平均销售收入较大，2005 年，出口型外商投资企业的平均销售收入为 12193 万亿元，远大于非出口型外商投资企业的平均销售收入（4123 万元），前者是后者的 2.96 倍。从企业平均从业人数看，出口型外商投资企业的平均人数较大，2005 年，出口型外商投资企业的平均人数为 113 人，大于非出口型外商投资企业的平均人数（92 人），前者是后者的 1.23 倍。从企业人均净利润看，出口型外商投资企业的人均净利润较大，2005 年，出口型外商投资企业的人均净利润为 71099 元，远大于非出口型外商投资企业的人均净利润（57595 元），前者是后者的 1.23 倍。总之，无论从企业规模还是收益能力看，出口型外商投资企业都明显优于非出口型外商投资企业。

表 4－2　2005 年出口型外商投资企业和非出口型外商投资企业的基本情况

项　　目	A	B	A/B
企业类型	出口企业	非出口企业	
企业数量（家）	5078	1963	
企业平均投资额（万美元）	823	697	118%
企业平均资产（万元）	14640	9769	150%
企业平均销售收入（万元）	12193	4123	296%
企业平均净利润（万元）	806	532	152%
企业平均从业人数（人）	113	92	123%
企业人均净利润（元）	71099	57595	123%

资料来源：北京外商投资发展报告（2006）。

值得关注的是，在对北京 2005 年外商投资企业的数据整理和计算时发现，北京非出口型外商投资企业仅有 1963 家，多数为出口企业，这与异质企业贸易理论的分析结果——出口企业少而非出口企业多——正好相反；而且，出口型外商投资企业的平均异质性并没有高出非出口型外商投资企业特别多，而且一部分出口型外商投资企业的异质性远没有非出口型外商投资企业高，与国外学者实证研究的结果（出口企业是异质的并拥有更高的生产率）正好相反，这一矛盾性的结论可称为"中国异质企业的悖论"。为了研究"中国异质企业的悖论"产生的原因，本书把出口企业细分为只出口的企业和出口并内销的企业，并比较非出口企业、只出口的企业和出口并内销的企业等三类企业的差异。通过比较三类企业的资本规模、人员规模、利润规模、人均利润率和投资收益率等指标发现，出口并内销的企业的异质性最高，与异质企业贸易理论的分析结果一致，不存在"异质企业的悖论"。从企业平均投资规模看，截至 2005 年底，出口并内销的外商投资企业的平均投资额为 1520 万美元，是非出口型外商投资企业 697 万美元的 2.18 倍。从企业平均资产规模看，截至 2005 年底，出口并内销的外商投资企业的平均资产额为 36305 万元，是非出口型外商投资企业 9769 万元的 3.72 倍。从企业平均销售收入看，截至 2005 年底，出口并内销的外商投资企业的平均销售额为 33608 万元，是非出口型外商投资企业 4123 万元的 8.15 倍。从企业平均从业人数看，截至 2005 年底，出口并内销的外商投资企业的平均人数为 152 人，是非出口型外商投资企业 92 人的 1.65 倍。从企业平均净利润看，出口并内销的外商投资企业 2005 年的平均净利润额为 2946 万元，是非出口型外商投资企业 532 万元的 5.54 倍。从企业人均净利润看，出口并内销的外商投资企业 2005 年的人均净利润额为 193584 元，是非出口型外商投资企业 57595 元的 3.36 倍。从企业每 1 美元的投资收益看，出口并内销的外商投资企业 2005 年每 1 美元投资收益为 1.94 元，是非出口型外商投资企业 0.76 元的 2.55 倍。

但是，只出口的外商投资企业在规模和收益率等方面都远低于非出口型外商投资企业，"中国异质企业的悖论"依然存在。从企业平均投资规模看，截至 2005 年底，只出口的外商投资企业的平均投资额为 649 万美元，是非出口型外商投资企业 697 万美元的 93%。从企业平均资产规模看，截至 2005 年底，只出口的外商投资企业的平均资产额为 9228 万元，是非出口型外商投资企业 9769 万元的 94%。存在例外的情况是只出口的外商投资企业在平均销售额和从业人员数量上高于非出口型外商投资企业，但是其收益率却较低。从企业的平均销售收入看，只出口的外商投资企业 2005 年的平均销售收入为 6843 万元，是非出口型外商投资企业 4123 万元的 1.66 倍。从企业平均从业人数看，截至 2005 年底，只出口的外商投资企业的平均人数为 104 人，是非出口型外商投资企业 92 人的 1.13 倍。从企业的平均净利润看，只出口的外商投资企业 2005 年的平均净利润为 272 万元，远小于非出口型外商投资企业的平均净利润（532 万元），前者是后者的 51%；从企业的人均净利润看，只出口的外商投资企业 2005 年的人均利润为 26211 元，远小于非出口型外商投资企业的人均利润（57595 元），前者是后者的 46%。从企业每 1 美元投资收益看，只出口的外商投资企业 2005 年每 1 美元投资收益为 0.42 元，是非出口型外商投资企业 0.76 元的 55%。总之，与非出口型外商投资企业相比，只出口的外商投资企业不存在异质性，"中国异质企业的悖论"存在，其主要原因是只出口的外商投资企业多是从事加工贸易的企业，企业从业人数多，但出口产品附加值低，集中表现为人均利润低。因此，只出口的外商投资企业并非异质企业，是实现中国经济升级的重点扶持对象。

表 4 - 3   2005 年非出口、只出口和出口并内销的外商投资企业的基本情况

项 目	A	B	C	B/A	C/A
企业类型	非出口企业	只出口企业	出口并内销企业		
企业数量（家）	1963	4063	755		
企业平均投资额（万美元）	697	649	1520	93%	218%
企业平均资产（万元）	9769	9228	36305	94%	372%
企业平均销售收入（万元）	4123	6843	33608	166%	815%
企业平均从业人数（人）	92	104	152	113%	165%

续表

项　　　目	A	B	C	B/A	C/A
企业平均净利润（万元）	532	272	2946	51%	554%
企业人均净利润（元）	57595	26211	193584	46%	336%
每1美元投资收益（元）	0.76	0.42	1.94	55%	254%

资料来源：北京外商投资发展报告（2006）。

　　由于只出口的外商投资企业数量较多，企业规模普遍偏小，比较规模较大的只出口的外商投资企业、出口并内销的外商投资企业和非出口型外商投资企业更科学。因此，本书分别选取了北京投资额前100名的只出口的外商投资企业、出口并内销的外商投资企业和非出口型外商投资企业进行对比分析，只比较规模较大的出口企业与非出口企业的差异性。通过数据分析可看出，出口并内销的外商投资企业依然存在异质性，但相对于非出口型外商投资企业的异质性优势在降低。从企业平均投资规模看，截至2005年底，出口并内销的外商投资企业的平均投资额为12706万美元，是非出口型外商投资企业9954万美元的1.28倍，这一比率小于利用全部企业数据计算得出的比率（2.18倍）。从企业平均资产规模看，截全2005年底，出口并内销的外商投资企业的平均资产额为30.25亿元，是非出口型外商投资企业12.99亿元的2.33倍，这一比率小于利用全部企业数据计算得出的比率（3.72倍）。从企业平均销售收入看，出口并内销的外商投资企业2005年的平均销售额为23.64亿元，是非出口型外商投资企业3.45亿元的6.85倍，这一比率小于利用全部企业数据计算得出的比率（8.15倍）。从企业平均从业人数看，截至2005年底，出口并内销的外商投资企业的平均人数为741人，是非出口型外商投资企业456人的1.62倍，这一比率小于利用全部企业数据计算得出的比率（1.65倍）。从企业平均净利润看，出口并内销的外商投资企业2005年的平均净利润额为2.73亿元，是非出口型外商投资企业0.89亿元的3.07倍，这一比率小于利用全部企业数据计算得出的比率（5.54倍）。从企业人均净利润看，出口并内销的外商投资企业2005年的人均净利润额为36.89万元，是非出口型外商投企业 19.44 万元的 1.9 倍，这一比率小于利用全部企业数据计算得出的比率（3.36 倍）。从企业每 1 美元的投资收益看，出口并内销的外商投资企业 2005 年每 1 美元投资收益为 2.15 元，是非出口型外商投资企业 0.89 元的 2.41 倍，这一比率小于利用全部企业数据计算得出的比率（2.54 倍）。总之，从投资规模较大企业来看，相对于非出口型外商投资企业来讲，出口并内销的外商投资企业依然是异质企业，但异质性优势下降。因此，无论是出口并内销的外商投资企业还是非出口型外商投资企业，都存在一定比例的异质企业，但是前者的平均水平明显高于后者。中国经济升级需要两类企业共同升级，在提升现有异质企业生产率的同时，培育出更多的异质企业。

投资规模较大的只出口的外商投资企业的平均投资规模和资产规模开始超过投资规模较大的非出口型外商投资企业，但收益率依然较低，"中国异质企业的悖论"依然存在。从企业平均投资规模看，截至 2005 年底，只出口的外商投资企业的平均投资额为 14762 万美元，是非出口型外商投资企业 9954 万美元的 148%，这一比率大于利用全部企业数据计算得出的比率（93%）。从企业平均资产规模看，截至 2005 年底，只出口的外商投资企业的平均资产额为 16.48 亿元，是非出口型外商投资企业 12.99 亿元的 127%，这一比率大于利用全部企业数据计算得出的比率（94%）。从企业平均销售收入看，只出口的外商投资企业 2005 年的平均销售收入为 11.25 亿元，是非出口型外商投资企业 3.45 亿元的 326%，这一比率大于利用全部企业数据计算得出的比率（166%）。从企业平均从业人数看，只出口的外商投资企业 2005 年的平均人数为 743 人，是非出口型外商投资企业 456 人的 163%，这一比率大于利用全部企业数据计算得出的比率（113%）。但是，从企业平均净利润看，只出口的外商投资企业 2005 年的平均净利润为 0.36 亿元，是非出口型外商投资企业 0.89 亿元的 40%，这一比率小于利用全部企业数据计算得出的比率（51%）。从企业人均净利润看，只出口的外商投资企业 2005 年的人均净利润为 4.82 万元，远小于非出口型外商投资企业的 19.44 万元，前者是后者的 25%，这一比率小于利用全部企业数据计算得出的比率（46%）。从企业每 1 美元的投资收益看，只出口的外商投资企业 2005 年的每 1 美元投资收益为 0.24 元，是非出口型外商投资企业 0.89 元的 27%，这一比率小于利用全部企业数据计算得出的比率（55%）。因此，只出口的外商投资企业不存在异质性，出口产品附加值较低，"中国异质企业的悖论"存在。这些只出口的外商投资企业是经济升级的重点，必须加快把这些企业培育成异质企业。

表 4－4　2005 年投资额前 100 名非出口企业、只出口企业和出口并内销企业的基本情况

项　　目	A	B	C	B/A	C/A
企业类型	非出口企业	只出口企业	出口并内销企业		
企业数量（家）	100	100	100		
企业平均投资额（万美元）	9954	14762	12706	148%	128%
企业平均资产（亿元）	12.99	16.48	30.25	127%	233%
企业平均销售收入（亿元）	3.45	11.25	23.64	326%	685%
企业平均从业人数（人）	456	743	741	163%	162%
企业平均净利润（亿元）	0.89	0.36	2.73	40%	307%
企业人均净利润（万元）	19.44	4.82	36.89	25%	190%
每 1 美元投资收益（元）	0.89	0.24	2.15	27%	241%

资料来源：北京外商投资发展报告（2006）。

所以，中国经济升级有中国的特殊性，加工贸易企业占有相当大的比重，虽然它们也在出口，但是并非异质企业，生产率普遍偏低，急需培育异质优势，提升为异质企业。加工贸易①是二战后发展起来的一种独特贸易方式，改革开放以来，中国加工贸易发展迅速并成为我国最重要的贸易方式，从数量和质量两个方面对中国外贸增长做出了巨大贡献。中国加

---

① 加工贸易是指从境外保税进口全部或部分原辅材料、零部件、元器件、包装物料，经境内企业加工或装配后，将制成品复出口的经营活动，包括来料加工和进料加工。《外经贸部关于印发〈加工贸易审批管理暂行办法〉的通知》（〔1999〕外经贸管发第 314 号）。

工贸易出口从 1979 年的 2.35 亿美元增加到 2008 年的 6751.1 亿美元，增长了 2873 倍，在出口总额中的比重上升到 47.19%；出口商品结构从改革开放初期主要出口轻纺等劳动密集型产品发展到以机电、高新技术产品等资本、技术密集型产品出口为主，促进了中国产业结构升级。加工贸易在出口中占据较大比重为非异质企业提升为异质企业带来了较大困难。从事加工贸易的企业研发投入较低，其产品附加值普遍不高，提高企业生产率和创建自主品牌相对困难，企业发展成为异质企业的目标不易达到。1981 年，我国加工贸易方式出口在出口总额中的比重为 5.14%，1983 年开始提高，达到 8.74%，1995 年达到 49.54%，超过一般贸易方式出口的比重（47.97%）；1996 年，加工贸易方式出口在出口总额中的比重达到 55.83%，超过 50%，1999 年达到最高值 56.88%；2000 年开始回落，降为 55.24%，2008 年降为 47.19%。与此同时，一般贸易方式出口的比重在 1998 年降到低谷的 40.41% 后开始回升，2008 年已达到 46.33%。

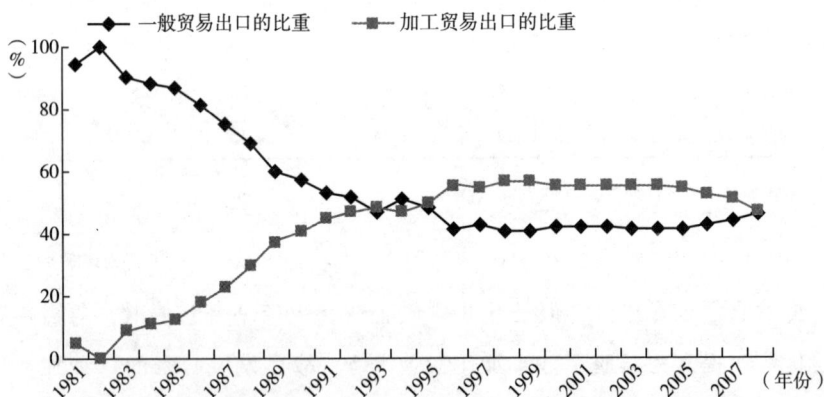

图 4 - 1　1981 ~ 2008 年一般贸易方式和加工贸易方式出口的比重
资料来源：商务部网站统计数据。

加工贸易的增长速度在快速上升后出现下降。1984 ~ 1993 年，加工贸易的增长速度明显超过一般贸易的增长速度，加工贸易 10 年平均增长速度为 38.04%，一般贸易 10 年平均增长速度为 8.14%，其中，1986 年，加工

贸易的增长速度达到 69.48%。1994～2004 年，加工贸易的增长速度开始
回落，略高于一般贸易的增长速度，加工贸易 11 年的平均增长速度为
22.50%，一般贸易 11 年的平均增长速度为 20.09%。自 2005 年开始，加
工贸易出口的增长速度开始低于一般贸易出口增长速度，2005 年、2006
年、2007 年和 2008 年加工贸易出口增长速度分别为：26.98%、22.54%、
21.01% 和 9.32%，均低于一般贸易出口增长速度（29.33%、32.10%、
29.37% 和 23.10%）。

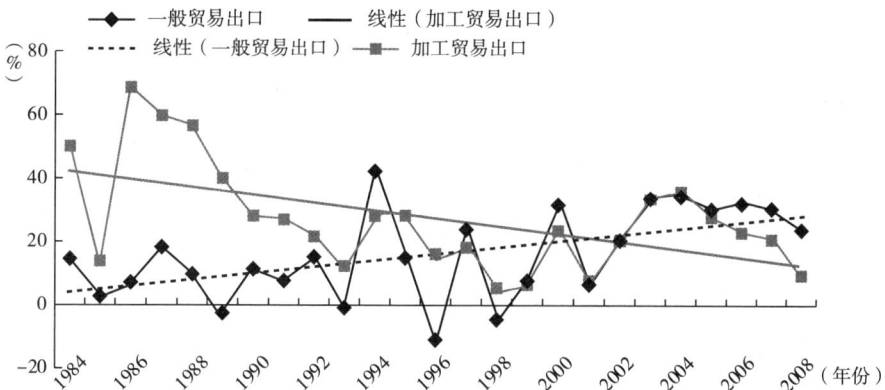

图 4 - 2 1984～2008 年一般贸易出口和加工贸易出口的增长率及趋势
资料来源：根据商务部网站统计数据计算。

长期以来，学者对加工贸易对我国经济增长的贡献众说纷纭。孙楚仁
等（2006）利用联立方程组的方法估计加工贸易对经济增长的贡献
为 -0.34%。沈玉良、孙楚仁和凌学岭认为 1981～2005 年加工贸易对我国
经济增长的贡献为正，但数值相对较小[1]。郭建宏认为加工贸易出口对经
济增长的确具有一定的作用，但是这种作用并不是简单的普遍存在于全国
的不同地区，对东南沿海地区来说，加工贸易对经济增长的作用相当显
著，而对中西部地区来说加工贸易对经济增长几乎没有发挥作用[2]。综上

---

[1] 沈玉良、孙楚仁、凌学岭：《中国国际加工贸易模式研究》，人民出版社，2007。
[2] 郭建宏：《中国加工贸易问题研究——发展、挑战和结构升级》，经济管理出版社，
2006。

所述，无论从加工贸易的出口比重下降还是加工贸易经济贡献的大小来看，加工贸易企业必须转型升级，而发展成为异质企业是其实现转型升级的重要途径。

前面主要是从静态的角度分析出口企业和非出口企业的差异，下面将从比较静态的角度分析出口企业和非出口企业的变化，并分别分析只出口的外商投资企业、出口并内销的外商投资企业和非出口型外商投资企业的规模和收益率的自身变化情况。

一部分只出口的外商投资企业放弃出口国际市场或者同时开拓国内市场，致使只出口的外商投资企业的相对数量有所下降，企业的平均投资规模和资产规模有所扩大，收益率有所提高，在一定程度上促进了经济升级。截至 2006 年底，只出口的外商投资企业共有 4088 家，比 2005 年增加了 25 家，占全部企业总数的比重下降为 51.43%，比 2005 年降低了 6.27 个百分点。从企业平均投资规模看，截至 2006 年底，只出口的外商投资企业的平均投资额为 804 万美元，是 2005 年底的 1.24 倍。从企业平均资产规模看，截至 2006 年底，只出口的外商投资企业的平均资产额为 11427 万元，是 2005 年底的 1.24 倍。从企业平均销售收入看，只出口的外商投资企业 2006 年的平均销售收入为 10749 万元，是 2005 年的 1.57 倍。从企业平均从业人数看，只出口的外商投资企业 2006 年的平均人数为 113 人，是 2005 年的 1.09 倍。从企业平均净利润看，只出口的外商投资企业 2006 年的平均净利润为 518 万元，是 2005 年的 1.90 倍。从企业人均净利润看，只出口的外商投资企业 2006 年的人均净利润为 45896 元，是 2005 的 1.75 倍。从企业每 1 美元的投资收益看，只出口的外商投资企业 2006 年每 1 美元投资收益为 0.64 元，是 2005 的 1.54 倍。从企业平均销售利润率看，只出口的外商投资企业 2006 年的销售利润率为 4.82%，是 2005 的 1.21 倍。因此，只出口的外商投资企业通过自身经营的提升、放弃国际市场或兼顾国内市场，推动了企业规模的扩大、劳动生产率的提高和收益率的增加，促进了经济升级。

表 4 – 5　2005 年和 2006 年只出口的外商投资企业的变化情况

年　　份	2005	2006	2006/2005
企业数量（家）	4063	4088	101%
占全部企业总数的比重	57.70%	51.43%	89%
企业平均投资总额（万美元）	649	804	124%
企业平均资产总额（万元）	9228	11427	124%
企业平均销售收入（万元）	6843	10749	157%
企业平均净利润（万元）	272	518	190%
企业平均从业人数（人）	104	113	109%
企业人均净利润（元）	26211	45896	175%
每 1 美元投资收益（元）	0.42	0.64	154%
企业平均销售利润率	3.97%	4.82%	121%

资料来源：《北京外商投资发展报告》（2006 和 2007）。

出口并内销的外商投资企业的绝对数量和相对数量进一步扩大，企业的平均规模有所扩大，但收益率有所降低，在经济升级中的作用有待提高。截至 2007 年底，出口并内销的外商投资企业共有 1398 家，比 2005 年增加了 38%，占全部企业总数的 16.11%，比 2005 年提高了 1.69 个百分点。从企业平均投资规模看，截至 2007 年底，出口并内销的外商投资企业的平均投资额为 1961 万美元，是 2005 年底的 1.29 倍。从企业平均资产规模看，截至 2007 年底，出口并内销的外商投资企业的平均资产额为 35546 万元，相当于 2005 年底的 98%。从企业平均销售收入看，出口并内销的外商投资企业 2007 年平均销售收入为 44894 万元，是 2005 年的 1.34 倍。从企业平均净利润看，出口并内销的外商投资企业 2007 年平均净利润为 2946 万元，与 2005 年持平。从企业平均从业人数看，出口并内销的外商投资企业 2007 年平均人数为 268 人，是 2005 的 1.76 倍。从企业人均净利润看，出口并内销的外商投资企业 2007 年人均净利润为 109893 元，相当于 2005 的 57%。从企业每 1 美元的投资收益看，出口并内销的外商投资企业 2007 年每 1 美元投资收益为 1.5 元，相当于 2005 的 78%。从企业平均销售利润率看，出口并内销的外商投资企业 2007 年的销售利润率为

6.56%，相当于 2005 的 75%。总之，出口并内销的外商投资企业在数量和规模扩大的同时没有实现收益率的提升，企业的平均异质性有所降低。

表 4-6　2005 年和 2007 年出口并内销的外商投资企业的变化情况

年　份	2005	2007	2007/2005
企业数量（家）	1015	1398	138%
占全部企业总数的比重	14.42%	16.11%	112%
企业平均投资总额（万美元）	1520	1961	129%
企业平均资产总额（万元）	36305	35546	98%
企业平均销售收入（万元）	33608	44894	134%
企业平均净利润（万元）	2946	2946	100%
企业平均从业人数（人）	152	268	176%
企业人均净利润（元）	193584	109893	57%
每 1 美元投资收益（元）	1.94	1.50	78%
企业平均销售利润率	8.77%	6.56%	75%

资料来源：《北京外商投资发展报告》（2006 和 2008）。

　　非出口型外商投资企业的绝对数量和相对数量进一步扩大，企业的平均规模明显增加，收益率有所提高，为经济升级打下了更坚实的基础。截至 2006 年底，非出口型外商投资企业共有 2633 家，比 2005 年增加了 34%，占全部企业总数的 33.12%，比 2005 年提高了 5.24 个百分点。从企业平均投资规模看，截至 2006 年底，非出口型外商投资企业的平均投资额为 1986 万美元，是 2005 年底的 2.85 倍。从企业平均资产规模看，截至 2006 年底，非出口型外商投资企业的平均资产额为 35568 万元，是 2005 年底的 3.44 倍。从企业平均销售收入看，非出口型外商投资企业 2006 年平均销售收入为 16642 万元，是 2005 年的 4.04 倍。从企业平均净利润看，非出口型外商投资企业 2006 年平均净利润为 2014 万元，是 2005 年的 3.78 倍。从企业平均从业人数看，非出口型外商投资企业 2006 年平均人数为 184 人，是 2005 的 1.99 倍。从企业人均净利润看，非出口型外商投资企业 2006 年人均净利润为 109617 元，是 2005 年的 1.9 倍。从企业每 1 美元投资收益看，非出口型外商投资企业 2006 年每 1 美元投资收益为 1.01 元，是 2005 年的 1.33 倍。从企业平均销售利润率看，非出口型外商投资企业 2006 年销售利润率为 12.1%，相当于 2005 的 94%，略有下降。

表 4-7　2005 年和 2006 年非出口型外商投资企业的变化情况

年　份	2005	2006	2006/2005
企业数量（家）	1963	2633	134%
占全部企业总数的比重	27.88%	33.12%	119%
企业平均投资总额（万美元）	697	1986	285%
企业平均资产总额（万元）	9769	33568	344%
企业平均销售收入（万元）	4123	16642	404%
企业平均净利润（万元）	532	2014	378%
企业平均从业人数（人）	92	184	199%
企业人均净利润（元）	57595	109617	190%
每 1 美元投资收益（元）	0.76	1.01	133%
企业平均销售利润率	12.91%	12.10%	94%

资料来源：《北京外商投资发展报告》（2006 和 2007）。

（二）基于中国出口 200 强和民营出口 100 强企业数据的检验

本节选取出口额最大的中国出口 200 强企业和民营出口 100 强企业作为分析对象，从存量出口企业角度分析异质企业在经济升级中的作用。

中国出口 200 强企业的出口份额。2004~2008 年，中国出口 200 强企业合计出口 14525.8 亿美元，占全国出口总额 49726.8 亿美元的 29.21%；其中，2004 年出口 1811.7 亿美元，占 30.53%，2005 年出口 2368.9 亿美元，占 31.09%，2006 年出口 2873.7 亿美元，占 29.66%，2007 年出口 3508.7 亿美元，占 28.81%，2008 年出口 3962.8 亿美元，占 27.70%。中国出口 200 强企业合计出口额占全国出口总额的比重呈逐年递减的趋势。

存量出口企业平均出口的绝对规模不断增加，但相对规模有所下降。中国商务部每年公布中国出口 200 强企业名单，每年出口企业都不尽相同，有些企业仍在中国出口 200 强企业榜单之中，有些企业则退出了，有些企业是新进入的。本书整理了 2004~2008 年中国出口 200 强企业数据，把每年都进入中国出口 200 强的企业挑选出来，共有 95 家企业，把这 95 家出口企业作为存量出口企业的分析对象，重点分析这95家企业出口规模的变化情况。2004~2008年，95家出口企业共出口8950.1亿美元，占中国出口200强企业出口总额14525.8亿美元的61.62%，以47.5%的企业贡献了61.62%的出口额。95家企业平均出口规模明显高于出口200强企业，2004~2008年，95家出口企业每家每年平均出口18.84亿美元，中国出口200强企业每家每年平均出口14.53亿美元。中国出口200强企业的平均出口规模不断扩大，2004年、2005年、2006年、2007年和2008年出口200强企业每家每年平均出口规模分别为：9.06亿美元、11.84亿美元、14.37亿美元、17.54亿美元、19.81亿美元；其中，95家出口企业每家企业每年平均出口规模分别为：11.73亿美元、15.79亿美元、19.16亿美元、22.87亿美元、24.66亿美元，明显高于中国出口200强企业每家每年平均出口规模。虽然这95家出口企业出口合计额和企业出口平均额均在不断增加，出口合计额从2004年的1114.7亿美元上升到2008年的2342.7亿美元，企业平均出口额从2004年的11.73亿美元上升到2008年的24.66亿美元，但是，其占中国出口200强企业出口总额的比重始终在60%左右，没有出现明显的增加，甚至有些年份还出现下降，95家出口企业每年出口额占中国出口总额的比重呈也下降趋势，从2004年的18.79%下降到2008年的16.37%。出口总额比重的下降表明这些企业的出口相对规模并没有实现大幅的增加，存量出口企业出口规模仍存在较大提升空间。

表4-8　2004~2008年中国出口200强企业及连续5年进入的企业的相关情况

年份	95家企业出口额（亿美元）	200强出口额（亿美元）	全国出口总额（亿美元）	95家企业出口额的比重	
				占200强（%）	占出口总额（%）
2004	1114.7	1811.7	5933.2	61.53	18.79
2005	1500.2	2368.9	7619.5	63.33	19.69
2006	1820.1	2873.7	9689.4	63.34	18.78
2007	2172.5	3508.7	12177.8	61.92	17.84
2008	2342.7	3962.8	14306.9	59.12	16.37
合计	8950.2	14525.8	49726.8	61.62	18.00

资料来源：商务部2004~2008年中国出口200强企业相关数据。

如果从民营企业的角度分析，存量出口企业平均出口的绝对规模不断增加，但相对规模依然下降。中国商务部每年公布中国民营企业出口100强企业的出口数据，每年出口的企业同样不尽相同，有些企业仍在中国民营企业出口100强企业榜单之中，有些企业则退出了，有些企业是新进入的。本书整理了2004～2008年中国民营企业出口100强企业数据，把每年都进入中国民营企业出口100强的企业挑选出来，共有17家企业，重点分析这17家持续进入中国民营企业出口100强企业的数据。2004～2008年，17家出口企业共出口252亿美元，占中国民营企业出口100强企业出口额988亿美元的25.51%，以17%的企业创造了26%的出口业绩。17家企业平均出口规模明显高于出口100强企业，2004～2008年，17家出口企业每家每年平均出口2.96亿美元，中国民营企业出口100强企业每家每年平均出口1.97亿美元。中国民营企业出口100强企业每家的平均出口规模不断扩大，2004年、2005年、2006年、2007年和2008年每家企业的平均出口规模分别为：1.14亿美元、1.47亿美元、1.74亿美元、2.36亿美元、3.17亿美元；其中17家出口企业每家的平均出口规模分别为：2.06亿美元、2.47亿美元、2.65亿美元、3.53亿美元、4.12亿美元。虽然这17家出口企业每年的出口合计额和每家企业每年平均出口额在不断增加，出口合计额从2004年的35亿美元上升到2008年的70亿美元，出口平均额从2004年的2.06亿美元上升到2008年的4.12亿美元，但是，其占中国民营企业出口100强企业出口总额的比重在不断下降，从2004年的30.58%下降到2008年的22.25%。17家出口企业出口额占每年中国出口总额的比重极低，基本上在0.5%左右，并呈下降趋势。出口规模最大的存量出口民营企业的数量较少，占中国出口总额的比重太低，占中国民营企业出口100强的比重也不高，虽然平均出口规模不断扩大，但是占中国民营企业出口100强的份额却呈下降趋势，依然存在巨大的提升空间，需要加快转型升级。

表4-9　2004~2008年中国民营企业出口100强及连续5年进入的企业的相关情况

年份	17家企业出口额（亿美元）	100强出口额（亿美元）	全国出口总额（亿美元）	17家企业出口额的比重	
				占100强（%）	占出口总额（%）
2004	35	114	5933	30.58	0.59
2005	42	147	7620	28.61	0.55
2006	45	174	9689	25.97	0.47
2007	60	236	12178	25.43	0.49
2008	70	317	14307	22.25	0.49
合计	252	988	49727	25.51	10.01

资料来源：商务部2004~2008年中国民营企业出口100强相关数据。

少数异质出口企业在经济升级中发挥了较大的作用。通过分析2004~2008年中国95家出口200强企业的排名变化发现多数企业的排名呈下降趋势：34家出口企业的出口额排名上升，2家出口企业的出口额排名保持不变，59家出口企业的出口额排名下降。根据2004~2008年中国95家出口200强企业的排名变化，可以推断多数存量出口企业发展较慢，只有少数企业实现较快发展。同时，在2004~2008年始终进入中国出口企业200强的95家出口企业中，民营企业只有1家，而且其排名由2004年的第26名下滑到2008年的第103名。从更大的范围来看，中国出口200强企业是出口最大的企业，但是其出口增长率却低于全国出口企业的增长率。2005~2008年，中国出口200强企业每年出口额的增长率为30.75%、21.31%、22.10%和12.94%，除2005年外，每年的出口增长率都低于全国出口额的增长率（28.43%、27.15%、25.69%和17.48%）。从更长的时期来看，中国出口200强企业的出口增长率同样低于全国出口企业的增长率，中国出口200强企业2008年的出口额比2004年增长118.73%，全国2008年的出口额比2004年增长141.13%，前者明显低于后者。中国出口200强企业出口增长率低于全国出口增长率的主要原因之一是中国出口200强企业与真正意义上的异质企业还存在相当大的差距，仍需要提升企业的核心竞争力，才能实现出口规模的较快增长，才能促进经济升级。

表 4 – 10   2004 ~ 2008 年中国出口 200 强企业出口额及比重

年 份	200 强企业出口额（亿美元）	增长率（%）	全国出口总额（亿美元）	增长率（%）	200 强企业出口额占全国出口额的比重（%）
2004	1811.7	—	5933.2	—	30.54
2005	2368.9	30.75	7620	28.43	31.09
2006	2873.7	21.31	9689	27.15	29.66
2007	3508.7	22.10	12178	25.69	28.81
2008	3962.8	12.94	14307	17.48	27.70
合计	14525.8	118.73	49727.2	141.13	

资料来源：商务部 2004 ~ 2008 年中国出口 200 强企业相关数据。

（三）基于北京纺织服装出口企业数据的检验

数据的选取。为了弥补中国出口 200 强企业和民营 100 强企业出口价格缺失致使无法进行集约贸易边界分析的缺憾，本书将基于北京纺织服装出口企业的数据进行检验。同时，纺织服装行业是发挥我国劳动力比较优势的典型行业，分析该行业异质企业如何促进经济升级具有较强的代表性。一方面，纺织服装出口在我国出口中占据较大份额。据海关统计，2009 年我国纺织服装出口 1670 亿美元，占全国出口额 12016.6 亿美元的 13.9%。另一方面，纺织服装产品出口单价上涨提速，纺织服装企业转型升级出现转机。据海关统计，2010 年前三个季度，主要纺织服装出口商品对全球累计出口平均单价实现增长，纱线提升 11.2%，面料提升 8.5%，服装提升 3.5%，其中，针织、梭织服装的出口单价从 5 月开始不断攀升，9 月当月出口单价为 3.9 美元/件（套），同比提升 10.3%。因此，分析纺织服装出口企业的数据有利于检验异质企业如何促进经济升级。为检验纺织服装出口企业转型升级的情况，本书选取了北京纺织服装出口企业、北京纺织服装出口企业 100 强、连续 5 年进入北京纺织服装出口 100 强企业的出口数据进行检验。之所以选取北京的纺织服装出口企业主要出于两方面的考虑。一是北京的纺织服装出口企业具有一定的代表性。2006 年北京市商务局对外贸易管理处设定了发展自主品牌的有关问题，以问卷方式按 2005 年北京纺织服装出口额排名选取了 100 家企业作为调查对象进行的调查结果显示：仅 20% 的企业有自主品牌，80% 的企业没有自主品牌，在有自主品牌的企业中，2.4% 的企业使用自主品牌出口，其出口仅占 2005 年北京纺织服装出口额的 0.03%，在没有自主品牌的企业中，25% 的企业有创立自主品牌计划，而 75% 的企业尚无创立自主品牌计划。① 二是北京纺织服装出口在北京出口总额中占据一定份额。2009 年，北京纺织服装出口 20.81 亿美元，占北京出口额 483.6 亿美元的 4.3%。

通过对北京纺织服装出口企业、北京纺织服装出口企业 100 强、连续 5 年进入北京纺织服装出口 100 强企业的出口数据的分析发现：北京纺织服装出口企业的出口单价呈上升趋势，集约贸易边界进一步扩大，促进了经济升级。

北京纺织服装出口企业的平均集约贸易边界进一步扩大。2005～2008 年，北京纺织服装企业出口额总体呈上升趋势，2005 年出口额为 24.47 亿美元，2008 年为 25.36 亿美元，增长 3.66%；纺织服装企业出口数量呈下滑趋势，2005 年出口数量为 12.02 亿件，2008 年为 11.66 亿件。虽然从全部出口企业的出口数量看，北京纺织服装出口企业的出口数量在降低；但是从每件商品的出口价格看，北京纺织服装出口企业的出口单价总体呈上升趋势，2005 年出口单价为 2.04 美元，2008 年为 2.17 美元，增长 6.37%，出口企业的集约贸易边界进一步扩大，出口单价的上升推动了出口额的增加，可以说企业在一定程度上促进了经济升级。2009 年是比较特殊的一年，国际金融危机的影响进一步扩大，整体来看，北京的纺织服装出口额和出口数量大幅下降，但是出口价格进一步上升，本书将在本章的第三节集中分析纺织服装出口企业在金融危机期间的具体表现。

---

① 北京市商务局对外贸易管理处：《北京企业纺织品服装自主品牌少出口使用率低》，北京市商务局网站。

表 4 - 11　2005 ~ 2009 年北京纺织服装企业出口情况

年　份	出口额 (万美元)	同比增长 (%)	出口数量 (件/套)	同比增长 (%)	出口单价 (美元)	同比增长 (%)
2005	244652	32.65	1201544099	18.11	2.04	12.31
2006	230226	- 5.9	1186149845	- 1.28	1.94	- 4.68
2007	241519	4.91	1254072593	5.73	1.93	- 0.78
2008	253597	5	1166414099	- 6.99	2.17	12.89
2008/2005	8945	3.66	- 35130000	- 2.92	0.13	6.37
2009	208107	- 17.94	838185670	- 28.14	2.48	14.2
2009/2005	- 36545	- 14.94	- 363358429	- 30.24	0.44	21.57

资料来源：北京市商务委员会 2005 ~ 2009 年纺织服装出口及出口 100 强企业相关数据。

北京纺织服装出口前 100 名企业的集约贸易边界进一步扩大。为了分析异质企业在经济升级中的作用，本书整理了 2005 ~ 2009 年北京纺织服装出口前 100 名企业的数据，研究这些规模最大的企业集约贸易边界如何变化。近几年，100 家纺织服装企业出口额变化不大，基本维持在 18 亿美元左右，2005 年出口额为 18.46 亿美元，2006 年、2007 年和 2008 年出口额分别为 17.70 亿美元、18.81 亿美元和 18.87 亿美元，只有 2009 年受金融危机的影响大幅下降，同比下降 19.00%，比 2005 年下降 17.19%。100 家纺织服装企业出口数量变化较大，2006 年比 2005 年增加 1.06%，2007 年比 2006 年增加 7.27%，但受金融危机的影响，2008 年和 2009 年大幅下降，同比分别下降 18.92% 和 26.51%，2009 年比 2005 年下降 35.41%，纺织服装企业出口数量下降幅度明显大于出口额的下降幅度。但是，在出口额和出口数量下降的情况下，出口单价却实现了快速上升，2005 年为 2.02 美元，2008 年为 2.35 美元，比 2005 年增长了 16.34%，2009 年为 2.59 美元，比 2008 年增长了 10.22%，比 2005 年增长了 28.21%，而且高于北京纺织服装全部出口企业出口单价的增长幅度。因此，从价格不断增长中可看出，北京纺织服装出口前 100 名企业的集约贸易边界进一步扩大，而且扩大的幅度要远高于全部出口企业，促进了经济升级。

表 4-12　2005~2009 年始终进入北京纺织服装出口额前 100 名企业的情况

年　份	出口额 （万美元）	同比增长 （%）	出口数量 （件/套）	同比增长 （%）	出口单价 （美元）	同比增长 （%）
2005	18.46	/	915305675	/	2.02	/
2006	17.70	-4.11	924978445	1.06	1.91	-5.11
2007	18.81	6.30	992180295	7.27	1.90	-0.90
2008	18.87	0.30	804439115	-18.92	2.35	23.71
2008 比 2005 增长	0.41	2.22	-110866560	-12.11	0.33	16.34
2009	15.28	-19.00	591188691	-26.51	2.59	10.22
2009 比 2005 增长	-3.18	-17.19	-324116984	-35.41	0.57	28.21

资料来源：北京市商务委员会 2005~2009 年纺织服装出口及出口 100 强企业相关数据。

　　异质企业在北京纺织服装行业升级中发挥了较大作用。本书把 2005~2009 年始终进入北京纺织服装出口 100 强的 45 家企业作为异质企业的样本进行分析，从出口额、出口数量和出口单价三个方面比较 45 家企业与出口 100 强、全部出口企业的差异，研究发现 45 家企业在出口额、出口数量和出口单价等方面都有较好的表现，明显高于后两者的平均水平。此外，本书还对 45 家企业中单个企业的出口价格变化情况进行了分析，发现多数企业的出口单价呈上升趋势。

　　出口额的比较。2005~2009 年始终进入北京纺织服装出口 100 强的 45 家企业的出口额除了 2009 年下降外，每年都保持了上涨势头，从 2005 年的 11.18 亿美元上升到 2008 年的 12.74 亿美元。更重要的是，45 家出口企业占北京纺织服装出口 100 强企业出口总额的比重呈上升趋势，从 2005 年的 60.59% 上升到 2009 年的 70.18%，在北京纺织服装出口 100 强企业中发挥了主体作用。同时，45 家出口企业出口额占每年纺织服装出口总额的比重也呈上升趋势，从 2005 年的 45.70% 上升到 2009 年的 51.54%，比重已经超过一半。从 2005~2009 年的累计出口额看，45 家纺织服装出口企业出口 59.44 亿美元，占纺织服装行业出口额的 50.45%，纺织服装出口 100 强企业出口 89.12 亿美元，占纺织服装行业出口额的 75.65%。但是，2005~2009 年，北京纺织服装出口 100 强占纺织服装行业出口额的比重却呈下滑趋势，从 2005 年的 75.43% 下降到 2009 年的 73.44%。因此，从出口额看，大企业在北京纺织服装出口中发挥的作用比较突出，始终进入北京纺织服装出口 100 强企业的作用更为明显。

表 4-13　2005~2009 年 45 家始终进入北京纺织服装出口 100 强企业的出口额及比重

年份	出口额（亿美元）			100 家企业出口额的比重（%）	45 家企业出口额的比重	
	45 家企业	100 家企业	行业		占 100 强（%）	占行业（%）
2005	11.18	18.46	24.47	75.43	60.56	45.69
2006	12.17	17.70	23.02	76.87	68.76	52.84
2007	12.62	18.81	24.15	77.89	67.10	52.26
2008	12.74	18.87	25.36	74.40	67.51	50.23
2009	10.73	15.28	20.81	73.44	70.18	51.54
合计	59.44	89.12	117.81	—	75.65	50.45

资料来源：北京市商务委员会 2005~2009 年纺织服装出口及出口 100 强企业相关数据。

出口数量的比较。2005~2009 年始终进入北京纺织服装出口 100 强的 45 家企业的出口数量呈下降趋势，但是占北京纺织服装出口 100 强企业出口数量的比重从 2005 年的 50.19% 上升到 2009 年的 64.44%，与北京纺织服装出口 100 强企业相比出口规模进一步增大；45 家出口企业出口量占每年纺织服装出口量的比重也呈上升趋势，从 2005 年的 38.23% 上升到 2009 年的 45.45%。从 2005~2009 年的累计出口数量看，45 家纺织服装出口企业出口 22.36 亿件，占纺织服装行业出口数量的 39.60%，纺织服装出口 100 强企业出口 42.28 亿件，占纺织服装行业出口数量的 74.88%。但是，2005~2009 年，北京纺织服装出口 100 强企业的出口数量占纺织服装行业出口数量的比重却呈下滑趋势，从 2005 年的 76.18% 下降到 2009 年的 70.53%。因此，从出口数量看，规模较大企业在北京纺织服装出口中的作用比较突出，而且存量出口企业占纺织服装出口 100 强企业出口额的比重不断提高，在纺织服装出口中的地位不断增强。

表 4－14　2005～2009 年 45 家始终进入北京纺织服装出口 100 强企业的出口数量及比重

年份	出口数量（件）			100 家企业出口数量的比重（%）	45 家企业的比重	
	45 家企业	100 家企业	行　业		占 100 强（%）	占行业（%）
2005	459395637	915305675	1201544099	76.18	50.19	38.23
2006	486452732	924978445	1186149845	77.98	52.59	41.01
2007	504979003	992180295	1254072593	79.12	50.90	40.27
2008	404278037	804439115	1166414099	68.97	50.26	34.66
2009	380946120	591188691	838185670	70.53	64.44	45.45
合计	2236051529	4228092221	5646366306	—	74.88	39.60

资料来源：北京市商务委员会 2005～2009 年纺织服装出口及出口 100 强企业相关数据。

　　出口价格的比较。2005～2009 年，始终进入北京纺织服装出口 100 强的 45 家企业的出口价格一直高于纺织服装行业的出口价格，也高于北京纺织服装出口 100 强企业的出口价格。而且出口价格的领先优势呈扩大趋势，2005～2008 年，45 家出口企业的出口价格与北京纺织服装出口 100 强企业出口价格和行业出口价格的比率皆呈上升趋势，与北京纺织服装出口 100 强企业的出口价格比从 2005 年的 1.21 上升到 2008 年的 1.34，与北京纺织服装行业全部企业的出口价格比从 2005 年的 1.19 上升到 2008 年的 1.45。同时，2005～2009 年，北京纺织服装出口 100 强企业出口价格与纺织服装出口行业出口价格差不多，2008 年开始略微高出一点，2009 年高出的幅度又下降了一些。因此，与北京纺织服装出口 100 强企业相比，45 家出口企业的出口价格更高，增长的速度更快。所以，始终进入出口 100 强的 45 家企业的出口价格较高能够保证企业获得更高的利润，更高的利润更多来源于较高的产品附加值，否则不会被国际市场接受。但不可否认的是，在国际金融危机期间，始终进入出口 100 强的 45 家出口企业的出口价格受到的冲击较大，2009 年，平均出口价格由 2008 年的 3.15 美元下降到 2.82 美元，下降幅度较大，即便如此，45 家出口企业的出口价格仍然远高于北京纺织服装出口 100 强企业的出口价格，更高于北京纺织服装行业全部企业的出口价格。因此，从出口价格来看，大企业在北京纺织服装出口中的作用比较突出，而且存量企业的作用更为明显。

表 4 - 15　2005 ~ 2009 年 45 家始终进入北京纺织服装出口 100 强企业的出口价格

年　份	出口价格（美元）			100 家企业与行业的价格比	45 家企业的价格比	
	45 家	100 家	行业		与 100 强	与行业
2005	2.43	2.02	2.04	0.99	1.21	1.19
2006	2.50	1.91	1.94	0.99	1.31	1.29
2007	2.50	1.90	1.93	0.98	1.32	1.30
2008	3.15	2.35	2.17	1.08	1.34	1.45
2009	2.82	2.59	2.48	1.04	1.09	1.14
2008 比 2005 增长（%）	29.44	16.32	6.37	—	—	—
2009 比 2005 增长（%）	15.68	28.21	21.57	—	—	—

资料来源：北京市商务委员会 2005 ~ 2009 年纺织服装出口及出口 100 强企业相关数据。

出口单价增加的企业之间的比较。为了验证不同异质企业促进转型升级的差异性，本书分析了 2005 ~ 2009 年始终进入北京纺织服装出口 100 强的 45 家企业出口单价的变化趋势，分析这些表现较为突出企业的价格表现。在这 45 家企业中，2005 ~ 2009 年价格上升的企业有 29 家，价格上升最快企业的出口单价增长了 320.20%，增长最慢企业的出口单价增长了 2.34%，29 家企业出口单价平均增长 58.73%。29 家纺织服装出口企业的价格的较快增长，显著地扩展了企业的集约贸易边界，促进了经济升级。在 2005 ~ 2009 年出口单价实现增长的 29 家纺织服装出口企业中，有 18 家企业的出口额实现了增长，有 11 家企业的出口额下降，29 家企业的出口额平均增长 16.22%。同时，在 2005 ~ 2009 年出口单价实现增长的 29 家纺织服装出口企业中，7 家企业的出口数量实现了增长，22 家企业的出口数量出现了下降，29 家企业的出口数量平均下降 23.25%。如果用出口额来衡量企业规模的变化，则多数出口单价实现增长的企业的规模进一步扩大了；如果用出口数量来衡量企业规模的变化，则多数出口单价实现增长的企业的规模缩小了。因此，多数企业是在出口数量减少的情况下实现出口单价增长和出口额扩大的，也可以说企业转型升级是在压缩出口规模获取更高单价的条件下实现的。

表4-16　2005~2009年始终进入北京纺织服装出口100强且出口单价上升企业的情况

企业编号	出口单价的增长率（%）	出口额的增长率（%）	出口数量的增长率（%）
1	320.20	145.59	-41.59
2	146.33	284.35	56.02
3	141.04	-28.06	-70.16
4	90.00	-48.90	-73.09
5	88.85	-18.27	-56.69
6	86.96	-16.27	-55.22
7	84.07	-65.71	-81.37
8	65.96	-8.52	-44.83
9	61.43	-54.47	-71.78
10	58.18	4.35	-34.10
11	56.71	31.94	-15.85
12	44.96	-50.18	-65.63
13	42.11	38.15	-3.07
14	41.59	-51.26	-65.45
15	40.14	3.46	-26.11
16	38.12	29.15	-6.50
17	37.84	123.64	61.89
18	37.50	18.15	-14.59
19	31.18	61.70	23.20
20	28.82	6.82	-16.98
21	26.84	14.33	-9.89
22	23.33	-57.49	-65.54
23	22.21	3.29	-15.48
24	21.22	23.75	2.08
25	21.05	-1.69	-18.99
26	21.03	9.68	-9.45
27	13.66	22.93	8.14
28	9.52	13.40	3.50
29	2.34	36.55	33.34

资料来源：北京市商务委员会2005~2009年纺织服装出口及出口100强企业相关数据。

出口单价降低的企业之间的比较。在 2005～2009 年始终进入北京纺织服装出口 100 强的 45 家中，2005～2009 年价格下降的企业有 16 家，16 家企业出口单价平均降低了 22.68%，价格降低最快企业的出口单价降低了 66.74%，降价最慢企业的出口单价降低了 0.41%。16 家纺织服装出口企业的价格明显下降，集约贸易边界萎缩。在 2005～2009 年出口单价出现降低的 16 家纺织服装出口企业中，6 家企业的出口额实现了增长，10 家企业的出口额下降了，16 家企业的出口额平均增长 8.67%。在 2005～2009 年出口单价出现下降的 16 家纺织服装出口企业中，11 家企业的出口数量实现了增长，5 家企业的出口数量下降了，16 家企业的出口数量平均上升 53.30%。如果用出口额来衡量企业规模的变化，则多数出口单价出现下降的企业的规模进一步扩大了；如果用出口数量来衡量企业规模的变化，则多数出口单价出现下降的企业的规模也扩大了。因此，多数企业是在出口价格减少的情况下实现了出口数量和出口额的扩大，企业出口的扩大主要依靠采取低价格和数量扩张策略实现的，集约贸易边界显著萎缩，经济升级的效果并不理想。

表 4-17　2005～2009 年始终进入北京纺织服装出口 100 强且出口单价下降企业的情况

企业编号	出口单价的增长率（%）	出口额的增长率（%）	出口数量的增长率（%）
1	-0.41	12.55	13.24
2	-0.71	-56.31	-55.99
3	-3.23	-5.82	-2.74
4	-4.73	-2.40	2.20
5	-7.90	308.84	343.78
6	-8.37	-69.63	-66.86
7	-13.73	-38.56	-28.50
8	-15.45	12.90	33.52
9	-16.84	-5.45	13.70
10	-16.98	46.95	76.93
11	-21.16	-53.27	-40.75
12	-24.66	24.60	65.41

企业编号	出口单价的增长率（%）	出口额的增长率（%）	出口数量的增长率（%）
13	−38.38	−25.78	20.40
14	−61.73	84.18	380.97
15	−61.89	−46.14	41.15
16	−66.74	−47.95	56.34

资料来源：北京市商务委员会 2005～2009 年纺织服装出口及出口 100 强企业相关数据。

二　基于主要行业数据的检验

为了进一步检验异质企业在经济升级中的作用，本节运用面板数据对 2005～2009 年北京制造业 25 个出口行业规模以上企业和大中型企业的出口交货值比例与反映企业异质性的人均增加值、创新率和增加值率等主要指标进行回归分析，验证行业出口交货值比例与企业异质性之间的关系。其中，出口交货值比例是行业出口额与销售总额之比，人均增加值是行业增加值总额与行业从业人数之比，主要反映企业的劳动生产率，创新率是新产品产值与总产值之比，主要反映企业的技术进步程度，增加值率是行业增加值与总产值之比，主要反映行业全要素生产率的增长幅度。

（一）规模以上工业企业的数据分析

1. 模型的建立及分析

变量的选取及数据来源。本书选取了相关数据比较齐全的北京制造业主要出口行业，如通信设备、计算机及其他电子设备制造业，文教体育用品制造业，纺织业，纺织服装、鞋、帽制造业，橡胶制品业等，以这些行业出口交货值比例为被解释变量，以人均增加值、创新率和增加值率为解释变量，分析人均增加值、创新率和增加值率在行业出口交货值比例变动中的具体作用。根据第三章的结论：行业异质企业越多，行业的人均增加值、创新率和增加值率就越高，出口企业就会越多，行业出口交货值比例就越高，因此，被解释变量和解释变量之间应该存在一定的相关关系。所以，本书选取人均增加值、创新率和增加值率为解释变量，出口交货值比例为被解释变量，进行了回归分析，以证实企业异质性是影响经济升级的重要因素。

本书选取的样本数据为 2005～2009 年连续 5 年的数据，出口交货值比例与反映企业异质性的人均增加值、创新率和增加值率等数据均根据北京市统计局 2006～2010 年《北京统计年鉴》的数据计算而得。

图 4 - 3 显示了北京 25 个行业规模以上企业的出口交货值比例与人均增加值、创新率和增加值率的对数变化趋势，可以看出，各行业的出口交货值比例（LNEXP）与人均增加值（LNPVAD）、创新率（LNINNOV）、增加值率（LNVADRATE）之间的变化趋势具有很大的一致性。

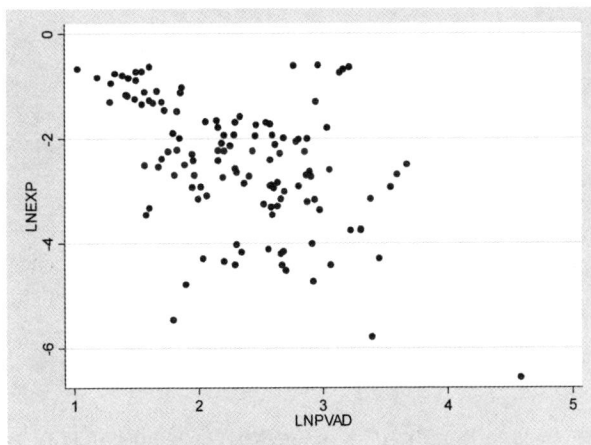

图 4 - 3　25 个行业 LNEXP 与 LNPVAD 变化趋势

2. 计量模型的建立

以人均增加加值（$PVAD_i$）、创新率（$INVOV_i$）和增加值率（$VADRATE_i$）的对数 $\ln PVAD_i$、$\ln INNOV_i$ 和 $\ln VADRATE_i$ 为解释变量，以第 i 行业的出口交货值比例 EXP_i 的对数 $\ln EXP_i$ 为被解释变量，建立如下回归模型：

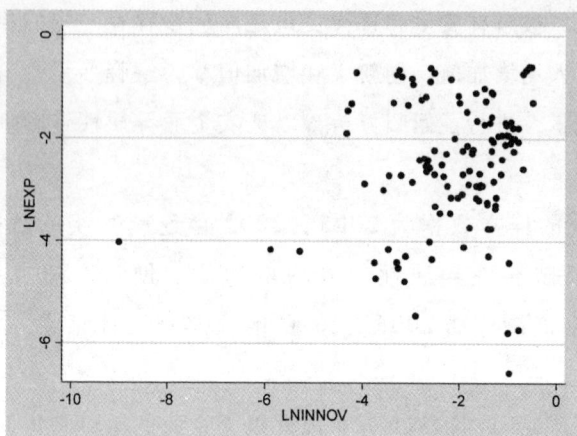

图 4 - 4　25 个行业 LNEXP 与 LNINNOV 变化趋势

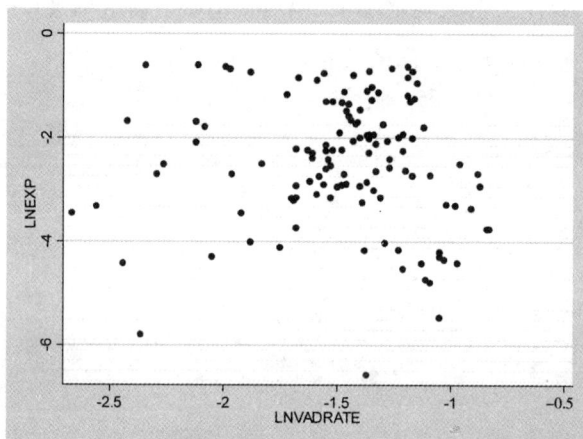

图 4 - 5　25 个行业 LNEXP 与 LNVADRATE 变化趋势

$$\ln EXP_{it} = \alpha_i + \beta_{1i}\ln PVAD_{it} + \beta_{2i}\ln INNOV_{it} + \beta_{3i}\ln VADRATE_{it} + \mu_{it}$$

$$(i = 1, 2, \cdots, 25) \tag{1}$$

由于面板数据具有二维特征，模型选择的正确与否直接关系到参数估计的有效性，因此，通常在分析之前需要先对模型的设定形式进行选择。面板数据模型主要有三种形式：（1）混合回归模型（常截距不变系数模型）；（2）固定效应模型（变截距模型）；（3）随机效应模型。通常，采用 F 检验来确定是选择固定效应模型还是混合回归模型，用 Hausman 检验是建立固定效应模型还是随机效应模型，用 LM 检验来确定是否存在随机效应，然后从中选择最优模型。

首先进行 F 检验以确定是建立混合回归模型还是固定效应模型。建立假设：

$H_0: \alpha_1 = \alpha_2 = \cdots = \alpha_n$，即建立混合回归模型；

$H_1: \alpha_i$ 不同，即建立固定效应模型。

在原假设条件下，F 统计量为服从相应自由度下的 F 分布，即：

$$F = \frac{(SSE_r - SSE_u) / (n-1)}{SSE_u / (nT - n - k)} \sim F\left[n-1, nT-n-k\right]$$

其中，SSE_r 表示混合回归模型的残差平方和，SSE_u 表示固定效应模型的残差平方和，n 表示约束条件的数量，k 表示公共参数个数，T 为样本容量。

如果统计量 F 的值小于给定置信度下的相应临界值，则接受原假设 H_0，采用混合回归模型；反之，则拒绝原假设，采用固定效应模型。

其次是运用 Breusch 和 Pagan（1980）提出的 LM 检验法检验是否存在随机效应，以判断混合回归模型和随机效应模型哪个更适合，该方法采用如下假设来检验随机效应：

$H_0: \sigma_\alpha^2 = 0$；

$H_1: \sigma_\alpha^2 \neq 0$。

相应的检验统计量为：

$$LM = \frac{nT}{2(T-1)}\left[\frac{\sum_{i=1}^{n}(\sum_{t=1}^{T}e_{it})^2}{\sum_{i=1}^{n}\sum_{t=1}^{T}e_{it}^2} - 1\right]^2$$

其中，e_{it} 为 OLS 估计的残差。

在原假设下，LM 统计量服从自由度为 1 的卡方分布，如果拒绝原假设则表明存在随机效性。

但究竟采用固定效应模型还是随机效应模型尚需要进一步检验。实践中通常采用 Hausman 检验来判定选择哪种模型。Hausman 检验的基本假设为：

$H_0 : \alpha_i$ 与解释变量序列不相关,建立随机效应模型;

$H_1 : \alpha_i$ 与解释变量序列相关,建立固定效应模型。

$$W = \left[b - \hat{\beta} \right]' \hat{\psi}^{-1} \left[b - \hat{\beta} \right] \sim x^2 (k - 1)$$

Hausman 检验基于如下 Wald 统计量:

其中,b 和 $\hat{\beta}$ 分别为固定效应模型 OLS 估计值和随机效应模型 GLS 估计值,$\hat{\psi} = Var[b - \hat{\beta}] = Var[b] - Var[\hat{\beta}]$。

具体检验方法是,如果得出的卡方(Chi – Square)值在给定置信度下显著,则接受原假设 H_0,采用随机效应模型对样本进行估计;反之,则采用固定效应模型对样本进行估计。

本书采用 Stata 8.0 软件进行相关回归及检验。首先,进行 F 检验,判断采取混合回归模型还是固定效应模型。根据 F 检验步骤,计算结果如表 4 – 18 所示。根据计算的 F 值和 P 值,应拒绝混合回归模型,采用固定效应模型。

表 4 – 18 F 检验结果

F 统计量值	F (3, 120) = 26. 23
P 值	Prob > F = 0. 0000

其次,检验该模型是否存在随机效应,检验结果如表 4 – 19 所示。计算的 LM 统计量值为 32. 24,P 值为 0,表明随机效应非常显著。

表 4 – 19 LM 检验结果

LM 统计量值	Wald chi2 (3) = 32. 24
P 值	Prob > chi2 = 0. 0000

最后,检验固定效应模型和随机效应模型哪个更好。根据 Hausman 检验步骤,(1)估计固定效应模型,保存结果;(2)估计随机效应模型,保存结果;(3)用 Hausman 命令对以上结果进行检验,得到结果如表 4 – 20 所示。

表 4 - 20　Hausman 检验输出结果

Test：Ho：difference in coefficients not systematic
Chi2（3）= 8.15
Prob > chi2 = 0.043

由表 4 - 20 可知，计算的卡方（Chi2）值为 8.15，P 值为 0.043，这一结果表明在 1% 的置信水平下拒绝原假设 H_0，即拒绝随机效应模型而应采用固定效应模型更好。因此本书采用固定效应不变系数模型并进行回归分析。回归分析结果如下表所示。

根据以上检验结果，本书将模型（2）修改为：

$$\ln EXP_{it} = \alpha_i + \beta_1 \ln PVAD_{it} + \beta_2 \ln INNOV_{it} + \beta_3 \ln VADRATE_{it} + \mu_{it}$$
$$(i = 1, 2, \cdots, 25) \tag{2}$$

应用面板数据采用固定效应回归方法对样本进行回归，结果如表 4 - 21 所示。

表 4 - 21　LNEXP 与 LNPVAD、LNINNOV、LNVADRATE 的回归分析结果

变　量	回归系数	T 统计量	P 值	标准差（Std. Err.）
常数项 C	- 0.0857717	- 0.12 *	0.907	0.7326524
LNPVAD	- 0.5110825	- 2.86 ***	0.005	0.1784943
LNINNOV	0.2630272	4.30 ***	0.000	0.0611215
LNVADRATE	0.4329475	1.79 ****	0.077	0.2425409
其他统计量				
R^2：		F（3，96）= 7.26 **		
组内（Within）= 0.1848		Prob > F = 0.0002		
组间（between）= 0.3870		Corr（u_ i, Xb）= 0.3523		
样本总体（overall）= 0.3384		Number of obs = 124		

注：* 表示通过 10% 显著水平的检验；* * 表示通过 5% 显著水平的检验；* * * 表示通过 1% 显著水平的检验。

以上结果，除常数项的 t = - 0.12 不显著外，LNPVAD、LNINNOV 系数均在 1% 显著水平上通过 T 检验，LNVADRATE 在 10% 水平上通过 T 检验。

从回归结果看，出口交货值比例与人均增加值成反比，与企业创新率和增加值率成正比，而且都通过了 1% 显著水平的 T、F 检验。在不考虑其他因素情况下，人均增加值每增长 1% 将会使出口交货值比例降低 0.51%，企业创新率每增长 1% 将会使出口交货值比例增加 0.26%，增加值率每增长 1% 将会使出口交货值比例增加 0.43%，这一回归结果表明企业人均增加值的提升是出口交货值比例下降的重要推动因素，企业创新率和增加值率的提升是出口交货值比例提高的重要推动因素。人均增加值的提升之所以会导致行业出口交货值比例下降主要是因为加工贸易在行业出口中占据较大比重，当行业中更多企业放弃利用中国丰富廉价劳动力优势时，行业的人均增加值会提高，但出口产品价格吸引力会下降，在其他条件不变的条件下会导致出口交货值比例下降。所以，如果加工贸易转型升级企业的创新率和增加值率的变动对出口交货值比例的作用大于人均增加值的作用，那么行业出口交货值比例会提高。因此，企业的创新率和增加值率提升是关键，异质企业在中国经济升级中的作用至关重要。

（二）大中型工业企业的数据分析

考虑到大中型企业的异质性更高，本节运用面板数据对 2005～2009 年北京制造业 25 个出口行业大中型企业的出口交货值比例与反映企业异质性的人均增加值、创新率和增加值率等主要指标进行回归分析，进一步验证行业出口交货值比例与企业异质性之间的关系，并比较工业各行业大中型企业与规模以上企业的面板数据结果。

1. 模型的建立及分析

变量的选取及数据来源与分析规模以上企业的方法相同，以行业出口交货值比例为被解释变量，以人均增加值、创新率和增加值率为解释变量，分析人均增加值、创新率和增加值率在行业出口交货值比例变动中的具体作用。选取的样本数据为 2005～2009 年连续 5 年大中型企业的数据，出口交货值比例与反映企业异质性的人均增加值、创新率和增加值率等数据均根据北京市统计局 2006～2010 年《北京统计年鉴》的数据计算而得。

图 4 - 6 ~ 图 4 - 8 显示了北京制造业 25 个行业大中型企业的出口交货值比例与人均增加值、创新率和增加值率的对数变化趋势，可以看出，各行业的 LNEXP 与 LNPVAD、LNINNOV、LNVADRATE 之间的变化趋势具有很大的一致性。

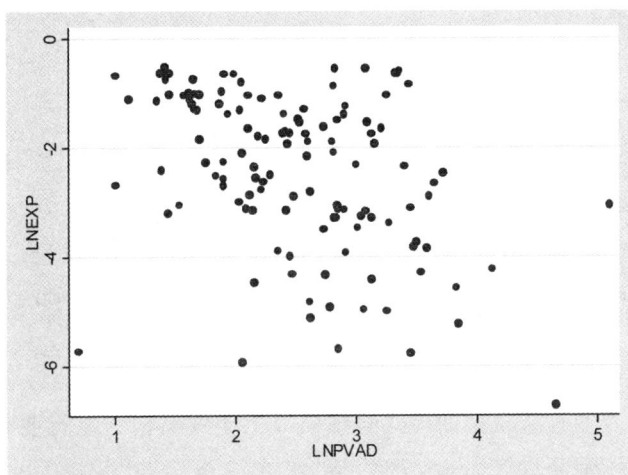

图 4 - 6   25 个行业大中型企业 LNEXP 与 LNPVAD 变化趋势

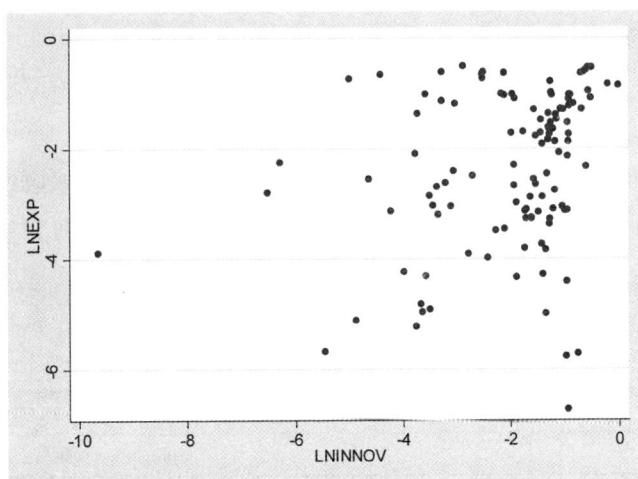

图 4 - 7   25 个行业大中型企业 LNEXP 与 LNINNOV 变化趋势

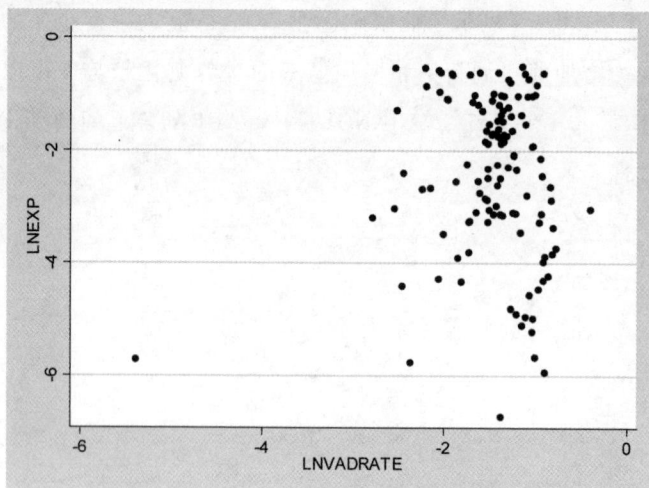

图 4 - 8　25 个行业大中型企业 LNEXP 与 LNVADRATE 变化趋势

2. 计量模型的建立

大中型企业计量模型的建立与规模以上企业类似，以行业人均增加值（$PVAD_i$）、创新率（$INVOV_i$）和增加值率（$VADRATE_i$）的对数 $\ln PNAD_i$、$\ln INNOV_i$ 和 $\ln VADRATE_i$ 为解释变量，以第 i 产业的出口交货值比例 EXP_i 的对数 $\ln EXP_i$ 为被解释变量，建立如下回归模型：

$$\ln EXP_{it} = \alpha_i + \beta_{1i}\ln PVAD_{it} + \beta_{2i}\ln INNOV_{it} + \beta_{3i}\ln VADRATE_{it} + \mu_{it}$$

$$(i = 1, 2, \cdots, 25) \tag{3}$$

首先，进行 F 检验，判断采取混合回归模型还是固定效应模型。根据 F 检验步骤，计算结果如表 4 - 22 所示。根据计算的 F 值和 P 值，应拒绝混合回归模型，采用固定效应模型。

表 4 - 22　F 检验结果

F 统计量值	F (3, 113) = 25.71
P 值	Prob > F = 0.0000

其次，检验该模型是否存在随机效应，检验结果如表 4 - 23 所示。计算的 LM 统计量值为 71.35，P 值为 0，表明随机效应非常显著。

表 4 – 23　LM 检验结果

LM 统计量值	Wald chi2（3）＝71.35
P 值	Prob > chi2 = 0.0000

最后，检验固定效应模型和随机效应模型哪个更好。由表 4 – 24 可知，计算的卡方（Chi2）值为 14.31，P 值为 0.0025，这一结果表明在 1% 的置信水平下拒绝原假设 H_0，即拒绝随机效应模型而应采用固定效应模型更好。因此本书采用固定效应不变系数模型并进行回归分析。回归分析结果如表 4 – 24 所示。

表 4 – 24　Hausman 检验输出结果

Test：Ho：difference in coefficients not systematic
Chi2（3）= 14.31
Prob > Chi2 = 0.0025

根据以上检验结果，本书将模型（3）修改为：

$$\ln EXP_{it} = \alpha_i + \beta_1 \ln PVAD_{it} + \beta_2 \ln INNOV_{it} + \beta_3 \ln VADRATE_{it} + \mu_{it}$$
$$(i = 1, 2, \cdots, 25) \tag{4}$$

应用面板数据采用固定效应回归方法对样本进行回归，结果见下表所示。

表 4 – 25　LNEXP 与 LNPVAD、LNINNOV、LNVADRATE 的回归分析结果

变　量	回归系数	T 统计量	P 值	标准差（Std. Err.）
常数项 C	2.18688	3.66 ***	0.000	0.5981963
LNPVAD	– 1.019149	– 7.42 ***	0.000	0.1373808
LNINNOV	0.1869885	2.65 ***	0.010	0.1789205
LNVADRATE	1.084373	6.06 ****	0.000	0.2425409
其他统计量				
R^2： 组内（Within）= 0.4055 组间（between）= 0.3005 样本总体（overall）= 0.3214		F（3，96）= 11.86 ** Prob > F = 0.0000 Corr（u_ i，Xb）= 0.0548 Number of obs = 117		

注：＊＊表示通过 5% 显著水平的检验；＊＊＊表示通过 1% 显著水平的检验。

以上结果显示各项系数在 1% 显著水平上均通过 T 检验和 F 检验。从回归结果看，出口交货值比例与人均增加值成反比，与企业创新率和增加值率成正比。在不考虑其他因素情况下，人均增加值每增长 1% 将会使出口交货值比例降低 1.02%，企业创新率每增长 1% 将会使出口交货值比例增加 0.18%，增加值率每增长 1% 将会使出口交货值比例增加 1.08%，回归结果同样说明企业人均增加值的提升是出口交货值比例下降的重要因素，企业创新率和增加值率的提升是出口交货值比例提高的重要因素。

如果比较大中型企业与规模以上企业的回归系数会发现，大中型企业人均增加值的系数（-1.02%）明显高于规模以上企业（-0.51%），大中型企业增加值率的系数（1.08%）明显高于规模以上企业（0.43%），但大中型企业创新率的系数（0.18%）略低于规模以上企业（0.26%）。因此，大中型企业放弃利用中国丰富廉价劳动力优势时，行业人均增加值提高将导致出口交货值比例下降更多；大中型企业增加值率增加在企业出口交货值比例提升中的作用更大，企业的规模经济效应更突出；大中型企业创新能力的提升在推动企业出口交货值比例提升中的作用弱于规模以上企业，即规模较小的企业必须依靠增加创新能力才能增强出口产品的竞争力。为了进一步验证企业放弃利用中国丰富廉价劳动力优势时会导致出口交货值比例下降，本书比较了北京规模以上企业出口交货值比例与加工贸易出口比例之间的变动趋势，发现两者存在紧密的正相关关系，加工贸易出口比例上升时出口交货值比例也呈上升趋势，加工贸易出口比例下降时出口交货值比例也下降，两者的变动趋势如图 4-9 所示。因此，异质企业在经济升级中的作用至关重要。

三 国际金融危机期间出口企业数据的检验

2007 年初，美国次贷危机爆发，并愈演愈烈，不断向其他国家蔓延，逐渐演变为国际金融危机，其范围之广、影响之深远远超过预期。国际金融危机导致国际需求显著下降，出口企业受到巨大冲击。分析国际金融危

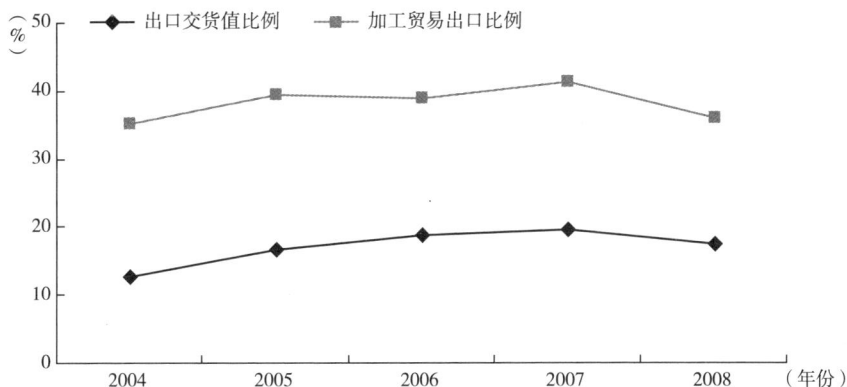

图 4 - 9 2004～2008 年北京规模以上企业出口交货值比例与加工贸易出口比例

资料来源:《北京统计年鉴》,2004、2005、2006、2007、2008。

机期间异质企业与中国经济升级的关系具有重要参考价值。

(一) 国际金融危机对出口企业的影响机制

国际金融危机主要通过三种传导机制对出口企业产生影响。第一种途径就是金融传导机制,主要通过资本市场渠道和国际货币市场渠道影响出口企业。资本市场渠道主要指国际金融危机导致上市公司市值下挫,资产严重缩水,资本市场的融资能力萎缩,降低上市出口企业的现金流和盈利能力,导致其经营效益下降;国际货币市场渠道主要指国际金融危机导致部分国家采取货币贬值策略,国际汇率动荡,加大出口企业国际经营的汇率风险,出口产品的竞争力降低。第二种途径就是贸易传导机制,主要通过价格渠道和收入渠道影响出口企业。价格渠道主要指国际金融危机导致全球商品价格下降,降低了出口企业的利润率;收入渠道主要指国际金融危机降低了危机国家消费者的可支配收入,导致需求下降,从而直接减少对其他国家出口产品的需求。第三种传导机制是预期传导机制,是指国际金融危机导致与发生金融危机的国家有密切经济往来的其他国家的投资者和消费者的预期和信心发生变化,恐慌心理滋生蔓延,纷纷调整收入预期,改变消费和投资决策。

具体来讲,国际金融危机影响出口企业的三种传导机制会在四个方面给出口企业带来冲击。第一，国际市场需求下降导致出口企业收入减少和利润降低。国际金融危机降低了危机国家消费者的可支配收入，直接减少对其他国家产品和服务的进口需求，国际市场需求的下降导致全球商品和服务价格下降，出口产品和服务价格下降直接导致出口企业的出口金额减少和利润率下降。日本贸易振兴机构发布的《2010年世界贸易投资报告》显示：受经济危机的影响，2009年世界贸易下降了23%，是自1945年第二次世界大战结束以来国际贸易出现过的最严重衰退。第二，外汇汇兑风险增加。部分国家为应对国际金融危机会采取货币贬值策略，导致出口企业国外应收账款缩水，国际贸易的汇率风险加大，出口产品的竞争力降低。第三，融资难度加大。国际金融危机导致金融资产严重缩水，降低持有海外资产出口企业的现金流和盈利能力，国际贸易融资难度加大；国内股市往往也会随国际股市的下跌而相应下挫，导致上市出口企业资产缩水，在国内资本市场的融资能力萎缩；国际金融危机导致市场对未来经济发展的信心降低，企业纷纷调整消费支出和投资决策，企业间商业信用萎缩，直接影响出口企业商业信用的获取。第四，贸易保护主义抬头。国际金融危机催生新的贸易保护主义，新一股类似于20世纪30年代的全球贸易保护主义在发达国家乃至全球抬头，出口企业遭遇更多贸易壁垒。

（二）基于中国出口200强和民营出口100强企业数据的检验

国际金融危机期间，连续进入中国出口200强的企业受到的冲击较大。2009年，在2004~2008年连续5年始终进入中国出口200强的95家企业中，有8家企业退出了前200名，剩余的87家企业出口1768.4亿美元，比2008年下降21.10%；中国出口200强企业出口3397.8亿美元，比2008年下降14.26%；全国出口总额12016.6亿美元，下降16.01%。87家企业出口的降幅明显大于全国出口总值的下降幅度，多下降了4.91个百分点，更大于中国出口200强企业下降幅度，多下降了6.84个百分点。而在2004~2008年其增速明显高于中国出口200强企业及全国出口的增速，在出口总额中的比重不断上升。2008年，87家企业出口额占出口200强企业的比重为 56.56%，2009 年下降为 52.05%，下降了 7.98%，87 家企业出口额占全国出口总额的比重也由 2008 年的 15.67% 下降到 2009 年的14.72%，下降了 6.06%。

但是，中国出口 200 强企业下降幅度低于全国出口总额的下降幅度，低了 1.75 个百分点，由此可推断，中国出口 200 强企业中的"增量"出口企业的出口下降幅度较小，受到的冲击相对小些，而中国出口 200 强企业以外的出口企业的出口下降幅度较大，受到的冲击相对大些。总之，连续 5 年进入中国出口 200 强的企业在金融危机期间受到的冲击较大，这也间接证明这些出口企业的异质性仍有待提升，抵御危机的能力依然不强；同时中国出口200 强企业以外的出口企业受到的冲击也较大，需要转型升级。

表 4 - 26   2004~2009 年始终进入中国出口 200 强的企业 2009 年的出口额及比重

年　份	2008	2009	增　速
87 家企业出口额（亿美元）	2241.2	1768.4	-21.10%
出口 200 强的企业（亿美元）	3962.8	3397.8	-14.26%
全国出口总额（亿美元）	14306.9	12016.6	-16.01%
87 家企业出口额占出口 200 强企业的比重（%）	56.56%	52.05%	-7.98%
87 家企业出口额占全国出口总额的比重（%）	15.67%	14.72%	-6.06%

资料来源：根据商务部 2004~2009 年中国出口 200 强企业的数据计算整理。

值得关注的是，国际金融危机期间，多数连续 5 年进入中国民营企业出口 100 强的企业实现了较快发展。2009 年，在 2004~2008 年连续 5 年进入中国民营企业出口 100 强的 17 家企业中，有 6 家企业退出了前 100 名，超过三分之一的企业出口排名显著下滑。但是剩余的 11 家中国民营出口100 强企业合计出口 71.3 亿美元，出口额不但没有下降，还实现了较大增长，比 2008 年上升了 23.36%，而且中国民营企业出口 100 强合计出口额为 473.1 亿美元，比 2008 年上升了 49.39%，在全国出口下降的大趋势下实现了高速增长。2008 年，11 家民营企业出口额占出口 100 强企业出口额的比重为 18.25%，2009 年下降为 15.07%，下降了 3.18 个百分点；但是，11 家企业出口额占全国出口总额的比重由 2008 年的 0.40% 上升到 2009 年的 0.59%，上升了 46.87%。因此，可以推断，规模较大的民营出口企业的异质性较高，应对国际金融危机的灵活性较大，抗冲击能力较强。

表 4 - 27　2004～2009 年始终进入中国民营企业出口 100 强的 11 家企业的表现

年　份	2008	2009	增　速
11 家企业出口额（亿美元）	578025	713040	23.36%
民营企业 100 强的出口额（亿美元）	3166548	4730570	49.39%
全国出口总额（亿美元）	14306.9	12016.6	-16.01%
11 家企业出口额占出口 100 强企业的比重（%）	18.25%	15.07%	-17.43%
11 家企业出口额占全国出口总额的比重（%）	0.40%	0.59%	46.87%

资料来源：根据商务部 2004～2009 年中国民营企业出口 100 强的数据计算整理。

（三）基于北京纺织服装出口 100 强企业数据的检验

国际金融危机期间，纺织服装出口企业的出口额和出口数量大幅下降，但出口价格实现了上升。2009 年，国际金融危机的影响进一步扩大，北京的纺织服装出口额和出口数量大幅下降，出口额比 2008 年下降了 17.94%，出口数量比 2008 年下降 28.14%，但是出口价格比 2008 年上升 14.20%，纺织服装出口企业的集约贸易边界进一步扩大。

表 4 - 28　2008～2009 年北京纺织服装企业出口情况

年份	出口额（万美元）	同比增长（%）	出口数量（件）	同比增长（%）	出口单价（美元）	同比增长（%）
2008	253597.3	5	1166414099	-6.99	2.17	12.89
2009	208107.4	-17.94	838185670	-28.14	2.48	14.20

资料来源：北京市商务委员会网站。

北京纺织服装出口前 100 名企业的集约贸易边界进一步扩大。受国际金融危机的影响，北京纺织服装出口前 100 名企业 2009 年的出口额大幅下降，同比下降 19.00%；出口数量下降幅度更大，2008 年和 2009 年同比分别下降 18.92% 和 26.51%，纺织服装企业出口数量下降幅度明显大于出口额的下降幅度；但是，在出口额和出口数量下降的情况下，出口单价却在国际金融危机的不利背景下实现了快速上升，2008 年为 2.35 美元，比 2007 年增长了 23.71%，2009 年为 2.59 美元，比 2008 年增长了 10.22%，而且高于北京纺织服装全部出口企业出口单价的增长幅度。

表 4 - 29   2008 ~ 2009 年北京纺织服装出口额前 100 名企业的情况

年份	出口额（亿美元）	同比增长（%）	出口数量（件）	同比增长（%）	出口单价（美元）	同比增长（%）
2008	18.87	0.30	804439115	- 18.92	2.35	23.71
2009	15.28	- 19.00	591188691	- 26.51	2.59	10.22

资料来源：北京市商务委员会 2008 ~ 2009 年纺织服装出口额及出口 100 强企业相关数据。

北京纺织服装出口规模较大的存量企业的集约贸易边界出现下降。国际金融危机期间，2005 ~ 2009 年始终进入北京纺织服装出口 100 强的 45 家企业的出口额、出口数量和出口价格都出现了下降，尤其是出口价格下降的幅度最大，不利于企业升级。

出口额下降幅度较小。2005 ~ 2009 年始终进入北京纺织服装出口 100 强的 45 家企业 2009 年的出口额下降 15.78%，低于北京纺织服装出口 100 强企业 19.02% 的下降幅度和北京纺织服装行业出口企业 17.94% 的下降幅度；45 家企业的出口额占北京纺织服装出口 100 强企业出口额的比重从 2008 的 67.51% 上升到 2009 年的 70.18%，占纺织服装行业出口的比重从 2005 年的 50.23% 上升到 2009 年的 51.54%。因此，从出口额看，规模较大的存量纺织服装出口企业出口额下降的幅度相对小些，抵御外部风险的能力强于整个纺织服装出口企业。

出口数量下降幅度不大。2005 ~ 2009 年始终进入北京纺织服装出口 100 强的 45 家企业 2009 年的出口数量下降 5.77%，远低于北京纺织服装出口 100 强企业 26.51% 的下降幅度和北京纺织服装行业出口企业 28.14% 的下降幅度；45 家企业的出口数量占北京纺织服装出口 100 强企业出口数量的比重从 2008 年的 50.26% 上升到 2009 年的 64.44%，占纺织服装行业出口的比重从 2005 年的 34.66% 上升到 2009 年的 45.45%。因此，从出口数量看，规模较大的存量纺织服装出口企业数量下降的不多，抵御外部风险的能力较强。这主要源于纺织服装行业的市场化程度相对较高、竞争比较充分，优秀的出口企业异质性优势较大，在转型发展中发挥了较大的作用。

出口价格下降幅度较大。2005～2009 年始终进入北京纺织服装出口 100 强的 45 家企业 2009 年的平均出口价格由 2008 年的 3.15 美元下降到 2.82 美元，比 2008 年下降了 10.48%，下降幅度较大，与北京纺织服装出口 100 强企业的出口价格之比下降到 1.09，比 2008 年下降了 18.66%；与北京纺织服装行业全部企业的出口价格之比下降到 1.14，比 2008 年下降了 21.38%。因此，从出口价格看，规模较大的存量纺织服装出口企业出口单价下降较多，不得不依靠降价来保持出口数量的稳定。

综上所述，虽然 2005～2009 年始终进入北京纺织服装出口 100 强的 45 家企业的平均出口额和出口数量的下降幅度远小于北京纺织服装出口 100 强企业和北京纺织服装行业全部企业的平均出口额和出口数量的下降幅度，但是其平均出口价格却出现了大幅下降，可以说是依靠降低价格，避免了出口数量大幅下降，进而实现了平均出口额的下降幅度低于全部企业的下降幅度。因此，国际金融危机期间异质出口企业保持了出口规模，但是集约贸易边界显著下降，不利于企业升级，也不利经济升级。

表 4-30　2008～2009 年始终进入北京纺织服装出口 100 强的 45 家企业出口情况

项　目	年份	45 家企业	100 强企业	行　业	100 强企业的比重	45 家企业的比重	
						占 100 强	占行业
出口额（亿美元）	2008	12.74	18.87	25.36	74.40%	67.51%	50.23%
	2009	10.73	15.28	20.81	73.44%	70.18%	51.54%
	同比	-15.78%	-19.02%	-17.94%	-1.29%	3.95%	2.61%
出口数量（件）	2008	404278037	804439115	1166414099	68.97%	50.26%	34.66%
	2009	380946120	591188691	838185670	70.53%	64.44%	45.45%
	同比	-5.77%	-26.51%	-28.14%	2.26%	28.21%	31.13%

项　　目	年份	45 家企业	100 强企业	行　业	100 强企业的比重	45 家企业的比重	
						占 100 强	占行业
出口单价（美元）	2008	3.15	2.35	2.17	1.08	1.34	1.45
	2009	2.82	2.59	2.48	1.04	1.09	1.14
	同比	-10.48%	10.21%	14.29%	-3.70%	-18.66%	-21.38%

资料来源：北京市商务委员会 2008～2009 年纺织服装出口额及出口 100 强企业相关数据。

四　小结

出口型外商投资企业和非出口型外商投资企业的静态分析显示：无论是在企业规模还是在收益率等方面，出口型外商投资企业明显优于非出口型外商投资企业，但是，在投资规模最大的外商投资企业中，这种优势有所降低。当把出口企业细分为只出口的企业和出口并内销的企业时，会发现出口并内销的外商投资企业存在异质性，与异质企业贸易理论的分析结果一致，但只出口的外商投资企业不存在异质性，出口产品附加值较低，存在"中国异质企业的悖论"，这些企业是经济升级的重点，必须加快把这些企业培育成异质企业。

出口型外商投资企业和非出口型外商投资企业的比较静态分析显示：只出口的外商投资企业通过自身经营的提升、放弃国际市场或兼顾国内市场，推动了企业规模的扩大、劳动生产率的提高和收益率的增加，促进了经济升级；出口并内销的外商投资企业在数量和规模扩大的同时没有实现收益率的提升，企业的异质性仍然不高，促进经济升级的作用仍需提高；非出口型外商投资企业的绝对数量和相对数量进一步扩大，企业的平均规模明显增加，收益率有所提高，为经济升级打下了更坚实的基础。

规模较大的出口企业平均出口的绝对规模不断增加，但相对规模有所下降。2004～2008 年中国出口 200 强企业和民营企业出口 100 强企业以及连续 5 年进入中国出口 200 强的 95 家企业和进入中国民营企业出口 100 强的 17 家企业的数据显示：存量出口企业的规模不断扩大，但在出口总额中的比重却呈下降趋势。这些企业距离国际同行业的异质企业还有相当大的差距，需要积极提升企业的异质性，才能加快中国经济升级的进程。

企业集约贸易边界的扩大促进了产业升级。北京纺织服装出口企业、北京纺织服装出口企业 100 强和连续 5 年进入北京纺织服装出口 100 强的 45 家企业的出口数据分析显示：北京纺织服装出口企业出口单价呈上升趋势，集约贸易边界进一步扩大；北京纺织服装出口前 100 名企业的出口价格比出口额和出口数量增长得更快，集约贸易边界逐渐扩大；2005 ~ 2009 年始终进入北京纺织服装出口 100 强的 45 家企业在出口额、出口数量和出口单价等方面都有较好的表现，明显高于北京纺织服装出口企业和北京纺织服装出口企业 100 强的平均水平，在北京纺织服装行业升级中发挥了较大作用。

异质企业在中国经济升级中的作用至关重要。通过对北京制造业 25 个出口行业规模以上企业和大中型企业的出口交货值比例与反映企业异质性的人均增加值、创新率和增加值率等主要指标的面板数据分析，发现企业人均增加值与出口交货值比例呈负相关关系，企业创新率和增加值率与出口交货值比例呈正相关关系。人均增加值的提升之所以会导致行业出口交货值比例下降主要是因为加工贸易在行业出口中占据较大比重。因此，提升企业的创新率和增加值率是经济升级的关键。

国际金融危机期间，不同级别的异质企业表现各异，异质性较高的企业抵御风险的能力更强。持续进入中国出口 200 强的企业在国际金融危机期间出口下降明显，受到的冲击较大；持续进入中国民营企业出口 100 强的企业应对国际金融危机的灵活性较大，抗冲击能力较强；持续进入北京纺织服装出口 100 强的企业通过出口单价的降低避免了出口数量和出口额的大幅下降。

第五章
异质企业与中国经济升级的路径选择

改革开放 30 多年来中国经济发展的经验表明，中国经济的发展转型离不开中国企业的成长壮大，拥有更多异质企业既是中国经济升级的基础，也是衡量中国经济升级的重要指标。只有不断地夯实微观经济主体，才能为宏观经济升级输送源源不断的动力。研究异质企业与中国经济升级的路径选择有利于探索出合理的发展模式，推动企业发展壮大，加快经济升级。

一　理论框架：企业异质化

异质企业的形成和发展是一个动态的过程，只有不断创造和增加异质性优势才能成为异质企业和保持企业的异质性。本书把企业持续创造和增加异质性优势的过程定义为企业异质化，并从产品差异化、规模扩大化、经营产业链化和品牌国际化四个角度分析企业异质化的路径选择。

（一）产品差异化

按照产业组织理论，在垄断竞争市场中，产品差异是普遍存在的，只有在完全竞争市场（产品同质）和寡头垄断市场（产品单一）中存在例外。通常，产品差异形成了企业借以区别于其他企业同类产品的特殊性，从而促进消费者形成对企业产品的偏好和忠诚，拥有进入该市场的竞争优势。因此，产品差异化对企业异质化具有重要意义，是企业异质化的重要途径之一。

产品差异化是相对于产品同质化而言的一种竞争手段，是指企业以某种方式改变那些基本相同的产品或创造新的产品，以使消费者相信这些产品存在差异而产生不同偏好的经济活动。一般来讲，产品差异化分为垂直差异化和水平差异化。垂直差异化是指生产出更好的产品；水平差异化是指生产出具有不同特性的产品。通常，企业可通过以下四种策略实现产品差异化。（1）研发策略。企业可以通过积极进行研究开发，努力使产品在质量、式样和外观等方面发生改变，或推出新产品，满足消费者和客户需要。（2）内涵策略。赋予产品特定的文化内涵和价值取向，代表某种理念，以此区别其他类似产品，获得一批忠诚的消费者。（3）服务策略。当前，服务已成为产品的一个重要组成部分，企业可通过为消费者提供优质服务，满足消费者合理的差异需求，形成产品的差异性。（4）价格策略。一是采取差别定价策略，即企业对不同消费者采取差异化的销售价格；二是采取低价竞争策略，通过加强成本控制，降低单位产品的生产成本。综观国内外市场，凡是具有竞争力的产品都包含着优良的技术与巧妙的设计。因此，研发策略是产品差异化的基本策略，通过强大的研发投入，能够提高企业的技术创新能力和产品设计能力，以拥有更好的技术和设计来适应客户不断变化的需求，使产品在国际市场上更具竞争力，形成产品差异化优势，最终使自己成为异质企业。

企业的行业地位决定了产品差异化策略的选择。如果企业是行业领导者，应重点采取研发策略和服务策略来增加产品差异性，因为行业领导者通常是行业标准的制定者，所提供的产品和服务的差异性最大，主导主流市场，如何加强研究开发工作和提供更优质的服务、努力增加产品差异性，使产品的竞争力保持优势地位和避免被行业挑战者击败，是企业面临的最大挑战。如果是行业挑战者，企业的产品差异优势较弱，企业应重点采取研发策略和内涵策略来增加产品差异性，通过扩大生产规模、控制成本和赋予产品新的内涵，创造行业领导者短时间难以形成的差异性来形成自己的差异化优势。如果是行业跟随者，企业应重点采取价格策略和服务策略来增加产品差异性，通过低价策略获得一定的市场份额，通过提供优质服务稳定一批忠实的消费者，以避免随着行业的发展和市场竞争的加剧被淘汰掉。因此，并不是所有的差异化策略都适合每个企业，企业必须运用适合自己企业地位的策略方能达到目的。宝洁公司是实施产品差异化策略的典范，其巧妙地运用了产品差异化策略，在中国设计了六类个性化定位不同的产品，占据了巨大的市场份额，始终保持行业领导者的地位。宝洁在塑造产品差异化时的立足点是头发本身，每类产品重点着眼于改善头发的某一类功能，这与国内洗发水企业有着本质的区别，国内企业多强调产品原材料的神秘性和技术的先进性，但原材料与技术是消费者看不见摸不着的，消费者很容易产生怀疑。而宝洁公司的几类产品各有定位、巧妙互补，展现了宝洁产品差异化的高超技巧。柔顺型的飘柔、去屑型的海飞丝、特效修护型的潘婷、专业定型型的沙宣、倍黑润发型的润妍和天然中草药型的伊卡璐，都是站在消费者的角度思考问题，是希望消费者通过感知接受产品。因此，宝洁准确的产品差异化策略实现了其洗发水产品对细分市场的有效占领。

差异化策略在国内外市场上一直被遵循并发扬光大。USP理论（独特的销售主张）、定位理论和"STP"营销战略［市场细分（market segmentation）、目标市场（market targeting）和市场定位（market positioning）］都是差异化的经典理论。差异化作为一种成熟的市场营销策略，能给企业带来巨大收益：一是产品差异化可以让企业细分市场，占据一定的份额；二是产品差异化可以让产品定位更深入人心，提升产品忠诚度。

当前，企业面临的市场环境比过去任何时候都复杂，是一个极度细分、极度变化和极度饱和的市场环境。复杂的市场环境给企业带来了前所未有的挑战，产品越来越完善，技术越来越成熟，创新越来越艰难，品牌越来越多，竞争越来越激烈。在这种情况下，企业为了获得竞争优势，只能通过"市场定位—市场选择—市场细分"来开发差异化产品和推出差异化营销模式，才能实现企业异质化，才能成为异质企业，并在竞争中取胜。

（二）规模扩大化

企业规模扩大化不仅能够实现规模经济降低产品和服务的平均成本，还能为企业实现产品和服务的多样性、出口市场的多样性创造条件，提升产品和服务的附加值。企业规模通常用四个指标来衡量，即企业的销售额、资产总额、市值和从业人员数。销售额可以客观反映企业的经营规模和市场竞争能力，是国际通行的衡量企业规模的重要指标，美国《财富》杂志每年公布的世界 500 强企业主要就是使用销售额这一指标来衡量的，由于各国企业销售额的数据是公开的，容易进行相互比较。资产总额可以从资源占用的层面反映企业规模，也是国际上比较常用的指标。市值主要是从企业净资产的市场认可程度来衡量企业规模，《英国金融时报》每年公布全球 500 强企业的评价指标就是企业市值。从业人员数作为企业规模的衡量标准，具有简单、清晰的特点，是世界主要国家的通行做法，具有国际可比性。采用上述四个指标衡量企业规模具有一定的科学性和可操作性，具体来讲，可就不同行业的企业选择更具针对性的指标进行衡量。

企业规模扩大的途径主要有两种：内部扩张和外部扩张。一般来讲，通过内部扩张实现规模扩大化的过程比较缓慢，但企业经营比较稳健；通过外部扩张实现规模扩大化的过程比较快，但同时也会给企业经营带来较大的不确定性。

企业的内部扩张通常通过扩大投资来实现，企业扩大投资所需的资金来源主要包括增加自有资金、筹措资金。企业增加自有资金的途径主要有两个，一是将资本公积转为实收资本，二是将留存收益转为实收资本。企业筹措资金的途径主要有两个，一是从金融机构借款；二是投资者（包括企业原有投资者和新的投资者）投入，企业可以通过股份化或股市融资的方式吸引投资者投入。股份化主要适用于规模较小的尚未股份化的企业，特别是一些家族式的民营企业，当企业规模扩大到一定程度时，一个家族的人力资源不再能满足企业的发展需要，必须从外部招聘人才和扩大从业人员规模时，就需要建立现代企业制度，募集更多的社会资本，以解决单一股权结构所导致的企业资金实力不足的问题。无论是引入外部投资者，还是采用员工持股计划来实现股份化改造，都可以解决企业扩大规模所面临的资金不足问题，而且可以加速企业管理制度的科学化和规范化。股市融资是指上市公司利用证券市场，发行股票，获取资金。一般来讲，规模较大且有发展潜力的企业有实力实现股市融资，因此，异质企业具备股市融资的先天优势，能够通过股市融资扩充企业资本来扩大企业规模。股市融资能够为企业规模的扩大提供强大助力，股市融资筹措的资金具有永久性，企业可以无限期使用，而且股市融资企业没有固定的股利负担，股利的支付与否和支付比例都可视公司的经营状况而定。此外，企业上市之后如果想进一步扩大企业规模，还可通过增发、配股和发行可转换债券等方式在证券市场上进行再融资。

外部扩张通常通过并购实现。并购一般是指兼并（Merger）和收购（Acquisition）。兼并指两家或者更多的独立企业合并组成一家企业，通常由一家占优势的企业吸收一家或者多家企业。收购指一家企业用现金或者有价证券购买另一家企业的股票或者资产，以获得对该企业的控制权、全部资产或者某项资产的所有权。在发达国家，企业规模的扩大多是通过并购实现的。根据并购的不同功能可以将并购分为三种基本类型：横向并购、纵向并购和混合并购。横向并购是指两个或两个以上生产和经营相同或相似产品和服务的企业之间的并购行为，是企业获取自己不具备的优势资产、降低平均成本、扩大市场份额和进入新市场的一种快捷方式，可以发挥经营管理上的协同效应，在更大范围内进行专业化分工，采用先进的技术，形成集约化经营，产生规模效益。纵向并购是指为了实现企业经营的前向或后向扩展而在相互衔接和密切联系的企业之间发生的并购行为。纵向并购是发生在同一产业的上下游企业之间的并购，企业之间不是直接的竞争关系，而是供应商和需求商之间的关系。纵向并购通过市场交易行为把企业间的分工内部化，有助于减少市场风险，节省交易费用。混合并购是指没有显著的产品或服务的替代关系或供需关系的企业之间的并购行为。通过混合并购，一个企业可以不局限于本企业产品或服务的专业化生产，能够生产一系列不同的产品和服务，实现范围经济和多元化经营。混合并购有助于降低经营风险和进入新经营领域的困难，增加进入新领域的成功概率。此外，企业通过混合并购增加了企业的绝对规模，使企业拥有更强大的实力同原市场的竞争者进行竞争。尽管横向并购、纵向并购和混合并购的特点不同，但通过并购能够显著增强企业的异质性，促进企业发展。企业通过并购能够扩大企业规模，能够降低采购、生产、流通和销售等各个环节的成本，形成规模效应；企业通过并购能够完善销售网络，提升影响市场价格的能力，扩大市场份额，巩固在行业中的地位；企业通过并购能够增强谈判能力，获得廉价的生产原料和劳动力，增强企业的竞争力；企业通过并购能够有效提高品牌知名度，甚至获得被并购企业的品牌，提高企业产品的附加值；企业通过并购能够获得被并购企业的技术资源、人力资源、管理资源和销售资源，提升企业整体竞争力，推动企业发展战略的实现。因此，并购是企业实现规模扩大化的主要途径，也是企业实现异质化的重要途径，有助于企业成为异质企业。

（三）经营产业链化

企业经营产业链化来源于"微笑曲线"理论，该理论是由宏碁集团创办人施振荣在1992年为"再造宏碁"提出的。十几年后，施振荣将"微笑曲线"修正为"产业微笑曲线"，并作为中国台湾各种产业的中长期发展策略。"微笑曲线"两端朝上，表示在产业链中，附加值更多体现在两端——研发设计环节和营销环节，处于中间的制造环节附加值最低，主要因为制造环节对技术和人力资本的要求低，企业进入门槛低，全球竞争激烈，进而导致制造环节的利润较低、附加值不高；而研发设计环节与营销环节需要投入更多的高级生产要素，附加价值较高。因此，企业应朝"微笑曲线"的两端发展，在"微笑曲线"左边加强研发设计，创新产品和创造知识产权，在"微笑曲线"右边加强营销，稳定客户群体和创造高附加值的服务。"微笑曲线"先是指导企业如何发展，后又发展成产业发展的理念，但是，其向产业链两端扩展，摆脱低端制造向高端设计研发和营销服务环节转移的理念是一致的，与我国的企业升级、产业升级和经济升级是契合的。郎咸平把产业链细化为七个环节：产品设计、原料采购、加工制造、物流运输、订单处理、批发经营和终端零售，并认为加工制造环节是最不赚钱的，其他六个环节创造了90%的价值，企业只有进行产业链经营才能摆脱低端制造的地位。郎咸平把产业链细化为七个环节不一定科学，但是其强调企业不应局限于产业单一环节参与国际分工的观点还是有一定道理的，与施振荣提出的"微笑曲线"理论是一致的，都强调经营产业链化对增强企业竞争力的重要性。因此，经营产业链化是企业异质化的重要途径，有利于增强企业的异质性，有利于企业成为异质企业，有利于企业形成竞争优势。

经营产业链化的实现途径。"微笑曲线"理论表明，企业能够突破固有的限制，实现产业链经营，掌控"微笑曲线"的两端，实现企业发展方式的转变。本书认为企业经营产业链化是指企业由原先经营产业链的一个或若干环节，向部分环节特别是整个产业链经营的转变，提升对整个产业链的运作效能，最终提升企业竞争优势的过程。企业经营产业链化的实现途径主要有以下三种。一是加强研发，提升自主创新能力，使产品和服务从原来低档向中档、中档向高档发展，实现生产技术升级，增加企业产品和服务的科技含量。二是掌控营销渠道，建立直接供销关系，增强产品价格的控制力和获得稳定的客户群。三是开展服务型制造。服务型制造是在经济全球化和信息技术快速发展的环境下产生的新的企业经营模式。企业可以在全球范围内组织各类资源发展制造和服务业务，降低企业进入新领域的壁垒，实现企业业务链的延伸。当前，单纯制造过程已不能创造更多的附加价值，研发、物流、营销和服务等环节成为产品价值的重要来源。同时，客户和消费者的需求与价值观的变化驱动着制造及服务企业的转型。当前，客户和消费者正从单纯的购买产品和服务向购买效用转变，更关注产品和服务给自己带来的效用，这有力地推动了服务型制造这种新的企业经营模式的发展。随着服务与制造相互渗透和融合，服务环节在产业链中的作用越来越大，许多著名跨国公司的主要业务已经开始由制造向服务延伸和转移，服务收入在企业销售额中所占比重越来越大。服务型制造企业实现了企业经营模式从提供简单的物理产品或者无形服务向提供具有丰富服务内涵的系统性产品或服务的转变，实现了企业角色从产品或者服务供应商向"综合性解决方案"服务供应商的转变，实现了企业的经营产业链化，扩大了利润空间。国际商用机器公司（IBM）是制造企业向服务制造型企业转变的典范，诞生于 1911 年的 IBM 在当时是一个典型的制造企业，并在 20 世纪中后期发展成为全球最大的电子信息产品制造企业，1992 年 49.7 亿美元的巨大亏损促使 IBM 将企业的重心从硬件制造转向软件设计和服务提供，并通过出售、并购和重组等一系列手段实现经营产业链化。2002 年以来，IBM 先后将硬盘生产部门、PC 生产部门、打印机生产部门和复印机生产部门出售给日立公司、联想公司、理光公司和柯达公司，与此同时，IBM 先后收购了普华永道咨询公司、Rational 软件公司和马士基数据公司等企业，逐渐强化其在战略咨询、中间件和数据库等领域的实力，通过整合内外部资源，提出"四海一家的解决之道"，致力于为客户提供一体化解决方案，实现了 IBM 向服务型制造的转型。因此，无论是加强研发、掌控营销渠道还是开展服务型制造，都是向服务环节延伸，向经营整个产业链转变，目的都是有效地增加企业的异质性，实现企业的异质化。

同时，企业也必须认识到经营产业链化是阶段性的，企业要根据自身实际情况量力而行，先行扩展到与自己业务相近的环节，再谋求整合整个产业链，甚至有些企业应该对部分环节进行取舍，可以一直处于产业链的某些环节但并不追求覆盖产业链的所有环节，恰当的取舍和组合才能产生真正的竞争优势，才是真正有效的产业链整合。比较典型的例子是耐克公司的"轻资产"战略，耐克公司放弃了产业链上附加值较低的制造环节和销售环节，主攻研发和营销两大环节，利用其他公司的"重资产"实现高盈利，通过国际外包把耐克的设计委托国外生产制造企业完成，然后再将产品委托给当地零售企业进行销售，这种模式使耐克公司控制了产业链的制高点。因此，经营产业链化并非要求"全产业链"，"全产业链"要求产业链的各环节均衡发展，否则难以形成协同效应。"全产业链"拉长的不仅是产品线，还有产业线，企业经营的系统风险可能加大，抵御外部风险的能力可能降低。所以，企业不应盲目地整合整个产业链，而应寻找适合自身的经营模式，实施恰当的产业链经营，只有这样才有助于企业的异质化。

（四）品牌国际化

品牌国际化是用统一的品牌和统一的营销组合策略开拓不同的国家、地区甚至全世界的市场。企业品牌国际化常用的方式有两种：一是国内生产，但产品销往国外；二是在国外设立分公司，实现全方位的扩张。世界知名的跨国公司多采用第二种方式。由于不同国家之间在语言、信仰、生活和消费习惯等方面存在很大的差异，在全球范围内营造一个品牌的难度相当大。因此，品牌必须与当地具体情况相结合，即实行本土化。具体来讲，有以下六种方式。

品牌差异化定位，锁定特定消费群体。品牌差异化定位是指企业凭借自身产品和服务的特殊功能、文化取向及个性差异为某个特定品牌确定一个区别于竞争品牌的优势，使企业品牌在消费者的心中占领一个特殊的位置，形成一个与众不同的品牌形象的过程和结果。品牌差异化定位的目的就是将产品的核心优势和个性差异转化为品牌，以满足特定消费者的个性需求。成功的品牌都具有差异化特征，以区别于竞争对手和符合消费者个性需求，并以一种始终如一的形式将品牌的差异与消费者的个性需求联系起来，通过这种方式将品牌定位信息准确传达给消费者，在消费者心中占领一个有利的位置。在进行品牌差异化定位时，除了详细了解目标对象的生活形态或心理个性化需求外，还需重视竞争品牌的品牌定位，因为没有差异诉求的品牌很难被消费者记住，更不用说会引起消费者的购买。总之，在品牌差异化定位时必须以消费者个性化需求和产品核心优势为导向建立鲜明的品牌形象，再以与同类品牌形成差异竞争的个性品牌形象为导向，建立鲜明的市场形象。

　　并购品牌，缩短品牌国际化时间。并购品牌与自创品牌相比，能够显著缩短消费者认知和接受的时间，降低市场进入的难度，有助于形成后发优势，培育和壮大自主品牌，缩短与国际大品牌的差距。对于资金实力较为雄厚，有一定跨国经营管理能力的企业来说，并购是一种较为有利的品牌经营模式。并购品牌一般有三种模式。强势品牌并购强势品牌，如德国戴姆勒（Daimier－Banz）－奔驰并购美国克莱斯勒汽车公司；强势品牌并购弱势品牌，如思科公司20世纪90年代完成的近100项并购；弱势品牌并购强势品牌，如联想并购IBM的PC事业部。品牌并购是企业实现资产增值、推动自我成长的一种有效途径，并购品牌可以让企业绕开贸易壁垒进入其他国家和地区，快速实现市场扩张和市场份额扩大；并购品牌有助于企业打造品牌系列，构筑起强有力的品牌防御体系，形成强大的品牌阵营；并购品牌有利于企业形成产业链经营优势，提升综合实力。同时，企业也不能盲目进行品牌并购，需要保证品牌并购能够服务于企业的整体发展战略和企业的品牌国际化。

　　打造品牌文化，形成品牌国际化的原动力。企业实施品牌国际化战略，最关键的是赋予品牌文化内涵，解决品牌超越地理文化边界的能力问题。品牌文化是指通过赋予品牌深刻而丰富的文化内涵，建立鲜明的品牌定位，形成消费者对品牌在文化上的高度认同，最终形成强烈的品牌忠诚感。文化是品牌的根基，一个品牌的知名度、美誉度和忠诚度首先来自品牌所负载产品的内在质量和性能，更来自品牌文化内涵带给消费者的超值享受。良好的品牌文化可以支撑品牌的知名度和美誉度，使品牌的影响深入消费者的内心，落实到消费者的行动上，从而提升消费者对品牌的忠诚度。优秀的品牌文化可以赋予品牌强大的生命力和非凡的扩张能力，可以超越民族、超越国界和超越意识形态，经久不衰，并引领时代的消费潮流。而且，优秀的品牌文化还可以使消费者对其产品的消费成为生活中不可或缺的内容，成为一种文化自觉，增强对该品牌的偏好，使消费者不会轻易改变对一种品牌文化的认同，品牌文化成为对抗竞争品牌和阻止新品牌进入的重要手段。

借助社会媒体，迅速扩大品牌知名度。品牌知名度是指潜在购买者认识到或记起某一品牌代表某类产品和服务的能力。目前，消费者用数字化媒体和其他消费者联系沟通已经愈来愈普遍，常常在选择一个品牌之前参考其他消费者对该品牌的评价以决定是否购买。因此，社会媒体对品牌价值的影响力愈来愈大，它们既可以使品牌迅速积累起一批忠实的消费者，也可以在短期内带来一批憎恨者。当前传媒技术发展迅速，社会媒体已经全球化，为中国企业走全球化道路提供了一个传播捷径。20世纪80年代初，三星在韩国只是个不知名的企业，通过1986年汉城亚运会的宣传及1988年参与汉城奥运会的赞助，到2002年三星品牌价值已经达到83亿美元。因此，借助社会媒体，大规模投放广告，能够迅速扩大品牌知名度，有助于吸引国际买家采购企业产品和服务，推动品牌国际化发展。

提升社会形象，迅速扩大品牌美誉度。跨国公司愈来愈认识到，只有对环境负责，才能赢得更多消费者的认同、才能实现品牌国际化的目标、才能使企业立于不败之地。在这方面，发展中国家企业和发达国家领先企业一样，都在同一个起跑线上，这是发展中国家企业异质化的机遇。例如，宣称"绿色"的品牌更容易赢得消费者的理解和支持，因为消费者相信尊重环境的企业。中国的北大荒、天狮、大自然地板和帅康等企业都在"绿色"品牌战略上扮演着领导角色，显著提升了企业品牌的美誉度。

培育职业化经理人队伍，保持品牌的持续发展。职业化经理人队伍是品牌持续发展的人才保障，不仅能够为企业制定良好的品牌国际化战略，还能够保障品牌国际化的有效实施，提供良好的售后服务。中国还没有一个国际化的职业经理人和品牌经理人队伍，这也是最近几年联想收购IBM的PC部门、TCL收购阿尔卡特手机、明基收购西门子手机部门等海外并购遭遇经营困境的主要原因。

总之，企业品牌国际化的策略是多种多样的，企业必须根据自身的实际情况选择适合自己的策略才能有效地实现品牌国际化的目标，才能实现企业的异质化。

二 企业异质化的宏观背景：中国经济发展三十年历程回顾

通过对企业异质化理论框架的分析，我们发现企业在不同发展阶段应该采取不同的企业异质化策略或策略组合，才能有效地促进企业异质化。因此，回顾中国经济 30 多年发展历程，能够了解企业异质化的宏观背景，清晰认识企业如何采取恰当的异质化策略才能促进企业异质化。

（一）经济总量上升到世界第二位，经济发展质量需要加快提升

改革开放 30 多年来，我国经济年均增长率接近 10%，经济总量上升到世界第二位，成为世界第二大经济体，2012 年我国国内生产总值达到 51.9 万亿元，人均 GDP 已超过 6000 美元，进入中等收入国家行列。这是近 300 年世界历史上绝无仅有的奇迹，这期间还经历了 20 世纪 90 年代的亚洲金融危机和 2007 年开始的国际金融危机的冲击。当前，我国国内生产总值年均增速显著高于全球和新兴经济体的增速，通货膨胀率远低于其他新兴经济体，经济实力、科技实力、人民生活水平、居民收入水平、社会保障水平迈上一个大台阶，综合国力、国际竞争力、国际影响力迈上一个大台阶，国家面貌发生新的历史性变化，为全面建成小康社会打下了坚实基础。

但是，还必须清醒看到，我们只是把经济规模做大了，经济发展质量和效益还不高，还不是经济强国。远在 19 世纪，中国的 GDP 就占到当时世界的 20% 多，过去 30 多年的经济快速增长，我们不但透支了中国的环境和资源，而且也过度透支了中国的人力资本，我们走的基本是工业化国家曾经走过的先污染后治理的老路，是一种拼资源、拼人力、高投入、高消耗、高污染的粗放式发展，与以人为本、人与自然和谐相处、依靠科技和创新引领经济社会发展的路径还相当远，经济发展模式亟待转型。

从发展成本看。长期以来，我们的经济增长，主要是依靠相当于

GDP50％的高投资及接近 GDP10％的净出口支撑的，这使我国经济增长的成本位居世界前列。如果把生态环境等外部影响也视为"投入"，我们为增长付出的成本更高。有关测算表明，20 世纪 80 ~ 90 年代，我国生态退化和环境污染带来的经济损失约相当于 GDP 的 8％，2005 年以来这一数字虽在下降，但到 2011 年仍高达 4％左右。

从经济效益看。在增长至上的激励机制下，各地对增加投入普遍高度重视，但很少顾及产出的质量，更忽略了投入和产出之间的效益联系，导致经济效益提高缓慢。在投资拉动型和出口导向型经济发展模式的带动下，增长并非全部形成了有效供应，"胡子工程"甚至是"豆腐渣工程"时有发生，生产事故和食品安全问题频频爆发，投入多、产出低。更有甚者，一些投资固然形成了现实生产能力，但生产出来的产品卖不出去，并进而迫使业已形成的生产能力长期闲置。近年来，我国产能过剩的形势日趋严峻，传统产业的产能大面积过剩已是痼疾，就是在新兴产业，产能过剩的增长势头也令人担忧。统计显示，当前我国产能利用率平均仅达 80％左右，按照 85％ ~ 90％国际正常水平，我国目前的产能过剩已经形成阻碍经济健康发展的制约因素。

从综合效益看。我们的人均 GDP 比发达国家还差一大截，居世界 100位以后，相当于美国的十分之一，差距非常明显。中国扶贫任务艰巨，扶贫对象群体大，贫困程度深、返贫问题突出，制约贫困地区发展的深层次矛盾突出。按照新的国家扶贫标准 2300 元计算，到 2011 年底，全国扶贫对象有 1.22 亿人，占农村居民的 12.7％。我国地区间基本公共服务均等化水平还存在较大差距，在医疗卫生、社保、教育等领域尤其突出。

从国际影响看。我们没有与世界第二大经济体相匹配的世界级企业和知名品牌。中国被誉为"世界工厂"，但尴尬的是，我们的多数产品和服务位于产业链的低端，没有创造出世界级有广泛影响力的品牌。一个没有一流产品和服务的国家，是不可能有创造性的，是不可能使一个国家的经济和企业具有强大竞争力的。

总之，人口多、底子薄、相对资源少、贫困人口多、创新能力弱等仍是中国的基本国情。对此，我们应有自知之明，要从一个经济大国迈向经济强国，需要扎实地促进异质企业发展，创造出一批世界级的企业和知名品牌。

（二）货物贸易出口规模不断扩大，服务贸易出口比重依然较低

改革开放以来，中国进出口总额快速增长，目前已提升到第二位，其中货物贸易出口额跃居世界第一位，贸易大国地位进一步巩固。1978 年我国货物贸易出口总额仅为 97.5 亿美元，但是随着改革开放的不断深入和社会主义市场经济体制的逐步建立，货物贸易出口总额呈现加速扩大态势，1989 年突破 500 亿美元，达到 525.4 亿美元；1994 年突破 1000 亿美元，达到 1210.1 亿美元；2000 年突破 2000 亿美元达到 2492.0 亿美元；2004 年突破 5000 亿美元，达到 5933.2 亿美元；2007 年突破 10000 亿美元，达到 12177.8 亿美元；2012 年突破 20000 亿美元，上升到 20489.3 亿美元，是 1978 年的 210 倍。

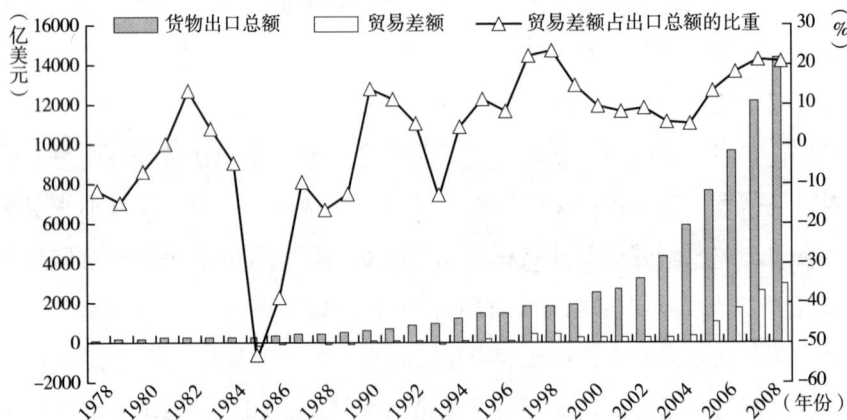

图 5-1　1978~2008 年我国货物贸易出口额、贸易差额及其占出口总额的比重
资料来源：中国统计年鉴和商务部网站。

我国已成为货物贸易大国，但服务贸易的比重并不高。1982 年我国服务贸易出口额仅为 25 亿美元，1989 年为 45 亿美元，增长了 80%；服务贸易出口自 1990 年开始进入快速发展的时期，1993 年突破 100 亿美元，达

到110亿美元,4年增长了144%;1996年突破200亿美元,达到206亿美元。加入世界贸易组织以来,中国服务贸易稳步增长,贸易规模迅速扩大,成为新兴经济体中的佼佼者。2002~2012年,中国服务贸易年均增长20%。特别是2005年以后的增长速度更快。2005年和2008年服务贸易的增长速度超过30%,2007年、2009年和2011年的增长率也超过20%。但由于我国服务贸易起点低、底子薄,仍处于发展的初级阶段,总体水平与发达国家相比差距较大,国际竞争力仍然较弱,发展中存在严重的"不平衡"状态。一是服务贸易在对外贸易中的比重仍然较低。1982年,服务出口占货物贸易和服务贸易出口总额的比重为10.07%,在1983~1992年的10年中,仅有1986年该比重超过10%达到10.42%;1993~2002年的10年中,服务出口占货物贸易和服务贸易出口总额的比重均超过10%,1996年达到最高值12%,但是也仅比1982年提高了1.93个百分点;2003~2012年,服务出口占货物贸易和服务贸易出口总额的比重开始回落,2003年为9.57%,2008年为9.29%,2012年为8.84%。同时,2006~2012年,中国服务贸易额占货物贸易和服务贸易总额的比重一直在10%左右,2012年这一比重为10.54%,而同期世界服务贸易占贸易总额之比在20%左右。从中国服务贸易总额占世界服务贸易总额的比重来看,水平较低,2012年该比值仅为5%左右,同期中国货物进出口总额占世界货物进出口总额的比重超过20%。二是服务进口增长快于出口,贸易逆差持续扩大。与中国货物贸易长期处于顺差状态相反,中国服务贸易长期处于逆差状态,特别是2012年的逆差额高达895亿美元,比上年增加了62%。逆差行业主要集中在运输服务、旅游和保险服务以及专有权利使用和特许费等领域。三是传统服务贸易仍居我国服务贸易的主导地位。2012年,运输、旅游、建筑三项服务贸易额占中国服务贸易的比重为62%。尽管近年来中国在计算机和信息服务、保险服务、金融服务、咨询服务等高附加值服务贸易领域的进出口增长较快,但其占服务进出口总额的比重仍然偏低,2012年,上述四项服务贸易额仅占中国服务贸易总额的20.8%。服务贸易发展滞后的主要原因是服务贸易的产业基础薄弱。我国第三产业发展较慢，占 GDP 的比重比较低，不仅低于发达国家，而且低于发展中国家的平均水平，能够开展服务贸易的企业较少，这在一定程度上制约了服务贸易的发展。

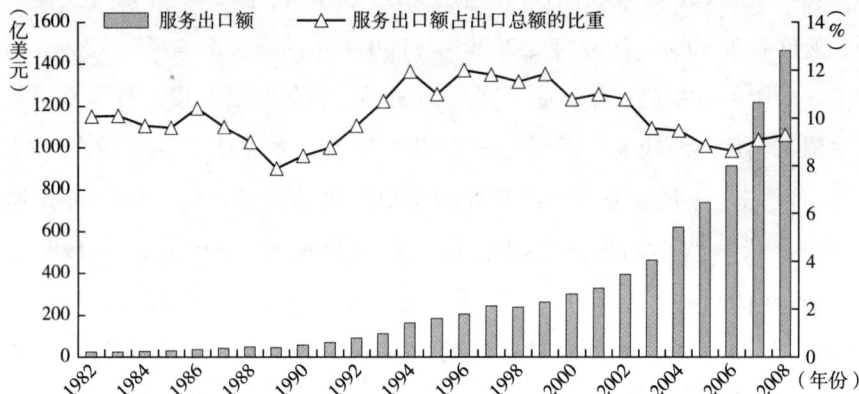

图 5－2　我国服务贸易出口额及其占货物和服务出口总额的比重
资料来源：国家外汇管理局网站和中国商务部网站。

出口导向型外贸发展方式面临新的挑战。改革开放以来，我国为充分利用劳动力优势，确定了以出口为导向的外贸发展方式，形成了一套系统的出口政策支持体系，吸引了大量以出口为目的和以加工贸易为主要方式的外商投资企业，其累计效应使中国迅速成为世界第二大出口国，外汇储备从 1978 年末的 8.4 亿美元上升到 2012 年末的 3.31 万亿美元，为国民经济快速健康发展起到了应有的作用。但是目前，出口导向型外贸发展方式正面临新的发展形势。一是跨国公司已经开始调整在中国的基本经营战略。跨国公司把在中国设立外商投资企业开展加工贸易的战略，调整为主要面向中国市场的即期需求、潜在需求和被供给创造的新需求上，跨国公司近几年积极并购中国的研发企业和知名品牌就是很好的例证。同时，中国外商投资企业独资化趋势使其溢出效应递减，近几年新注册的外商独资经营企业占新注册外商投资企业的比重高达 70% 以上，并呈不断上升的趋势，从出口企业主体的变化趋势来看也要求转变我们的外贸发展方式。二是中国对外国中间产品和原材料的依赖程度不断加深。中国对外贸易的物流量占世界总量的40%,而价值量仅占7%[1],必须加快转变外贸发展方式以缓解依赖程度。三是周边国家与我国的竞争日趋激烈。我国周边国家效仿中国采取出口导向型外贸发展方式,其更低廉的劳动力和更优惠的引资政策,对中国的静态比较优势构成威胁。这些都要求我国加快调整出口导向型外贸发展方式。四是贸易条件持续恶化。2000年以来,中国的贸易条件基本上呈下降趋势,从世界银行提供的统计数据来看,中国贸易条件指数(以不变美元价格计算)下降了20%(2000年为100,2008年为80左右),与第二贸易大国的身份极不匹配。五是我国转变外贸发展方式的实践效果并不理想。其实,我国政府也早已认识到出口导向型贸易发展方式的弊端,一直积极转变外贸发展方式。近几年,从中央到地方纷纷出台政策支持外贸发展方式转变,但效果并不是特别理想。首先,大力发展高技术产品出口的实践受到一定挑战,高技术产品出口在国际金融危机期间大幅下降,而且我国出口的高技术产品的附加值含量并不高,我国高新技术产品出口的90%靠加工贸易来完成,不少高科技企业实际上是加工组装企业,只是负责最终产品的加工组装。部分地区腾笼换鸟的做法不仅使部分有一定竞争力的加工贸易企业倒闭破产,就连新引进的高技术企业在国际上也缺乏较强的竞争力。其次,大力发展服务外包的实践也没有从根本上解决附加值低的问题,服务外包与加工贸易在本质上都是承担跨国公司的外包,服务外包从事的同样是跨国公司产业链中的劳动密集型环节,属于服务链的低端环节,这一模式可能在较长时期内存在,但其高盈利能力却很难持续。

(三)"引进来"效果明显,"走出去"仍处在起步阶段

利用外资规模不断扩大。加入世界贸易组织以来,中国吸收外资的规模不断扩大,水平显著提高。中国实际利用外资的规模已由2001年的469

---

① 陈文玲:《对调整我国贸易战略几个有争议问题的思考》,《理论前沿》2006年第21期,第12~14页。

亿美元增至 2012 年的 1117.2 亿美元,中国实际吸收外资金额已连续 3 年超过 1000 亿美元,截至 2013 年 4 月,中国累计实际吸收外资 1.3 万亿美元,位居全球第二。除了规模上进一步扩大外,利用外资的产业结构和水平也实现了进一步优化。2012 年,中国服务业吸收外资占全国实际使用外资总额的近一半,交通运输设备制造业、通用设备制造业等高端产业吸收外资的数量明显增加;同时外资功能性机构的发展呈现出了良好态势,外资研发中心已经超过 1800 家,研发内容向基础性、先导性领域延伸,跨国公司地区总部超过 50 家,我国越来越成为跨国公司的总部聚集地。

随着中国经济社会的不断发展和外商投资政策的逐步完善,外商投资企业发展迅速,成为我国出口的主体。1980 年,外商投资企业货物贸易出口额仅为 0.08 亿美元,占我国货物贸易出口额的 0.05%,之后该比重迅速提高,1983 年突破 1 亿美元,达到 3.3 亿美元,比重达到 1.49%;1987 年突破 10 亿美元,达到 12.1 亿美元,比重达到 3.06%;1991 年突破 100 亿美元,达到 120.5 亿美元,比重达到 16.75%;1996 年突破 500 亿美元,达到 615.1 亿美元,比重达到 40.72%;2000 年突破 1000 亿美元,达到 1194.4 亿美元,比重达到 47.93%;2001 年达到 1332.2 亿美元,比重达到 50.06%,突破 50%;2005 年达到 4441.8 亿美元,比重上升到 58.30%,达到历史最高点。2006 年,外商投资企业货物贸易出口比重开始下降,降为 58.19%,2007 年降为 57.10%,2008 年降为 55.25%。2012 年,外商投资企业出口 10227.5 亿美元,占我国外贸出口总值的比重进一步下降至 49.9%。近年来,外商投资企业货物贸易出口比重虽然有所降低,但是依然占据最大份额。

近年来,外商投资企业不断调整自己的投资方式和资本结构,呈现出新的变化。外资进入之初,必须设立合资、合作企业才能进入市场的状况已经改变,外商设立独资经营企业的意愿显著增强。近几年,外商独资经营企业的数量迅速增加,独资经营已成为外商投资企业首选的投资方式。在一些中外合资经营企业和中外合作经营企业中,为谋求绝对控股地位,外方不断通过增资扩股实现绝对控股或独资经营。目前,独资经营已成为

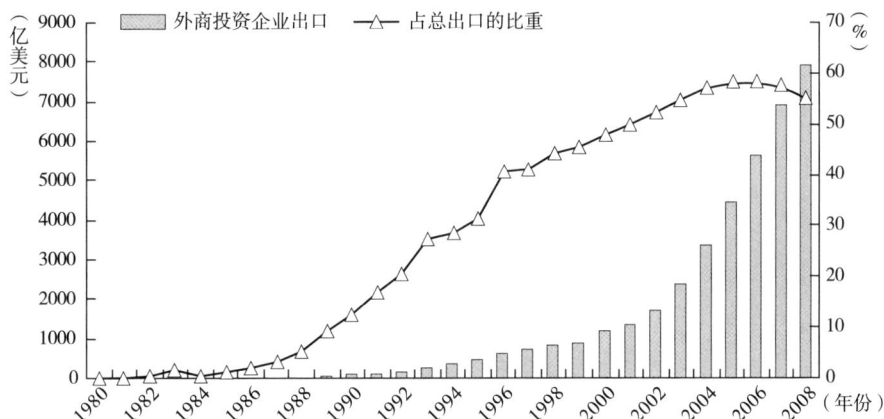

图 5 - 3　外商投资企业出口额及其比重

资料来源：商务部网站。

外商投资企业最主要的投资方式，2003 年底，外商独资经营企业占全部外商投资企业的比重就已超过 50%。虽然，外商投资企业中外方绝对控股企业有利于外商投资企业根据国内外经济形势的变化及时调整经营战略，加大先进技术的使用比例，提高企业的竞争力，但是，外商投资企业独资经营的主要目的已经不是出口，而是占领内需日益扩大的中国市场，因此，其转变外贸发展方式的动力较弱。同时，外商投资企业独资化的趋势也不利于我国企业自主创新能力的提升。在现代市场经济中，对企业实行股权控制是根本性的控制，企业一旦被绝对控股就将由绝对控股方主导。如果中外合资经营企业和中外合作经营企业被外方绝对控股，他们就会以技术、资金、规模和品牌等优势，排挤我国企业，抢占我国企业的市场份额，可能要求中方放弃自己的品牌，即便是有个别企业进行技术创新，其创新成果也归绝对控股方，我国企业自主创新能力可能被严重弱化。因此，外方绝对控股外商投资企业往往具有多种意图，有的是出于商业目的，有的是出于战略需求，这给被绝对控股的外商投资企业带来多种不确定性，其中有的企业被绝对控股以后走上了消亡之路。总之，外商投资企业货物贸易出口比重虽然开始下降，但是它们依然是中国货物贸易出口的主体，经济升级离不开这些企业发展方式的转变，由于外商投资企业往往受控于母公司，其转变发展方式的动力相对较弱，内资企业必须加快企业异质化进程，推动各类企业间的竞争，促进经济升级。

"走出去"战略的效果初步显现，我国跻身对外投资大国行列。自我国加快实施"走出去"战略以来，对外投资加速发展，2002~2011 年间年均增长 44.6%，实现了连续 10 年的增长。根据联合国贸发会议的报告，我国 2010 年对外直投占全球当年流量的 5.2%，位居全球第五，首次超过日本、英国等传统对外投资大国。2011 年中国对外直接投资 746.5 亿美元，是 2002 年的 27.6 倍。商务部、国家统计局、国家外汇管理局联合发布《2012 年度中国对外直接投资统计公报》显示，2012 年我国对外投资创下 878 亿美元历史新高，首次成为全球第三大对外投资国，跻身对外投资大国行列。其中，2012 年中国境内投资者共对全球 141 个国家和地区的 4425 家境外企业进行了直接投资，累计实现非金融类直接投资 772.2 亿美元，同比增长 28.6%，远远好于全球对外投资的情况，据联合国贸发会议 2013 年 1 月发布的报告，2012 年全球经济复苏乏力，企业跨国投资能力和意愿下降，全球跨国直接投资总量为 1.3 万亿美元，同比下降 18.3%。我国对外投资覆盖面进一步扩大。截至 2012 年底，中国 1.6 万家境内投资者在境外设立企业近 2.2 万家，分布在全球 179 个国家（地区）。对外投资行业分布相对集中，2012 年底，中国对外直接投资覆盖了国民经济所有行业类别，租赁和商务服务业、金融业、采矿业、批发和零售业、制造业、交通运输业和邮政业、建筑业 7 个行业累计投资占我国对外直接投资存量总额的 92.4%。目前，国有企业仍然为对外投资主体，占对外投资总额的 75% 以上，但民营企业的海外投资明显提速。从投资主体角度来看，中国的对外直接投资主体存在以下五种类型：一是专门实行跨国经营的外贸公司，例如中国材料进出口总公司、中国化工进出口总公司等；二是大型国有生产企业或企业集团，例如中钢集团、中煤集团、中石油等；三是大型国有建筑类企业集团，例如中铁十六局集团、中国建设总公司等；四是大型国有金融机构，例如中国金融投资管理公司、中国国际信托投资公司等；五是市场领先的民营企业，例如吉利汽车、三一重工等。此外，跨国并购逐渐成为对外投资的重要方式。2011 年，以并购方式实现的对外直接投资 222 亿美元，占我国同期对外投资总额的 37%。获取海外先进技术、营销网络，开发资源能源，已经成为企业海外投资并购的重点。并购领域主要涉及采矿业、制造业、电力生产和供应业、交通运输业、批发零售业等。2009 年中国矿产企业达成 33 宗并购交易，价值高达 92 亿美元，创下历史纪录；2010 年浙江吉利控股集团公司以 17.88 亿美元收购瑞典沃尔沃轿车公司 100% 的股权；2011 年中化集团通过香港子公司以 30.7 亿美元收购挪威国家石油公司巴西 Peregrino 油田 40% 股权；2012 年，山东重工斥资 3.74 亿欧元斩获全球豪华游艇巨头意大利法拉帝集团 75% 的控股权，三一重工以 3.24 亿欧元收购世界著名混凝土设备商德国普茨迈斯特公司，国家电网以 3.87 亿欧元收购葡萄牙国家能源网公司 25% 的股份。

近年来，虽然我国企业"走出去"的步伐不断加快，但对外投资仍处在起步阶段。一是总体规模依然不大。2012 年我国境外总资产达 5319 亿美元，居全球第 13 位，但与发达国家相比，由于中国对外直接投资起步较晚，仅相当于美国对外投资存量的 10.2%、英国的 29.4%、德国的 34.4%、法国的 35.5%、日本的 50.4%。从对外直接投资绩效指数（OND）——一国对外投资流量占世界对外投资流量的份额与该国国内生产总值占世界生产总值的份额的比率——可以看出，我国对外投资的绩效还处于低位。一般而言，OND 越大，一国对所有权优势和区位优势的利用越充分，对外直接投资绩效越高。如果某国的 OND 为 1，意味着该国对外直接投资的绩效达到世界平均水平；如果某国的 OND 大于或小于 1，意味着该国的绩效高于或低于世界平均水平。根据 2011 年中国商务统计年鉴数据计算，2009 年发达经济体的 OND 指数为 1.11，发展中经济体为 0.72，我国为 0.69。我国的对外投资绩效指数在全球排名比较靠后，远低于世界平均水平，甚至低于发展中国家的平均水平。二是"走出去"企业的经营效果还不理想。一些企业缺乏对外投资的长期发展战略，目标不清晰，为了"走出去"而"走出去"，缺乏科学论证。一些企业不熟悉国际投资方面的法律、会计、资产评估等相关信息服务，前期准备工作不充分，对当地的文化没有深入了解，对境外经营过程中可能遇到的困难也考虑不周全，实现对外投资目标的路径不清楚，结果往往造成投资失败。目前约八成中国企业海外投资可以盈利或者持平，"走出去"的风险正在上升。对外投资整体效益不高与我国企业处于全球分工产业价值链低端、总体技术水平不高、缺乏创新力及国际竞争力不强有密切的关系。我国企业在大型投资管理、大型投资资本运作方面都缺乏经验，既缺乏整体的企业运营经验，又缺乏掌握这些经验的人才。我国企业现有的对外投资，多数不是企业国际化经营所必需的，而是中国式企业在国外的翻版，直接导致了对外投资企业在直接面对国际市场时，却按本土化的模式进行管理。一些企业产权关系模糊，财务管理不规范，经营机制未能与当地市场的运行规则和国际经营惯例接轨，存在管理上"水土不服"、对市场反应滞后等现象。部分对外投资企业对当地的投资环境、政府效能、税收政策、劳工保护、工会谈判、文化背景、消费特点等各方面都缺乏细致的了解，容易造成管理上的漏洞。总之，由于国际化经验不足、管理人才缺乏、海外市场占有比例较低，中国企业距离真正意义上的跨国公司还有较大差距。三是对外投资的区域过于集中。2012 年末，中国对外直接投资前 20 位国家（地区）存量累计占总量的 89.3%。其中，亚洲占据中国对外直接投资存量的 70%以上，仅香港一个地区就占存量的六成，占亚洲投资存量的 90% 以上。拉丁美洲位居第二，而在拉丁美洲的投资存量中，90% 左右又集中在开曼群岛和英属维尔京群岛。对外直接投资区域分布过于集中，不利于分散投资风险。四是对外投资的主体不尽合理。目前，虽然我国对外直接投资主体已呈现多元化趋势，民营企业对外投资开始提速，但国有企业仍占绝对优势地位，一方面是国有企业投资易引发政治猜忌，对外投资摩擦增加，另一方面则是民营企业海外投资所占比重很小，民营企业自身小、快、灵的优势没有充分发挥出来。同时，我国企业对外投资产业结构层次较低。我国企业的对外投资合作主要集中在煤、铁、有色金属、石油等能源资源类产业，以及中国已经发展成熟的劳动密集型产业，高新技术产业投资较少。在我国非金融类跨国公司中，能源类企业居多，境外企业资产总额排名居首位的是中国石油化工集团公司，其次是中国石油天然气集团公司和华润（集团）有限公司。五是政府引导作用有待进一步加强。虽然我国政府出台了一系列鼓励企业"走出去"的政策文件和法律法规，但在企业对外直接投资过程中，政府在提供法律保护、政策引导、制度保障，以及税收、融资、信息和咨询服务等方面的功能还不健全。这主要体现在：对外投资产业政策和行业导向不明确，导致企业盲目投资；对海外经营效益不佳的国有企业缺乏有效监管，导致大量国有资产流失；对企业海外投资缺乏必要的保护制度，使得企业无法抵御投资国的政治风险等。同时，政府需要引导对外投资企业加强相互之间的合作。我国企业进行对外投资或并购目标一致时，企业之间往往缺乏沟通和合作，各自为战，互相猜忌，把国内竞争的做法引入对外投资，自相竞争，使东道国或东道国企业借机提高报价，不得不接受更加苛刻的条件和要价，支付高昂投资成本，对外投资整体效益下降。

三　企业异质化路径选择的实证分析

通过企业异质化路径选择的理论和宏观背景分析，可以看出我国的企业异质化尚处于初级阶段，需要不断摸索适合自己的模式。进行企业异质化路径选择的实证分析，既有利于论证企业异质化路径选择理论的有效性，又有利于总结经验促进企业异质化。

（一）产品差异化的实证分析

产品差异化就是竞争力的理念，正被越来越多的企业所接受，并积极付诸实践。例如，海尔冰箱就是通过不断创造产品差异性赢得越来越大的市场份额和品牌美誉度的，海尔开发设计的带电脑桌的小冰箱深受美国大学生欢迎，是海尔在美国市场的一个成功创举。再如，美的对出口产品采取"量身定做"的策略，增加产品的差异性，推动了美的产品的出口，2012 年外销收入达 72 亿美元。重庆恒通客车通过差异化竞争思路频获出口订单，在 2010 年春季广交会上，恒通客车展出了两款针对国外市场而改进设计的新威龙公路客车及迷你小巴客车，来自乌兹别克斯坦、叙利亚、坦桑尼亚和阿尔及利亚的客户对恒通威龙豪华公路客车很感兴趣，南非、马达加斯加和秘鲁的客户则对恒通迷你小巴的配置、动力系统和各种技术特点表现出了进一步购买意向。对于批量采购的客户，恒通提供保姆式服务，成为产品差异化的重要组成部分，如批量出口泰国的客车，在生产前期派专业技术工人专门前往曼谷对运行道路、现有车辆和司机乘客的使用习惯等进行实地考察，并对客户进行实地的车辆使用指导。近几年，重庆恒通客车凭借差异化的产品及竞争策略，实现了出口的突破性发展，恒通客车的差异化燃气客车产品批量出口泰国和孟加拉等地，在不断拓展东盟市场的基础上，陆续开发了菲律宾、文莱、智利、莫桑比克、津巴布韦、马拉维和坦桑尼亚等多个新市场，并积极参与了多个国家公共交通招标采购项目，积累了丰富的国际招投标经验。康佳集团通过积极打造"差异化"，稳定了出口。欧美市场 CRT 电视需求的大幅下滑导致康佳彩电出口下滑，康佳集团 2007 年半年度报告显示，上半年康佳彩电境外销售 10.49 亿元人民币，下降 35.2%。针对彩电出口下滑的情况，康佳提出了自己独特的市场战略，进一步开拓发展中国家市场，拉美和中东等地区是康佳今后的战略重点。因为这些发展中国家市场与我国的状况类似，虽然 LCD 的市场在不断扩大，但对 CRT 还有一定的需求。同时，康佳积极推广自主品牌，虽然目前 OEM 订单的量还比较大，但是加工贸易的不确定性很大，非长久之计，在对全球一些重点目标市场有了清晰了解的基础上，有针对性地开发差异化产品，以康佳品牌为纽带，通过多种形式的合作，在世界各地形成比较广泛、稳定的营销服务网络。康佳集团 2010 年半年度报告显示，康佳 2010 年境外销售 20.96 亿元人民币，比 2009 年上半年增长 284.78%，比 2007 年同期增长 99.8%，占营业收入总额的 26.6%，比 2007 年同期提高了 9.4 个百分点。2012 年，康佳年境外销售已达到 38.1 亿元人民币[①]。总体来

---

① 数据来源：康佳集团股份有限公司网站，http://www.konka.com/cn。

看，在企业产品差异化战略的推动下，部分企业的异质化进程加快，促进了产品出口和企业的转型升级。尤其是近10多年中国产品出口持续快速增长，在某些领域已占据国际市场的较大份额，当前全世界销售的大部分工业缝纫机、三分之一的空调、四分之一的洗衣机和五分之一的冰箱都是中国制造。这些在国际市场上颇具竞争力的轻工产品，在产品质量、服务水准、技术水平和创新设计等方面的竞争优势显著，尤其是部分企业形成了产品差异化的强有力支持点，品牌风格独特。

不可否认的是，多数出口企业的产品差异性并不高，阻碍了企业异质化的进程。在当前的国际市场上，我们仍有相当数量的产品档次不高、制造技术和功能品质相近甚至相同，经常遭到国外的反倾销调查。面对严酷的现实，只有一部分企业选择了"产品差异化"突围，多数企业依然在从事加工贸易。因此，我国企业必须在注重提升产品品质的基础上，挖掘自身产品的独特优势，制定相应的差异化策略，创造有别于其他产品的差异性，以此作为企业产品开拓国际市场的根本，才能实现企业的异质化。

（二）规模扩大化的实证分析

部分企业通过并购和扩大投资实现了规模扩大化。近年来，在全球行业重组浪潮的推动下，在国家政策及法律对企业并购重组的支持下，我国各行业的企业并购快速发展，促进了企业规模的扩大化。海尔通过并购不断进入空调、彩电和手机等新领域，实现了企业规模的迅速扩大，扩展了企业的生产能力。自1991年起，海尔就开始了其并购的历史，从并购青岛空调器厂、青岛冰柜厂和青岛红星电器公司到并购武汉希岛公司、顺德电器有限公司、安徽黄山电子有限公司和贵州电冰箱厂等，并购金额达数十亿元。海尔的并购行为以推进品牌发展为目标，不是以牺牲品牌换取生产能力的扩张，被并购企业都冠以"海尔"之名，产品也要使用海尔品牌。海尔充分利用自身在管理方法、组织制度和企业文化上的优势，对被并购企业实现有效的整合，对其组织制度和企业文化进行改造，改变原有生产要素的组合，调动人力资源的积极性，提高整个企业的效率。奇瑞集团通过与国内大专院校、科研所等进行产、学、研联合开发打造了科学的研发体系，掌握了一批整车开发和关键零部件的核心技术，依靠这些核心技术在数十个国家建立了经销商或全散装件工厂，通过发挥海外经销商和工厂的渠道作用，产品远销 80 余个国家和地区，截至 2012 年累计出口汽车 80 多万辆，并连续 10 年成为中国最大的乘用车出口企业。

国内已有部分企业开始采用并购方式进入国际市场。海外并购是对外直接投资的一个重要方式，是指一国企业通过取得另一国企业的全部或部分资产，进而对其经营管理实施某种程度或完全控制的行为。我国少数企业的海外并购取得了成功，如联想并购 IBM 的 PC 业务、吉利并购澳大利亚自动变速器公司和瑞典沃尔沃汽车公司，更多的是不成功的案例。我国的海外并购起步较晚，进入 20 世纪 90 年代，海外并购才逐渐成为中国企业对外投资的重要方式。我国企业海外并购的发展过程可分为两个阶段。第一阶段，1992~2000 年为尝试阶段，这一阶段实施海外并购的企业主要以比较有创新思维的公司为主，并购领域集中于一些在当地市场受到欢迎的行业和产品，并购区域集中于与中国有贸易往来的东南亚和非洲国家，并购的规模并不大。第二阶段，2001 年至今为初步发展阶段，此时更多的企业意识到只有走出国门，融入全球经济体系当中，企业才有更强的生存能力，2002 年，我国海外并购额为 2 亿美元，2003 年达到 8.34 亿美元，2004 年达到 70 亿美元，2009 年海外并购金额达 300 多亿美元，比 2008 年高出 3 倍多。2011 年，中国企业的海外并购交易数量达到创纪录的 207 宗，同比增长 10%，交易总金额达到 429 亿美元，同比增长 12%，相较于 2010 年的 12 宗，2011 年中国企业共披露了 16 宗交易金额大于 10 亿美元的海外并购交易。第二阶段的海外并购出现了一些新特点，并购区域集中在发达国家，多数并购都集中在欧美国家；并购规模扩大，第一阶段主要以并购中小企业为主，第二阶段被并购企业的规模明显扩大，如京东方 3.8 亿美元收购现代 TFT 项目，联想 17.5 亿美元收购 IBM 的 PC 部门；部分企业的海外并购推动了企业开拓国际市场，如秦川集团的海外并购促进了企业出口。2003 年 11 月，秦川集团以 195 万美元获得 UAI（联合美国工业公司）60%的股份，UAI 是全球仅有的从事拉削装备研发和生产的 10 家企业之一，是世界顶级机床零部件制造企业，有着 84 年的历史，其生产的高档拉削装备是我国制造航空发动机、发电设备和汽车所必需的零部件。秦川集团并购 UAI 后，企业发展较好，2005 年，秦川 UAI 实现销售收入 460 万美元，同比增长 176%，更重要的是 UAI 成为秦川集团三分之一产品销往北美的重要渠道。为了进一步扩大出口规模，2006 年底，秦川集团在国内收购了与 UAI 生产同类产品的汉江机床厂和汉江工具厂，促进三方在技术研发、生产平台和国内外销售网络上实现资源的共享与协同发展，创造了企业的异质性。吉利在成功实施以自主创新为主的名牌战略之后，开始了以海外收购为主的品牌战略。2009 年 4 月，吉利收购了全球第二大自动变速器制造企业澳大利亚 DSI 公司，2010 年 3 月 28 日，吉利汽车与美国福特汽车公司在瑞典哥德堡正式签署收购沃尔沃汽车公司的协议，使其核心竞争力大大增强。格兰仕通过海外并购夯实了企业的发展基础，格兰仕的海外并购主要选择收购生产线，格兰仕在 20 世纪 90 年代末进入发达国家市场时，国外市场已经成熟而饱和，主要竞争者都是有着技术优势和销售渠道的知名企业，如采取品牌战略，既需要巨额的广告投入，又要建立销售网络，这与格兰仕的低成本战略背道而驰。格兰仕利用自己低成本竞争优势，迫使外国企业与之达成妥协，将格优美的生产线并购到中国，并以每生产一台变压器返回 8 美元的方式偿还其设备价值。格兰仕还将日本企业的生产线并购到中国，并以每生产一件产品返还 5 美元方式偿还其设备价值。格兰仕利用各国法律制度的差异，每天 24 小时地使用受让生产线，再加上中国工人的较低工资水平，使用同一条生产线的成本远低于原来拥有该生产线的企业，进一步获得了低成本优势，实现了在设备上没有一分投资，就获得了巨大的生产能力。但是，值得注意的是，部分企业的海外并购行为失利。2004 年 10 月 28 日，上汽集团以 5 亿美元的价格高调收购了韩国双龙 48.92%的股权，上汽希望通过收购利用双龙的品牌和研发实力迅速提升技术，但是由于在收购前对自身的管理能力和对方的企业文化认识不足，导致收购后两个企业的文化难以融合，双方合作无法真正展开。

纵观我国企业海外并购的成功与失败案例,它们之间的共同点是希望通过挖掘规模经济和范围经济的潜力推动企业经营的国际化,把握住这两个"经济"的企业成功了,没有把握住的企业失败了。海外并购是部分出口型民营企业实现规模经济的现实选择。民营企业在国内获取规模经济相当困难。一方面,各地区产业结构的高度同质化导致地方保护主义盛行,市场分割严重,使得一个地区的民营企业无法顺畅地将产品销往另一地区,规模经济难以实现;另一方面,依靠 OEM 开拓国际市场的民营企业多数处在价值链的低端,并没有掌握国际市场的销售渠道,也没有自己的品牌,同样难以利用国际市场获取规模经济利益。因此,通过并购海外知名企业,部分民营企业既可以利用这些企业的渠道,还可以学习这些企业的先进技术和管理经验,从而最大限度地实现规模经济效应。以多数中国企业短短二三十年的成长历程而言,海外并购仍然充满了更多的不确定性,中国企业依然需要积累实力,需要练好内功,海外并购不只是初始投资的问题,还有中国企业在制度层面和文化层面与国外企业对接的问题,企业必须重视人才整合、制度整合和文化整合等所带来的隐形成本。

(三) 经营产业链化的实证分析

目前,多数中国企业实施经营产业链化的整体意识和具体战略并不清晰。中国企业对产品经营非常熟练,但是对于产业链经营就相对缺乏经验。在中国企业中也有一小部分企业开始尝试产业链经营,并取得一定成效。

中钢炉料有限公司以创造性思维实行产业链经营。中钢炉料有限公司在中钢集团对钢铁行业综合配套、系统集成服务的战略指引下,结合公司的业务实际,逐步确立了"产业链"经营理念,并以准确的销售节奏、稳健的库存建设、合理的流程管理和立体化的营销网络,实现了产业链经营,公司的竞争力显著提升,出口猛增,实现了企业异质化,促进了公司转型发展。根据产业链经营思路,中钢炉料公司将众多合金上下游商品整合为合金产业链，并细分为铬系、锰系、镍系合金三个子产业链。根据产业链经营思路，中钢炉料公司对经营协调模式进行了完善和创新，采取了横向和纵向交叉协调模式，将购销模块单边协调与产业链上下游互动协调有机结合。经过一年多的产业链经营，中钢炉料公司已不再拘泥于传统简单的贸易方式，初步形成了"产业链上下游互动、国内外市场联动、原料与成品联动"的经营格局，通过对产业链各环节的整合，显著提升了公司判断市场、适应市场和驾驭市场的能力，实现了公司经营能力和竞争力的大幅跃升和经营规模的跨越式发展。

中粮集团积极打造全产业链经营模式。中粮集团把产业链经营作为公司的科学发展观，中粮集团旗下的中粮君顶酒庄就是向产业高端领域延伸、完善葡萄酒产业链探索与创新的结晶。中粮君顶酒庄践行葡萄酒行业的大产业观念，从标准化生产和服务环节，延伸到营销模式的创新和葡萄酒文化的推广，实现了葡萄种植、葡萄酒加工生产以及酒庄经营和特色旅游服务的一体化，通过资源整合使产业链各环节达到最佳状态。目前，中粮君顶酒庄已发展成以高端葡萄酒生产为核心，涵盖葡萄苗木研发和种植、葡萄酒酿制、葡萄酒文化推广、世界葡萄酒文化交流、葡萄酒主题休闲旅游、葡萄酒俱乐部及会所经营的产业集群。

中鹤集团通过全产业链经营脱颖而出。中鹤集团紧抓产业链两端——掌控粮源与终端渠道，通过产业链的延伸在粮食经营上形成了得天独厚的优势地位。为掌控粮源，中鹤集团在鹤壁及周边地区设立独资粮食收购网点 260 多个，建立长期代收客户资源 2000 多个，单日收购小麦、玉米能力在 10000 吨以上。为掌控终端渠道，中鹤投资参股"麦多超市"，依托集团密集的"粮、种、销、购"网络，运用超市终端零售功能，主攻中国三、四级市场。此外，中鹤集团还同河南工业大学联姻，坚持产研结合，在产品设计、定位、流程、包装等各个方面加大研发投入力度，掌握最新技术，提升核心竞争力。目前，中鹤集团拥有国内最完整的玉米、小麦、豆制品加工产业链，产业链各环节之间形成的优势互补显著节约了生产投入，实现了资源的再利用，完成了由单一型产业经济向综合型循环产业经济的转变，增强了企业的核心竞争力和可持续发展能力。

当前，企业的国际竞争已经从单纯产品层面的竞争转向产业链层面的竞争，企业的异质化需要积极探索产业链经营的新模式和新方法，从产品经营转向兼顾产业链经营转变，从流程管理转向兼顾价值链管理转变，确立基于全球产业链协同整合的产业链经营管理战略，把握技术变革和组织变革以及产业全球化带来的产业链重构机遇，提高在产业链中的地位和价值获取程度，增强核心竞争力的可持续性，实现从价格竞争型企业向核心竞争力型企业的转变，不断创造和保持企业的异质性。

（四）品牌国际化的实证分析

中国企业的品牌国际化经营起步较晚。近年来，少数有实力的中国企业率先实施品牌国际化经营。中国三九集团曾将"三九胃泰"的大幅广告挂在了纽约时代广场上，在纽约的一些出租车上也能看到"青岛啤酒"的广告。为推广其品牌，海尔公司不仅在美国南卡罗来纳州树立了大型广告牌，甚至把一条路冠名为"海尔路"，海尔将 DVD 同迈克尔·乔丹的影片一起在电视上播放，还耗资 1400 万美元从汇丰银行手中买下有 77 年历史的纽约市标志性建筑物，为海尔品牌在美国树立了最大的品牌宣传窗口。2008 年，阿里巴巴启动"援冬"计划，投入 3000 万美元到海外各大媒体做广告，在美国 CNBC、CNN 和 Fox 等电视台的黄金时段播出阿里巴巴品牌广告，在 Google、Yahoo、Facebook 等知名网站以及韩国、中国台湾、越南、马来西亚等地的主流新闻媒体及搜索网站宣传阿里巴巴品牌，提升品牌的国际影响力。美的在海外市场进行了大量品牌推广，如在意大利足球甲级联赛的赛场上树立广告牌，推动了美的在欧洲市场的影响力。目前，进行品牌国际化经营尝试的企业在中国仍属少数。

中国是制造大国还不是制造强国，主要原因之一就是缺乏一批世界品牌。目前，中国世界品牌数量依然较少。2005 年世界品牌实验室（WBL）公布的世界品牌 500 强的名单中，中国仅有 4 个品牌入选，海尔排名第 89 位，联想排名第 148 位，中央电视台排名第 341 位，长虹排名第 477 位。

世界品牌实验室是由 1999 年诺贝尔经济学奖得主蒙代尔教授（Robert
A. Mundell）担任主席的世界经理人资讯有限公司的全资附属机构，致力
于品牌评估、品牌案例、品牌培训、品牌定位、品牌管理、品牌推广等。
世界品牌实验室按照品牌影响力（Brand Influence）的三项关键指标：市
场占有率（Share of Market）、品牌忠诚度（Brand Loyalty）和全球领导力
（Global Leadership）对世界级品牌进行评分和排名。根据世界品牌实验室
公布的 2012 年《世界品牌 500 强》，在品牌入选最多的 10 个国家中，美国
有 231 个品牌入选，占世界品牌 500 强的 46.2%；法国有 44 个品牌入选，
占世界品牌 500 强的 8.8%；日本有 43 个品牌入选，占世界品牌 500 强的
8.6%；英国有 40 个品牌入选，占世界品牌 500 强的 8.0%；德国有 23 个
品牌入选，占世界品牌 500 强的 4.6%；中国有 23 个品牌入选，占世界品
牌 500 强的 4.6%；意大利有 21 个品牌入选，占世界品牌 500 强的 4.2%；
瑞士有 21 个品牌入选，占世界品牌 500 强的 4.2%；荷兰有 9 个品牌入选，
占世界品牌 500 强的 1.8%；瑞典有 8 个品牌入选，占世界品牌 500 强的
1.6%。中国的世界品牌数量近几年虽呈上升趋势，但与世界第二经济大
国和第二贸易大国的地位极不相称，亟待培育更多的世界品牌。

表 5-1　2012 年《世界品牌 500 强》品牌入选最多的 10 个国家及品牌数量

单位：个

名次	国家	入选数量			代表性品牌	趋势
		2012 年	2011 年	2010 年		
1	美国	231	239	237	哈佛大学、谷歌、可口可乐、微软、通用电气	下降
2	法国	44	43	47	路易威登、欧莱雅、香奈儿、爱玛仕、家乐福、达能	上升
3	日本	43	41	41	索尼、佳能、松下、花王	上升
4	英国	40	39	40	牛津大学、汇丰、维珍、渣打银行、芝华士	不变
5	德国	23	25	25	奔驰、宝马、阿迪达斯、西门子、汉莎航空	下降

续表

名次	国 家	入选数量			代表性品牌	趋 势
		2012 年	2011 年	2010 年		
5	中 国	23	21	21	中央电视台、中国移动通信、海尔、联想、华为、中国人寿	上升
7	意大利	21	14	14	古琦、普拉达、范思哲、菲亚特、法拉利	上升
7	瑞 士	21	21	17	劳力士、江诗丹顿、雀巢、瑞银、瑞信、诺华制药	不变
9	荷 兰	9	10	10	壳牌石油、飞利浦、喜力、天地快运、阿克苏诺贝尔	下降
10	瑞 典	8	8	8	诺贝尔奖、宜家、爱立信、沃尔沃、伊莱克斯、HM	不变

资料来源：世界品牌实验室，http：//www.worldbrandlab.com。

中国的世界品牌数量增长较快。近几年，部分有实力的企业实现了从"中国制造"到"中国名牌"的转变。根据世界品牌实验室发布的 2005 年和 2012 年世界品牌 500 强排名，中国世界品牌的数量由 2005 的 4 个迅速增加到 2012 年的 23 个。但是，在入选世界品牌 500 强的 23 个中国品牌中，19 家是国有企业——中央电视台、中国移动通信、中国工商银行、国家电网、中国建设银行、中国银行、中国人寿、中国石油、中国石化、长虹、中国联通、中国电信、中国国际航空、中国农业银行、人民日报、中国平安、中国中化、中信集团、中国建筑；其他 4 家企业品牌分别是联想、海尔、华为和青岛啤酒。联想、海尔、华为和青岛啤酒等民营企业的世界品牌建设为国内企业打造世界品牌树立了榜样。同时，入选世界品牌 500 强的中国企业的品牌年龄都不长，最长的是青岛啤酒，品牌年龄 109 年，最短的是国家电网和中国电信，品牌年龄仅有 10 年。

表 5 - 2　2012 年和 2005 年入选世界品牌的中国品牌年龄

单位：年

2012 年世界品牌 500 强			2005 年世界品牌 500 强		
名次	品牌名称	品牌年龄	名次	品牌名称	品牌年龄
46	中央电视台	54	341	中央电视台	47

2012 年世界品牌 500 强			2005 年世界品牌 500 强		
名次	品牌名称	品牌年龄	名次	品牌名称	品牌年龄
56	中国移动通信	12			
64	中国工商银行	28			
72	国家电网	10			
109	联想	28	148	联想	21
120	海尔	28	89	海尔	21
203	中国建设银行	58			
225	中国银行	100			
240	中国人寿	63			
248	华为	24			
266	中国石油	24			
274	中国石化	12			
302	长虹	54	477	长虹	47
322	中国联通	18			
325	中国电信	10			
331	中国国际航空	24			
362	中国农业银行	61			
368	青岛啤酒	109			
372	人民日报	64			
387	中国中化	62			
388	中国平安	24			
390	中信集团	33			
418	中国建筑	30			

资料来源：世界品牌实验室，http：//www.worldbrandlab.com。

由世界品牌实验室公布的 2012 年《世界品牌 500 强》上升最快的 10 个品牌中，中国没有品牌入选，美国是入选最多的国家，共有 7 个品牌入选。

表 5 - 3　2012 年《世界品牌 500 强》上升最快的 10 个品牌

单位:%，年

排名	上升幅度	品牌名称（英文）	品牌名称（中文）	品牌年龄	国家	行业
1	283	Ferrari	法拉利	83	意大利	汽车与零件
2	229	Wells Fargo	富国银行	160	美国	银行
3	168	The Home Depot	家得宝	34	美国	零售
4	151	Comcast	康卡斯特	49	美国	电信
4	151	Skype	斯盖普	9	卢森堡	互联网
6	135	Hyatt	凯悦	55	美国	酒店
7	132	Deloitte	德勤	163	美国	咨询
8	123	Burberry	巴宝莉	156	英国	奢侈品
9	119	Kimberly - Clark	金佰利	140	美国	纸制品
10	112	Delta	达美航空	84	美国	航空服务

资料来源：世界品牌实验室，http：//www. worldbrandlab.com。

表 5 - 4　2009 年《世界品牌 500 强》上升最快的 10 个品牌

名次	幅度（％）	2009 年排名	2008 年排名	2007 年排名	品牌名称	品牌年龄（年）	国家	行业
1	110	68	178	176	联合利华	80	英国	日化
2	107	91	198	174	中国工商银行	25	中国	银行
3	104	95	199	473	国家电网	7	中国	能源
4	92	400	492	491	香格里拉	38	新加坡	酒店
5	83	317	400	394	巴黎春天百货	144	法国	零售
6	80	252	332	417	中国中铁	59	中国	工程与建筑
7	52	98	150	148	Zara	34	西班牙	服装服饰
8	40	8	48	49	埃克森美孚	127	美国	石油
9	40	10	50		脸谱	5	美国	互联网
10	32	321	353	347	洲际酒店	63	英国	酒店

资料来源：世界品牌实验室，http：//www. worldbrandlab.com。

但是，由世界品牌实验室公布的 2009 年《世界品牌 500 强》上升最快的 10 个品牌中，中国有 3 个品牌入选，分别是中国工商银行、国家电网和中国中铁，是入选最多的国家。中国工商银行的排名由 2008 年的第 198 名上升到 2009 年的第 91 名，国家电网的排名由 2008 年的第 199 名上升到

2009 年的第 95 名，中国中铁的排名由 2008 年的第 332 名上升到 2009 年的第 252 名，上升幅度分别列第 2 位、第 3 位和第 6 位。

中国品牌发展迅速，但国际影响力依然不高。2013 年 6 月 26 日，世界品牌实验室发布了 2013 年（第十届）《中国 500 最具价值品牌》排行榜，在财务分析、消费者行为分析和品牌强度分析的基础上，评出了中国 500 最具价值品牌。2013 年是世界品牌实验室编制中国品牌榜的第十年，2004 年入选门槛仅为 5 亿元，前 500 名品牌的平均价值为 49.43 亿元；10 年以后的 2013 年，入选门槛已经提高到 15.36 亿元，而前 500 名品牌的平均价值高达 162.05 亿元；2004 年海尔品牌价值为 612.37 亿元，排名中国第一；2013 年以后，中国工商银行品牌价值为 2416.85 亿元，排名中国第一。10 年来，建材行业的入选企业从 23 个提高到 44 个，增幅最大；而化工行业的入选企业从 45 个减少到 18 个，降幅最大。占据榜单前五名的分别是中国工商银行（2416.85 亿元）、国家电网（2356.57 亿元）、中国移动通信（2279.45 亿元）、中央电视台（1682.37 亿元）、中国人寿（1558.76 亿元），从品牌价值角度分析，这些品牌已经迈进世界级品牌阵营。从本届《中国 500 最具价值品牌》地区分布来看，中国大陆有 28 个省市的品牌入选，加上香港和台湾共 30 个区域入选。其中，北京有 98 个入选，名列第一；广东和浙江分别有 85 个和 40 个品牌入选，位居第二和第三。根据入选品牌影响力范围大小，按照区域性、全国性和世界性对品牌进行划分。入选《中国 500 最具价值品牌》的榜单中，具有全国范围影响力的品牌有 450 个，占 90%；具有世界性影响力的品牌数为 34 个，占中国 500 最具价值品牌总数的 6.8%，比重依然较低；具有区域影响力的品牌 16 个。在 2013 年《中国 500 最具价值品牌》排行榜中，共有来自食品饮料、纺织服装、传媒、信息技术、家用电器、汽车、能源等在内的 27 个相关行业的品牌入选。其中，食品饮料业依然是入选品牌最多的行业，共有 75 个品牌入选，占入选品牌总数的 15%；纺织服装、传媒、建材行业并列第二，各有 44 个品牌上榜，占入选品牌总数的 8.8%。品牌价值在 2000 亿元以上的品牌共有 3 个；品牌价值在 1000 亿元以上的品牌共有

7 个；品牌价值在 600 亿~1000 亿元的品牌共有 22 个；品牌价值在 500 亿~600 亿元的品牌共有 8 个；品牌价值在 400 亿~500 亿元的品牌共有 3 个；品牌价值在 300 亿~400 亿元的品牌共有 7 个；品牌价值在 200 亿~300 亿元的品牌共有 42 个；品牌价值在 100 亿~200 亿元的品牌共有 92 个；品牌价值在 100 亿元以下的品牌共有 316 个。企业经营品牌化，特别是打造世界品牌是企业异质化的关键，只有拥有世界品牌才算是拥有全球影响力的异质企业。所以，只有拥有越来越多的世界品牌才能真正实现中国经济升级。

四　小结

企业异质化是一个动态的过程，产品差异化、规模扩大化、经营产业链化和品牌国际化是企业异质化的主要途径。产品差异化可以通过实施研发策略、价格策略、内涵策略和服务策略来实现，但不是所有的产品差异化策略都适合每个企业，企业在本行业中所处的地位决定了产品差异化策略的选择。企业规模扩大的途径主要有两种：内部扩张和外部扩张，通过内部扩张实现规模扩大化的过程比较缓慢，通过外部扩张实现规模扩大化的过程比较快，但也会带来较大的不确定性。经营产业链化是企业异质化的重要途径，有利于增强企业的异质性，可以通过加强研发，提升自主创新能力，掌控营销渠道，增强产品价格的控制力，开展服务型制造等方式来实现。经营产业链化具有阶段性特征，企业要根据自身实际情况量力而行，先行扩展到与自己业务相近的环节，再扩展到整个产业链的整合。企业品牌国际化的策略是多种多样的，企业必须根据自身的实际情况选择适合自己的策略才能有效地实现品牌国际化的目标，在企业不同发展阶段还应采取不同的异质化策略。

30 多年的改革开放推动了我国对外贸易的快速发展，给企业异质化既带来了机遇，同时也带来了挑战。货物贸易出口规模的不断扩大为企业异质化提供了市场基础，但货物贸易差额的不断扩大也为企业异质化带来了外部压力。服务贸易增长较快，但在对外贸易中的比重依然不高，服务贸易存在巨大的发展潜力，企业异质化存在巨大的发展空间。加工贸易在出口中占据较大比重，加工贸易企业的异质化相对困难。外商投资企业成为中国对外贸易的主体，但由于受控于母公司，其转变发展方式的动力相对较弱。内资企业必须加快企业异质化进程，推动企业升级。

我国的企业异质化仍处于初级阶段，需要不断摸索适合自己的模式。越来越多的出口企业开始追求产品差异化，并在实践中受益匪浅，但多数出口企业的产品差异性并不高，阻碍了企业异质化的进程。规模扩大化已成为部分企业异质化的重要手段，已有部分企业开始采用海外并购方式开拓国际市场，但海外并购成功的企业不多。多数中国企业实施经营产业链化的整体意识和具体战略并不清晰，对于产业链经营缺乏经验，只有部分企业开始尝试产业链经营。我国企业的品牌国际化经营起步较晚，自主品牌产品和服务出口的比重较低。

通过企业异质化的实证分析可以看出，多数企业是综合运用企业异质化的四种主要途径发展成异质企业的，产品差异化和规模扩大化是基础，经营产业链化和品牌国际化是关键。

第六章
异质企业与中国经济升级的案例分析

为了对企业异质化的路径选择有更深入了解，本章选取了 8 家典型异质企业进行案例分析，分析这些企业是如何成为异质企业的。

一 国外案例分析

（一）IBM：企业转型的典范

国际商业机器股份有限公司（International Business Machines Corporation，首字母缩略字：IBM）创立已 100 多年，其近 20 年的成功转型令人叹服。因为在这 20 年中，这家原 IT 设备制造商实现了迄今为止全球最成功的战略转型。2011 年，IBM 来自服务的收入已占到了 56%，来自软件的收入为 23%，来自硬件的收入下降至 21%。IBM 不仅实现了转型，而且借助这次巨大的成功，引领了全球企业的主流价值观——我们也要卖服务，并且引发了全球众多企业的跟进狂潮——我们也要转型。企业的转型之路与 F1 赛车的弯道大战颇为类似，胜者获得弯道超越的机会，败者则被淘汰出局。曾被称为 20 世纪 90 年代最成功的欧洲企业——诺基亚，近几年经营业绩持续下滑，2013 年，诺基亚的设备与服务部门被微软收购，被称为最令人失望的公司。而 20 世纪 90 年代初最令人失望的苹果公司，则在 21 世纪初成为最成功的美国公司。更引人关注的是 IBM 通过多次转型，构建起从软硬件产品到解决方案，再到实施和咨询服务的垂直整合能力，成为企业转型的典范。

IBM 是全球最大的信息技术和业务解决方案公司。1911 年，IBM 创立于美国，总部设在纽约州阿蒙克市，现拥有雇员 30 多万人，业务遍及 160 多个国家和地区。该公司创立时的主要业务为商用打字机，后转为文字处理机，再后来转到计算机及有关服务。目前，IBM 的主要业务部门包括：全球信息科技服务部、全球企业咨询服务部、软件集团、系统与科技部、全球融资部。软件产品包括 Information Management、Lotus、Rational、Tivoli、WebSphere 五大家族。2008 年，尽管国际金融危机爆发，但 IBM 的收益依然保持稳定上升，营业收入达到 1036 亿美元，实现创纪录的营收；税前利润 167 亿美元，实现创纪录的获利。作为企业界的常青树，IBM 对市场的深刻洞察和准确把握，使其在金融危机的大潮中一如既往的稳步发展。2011 年 9 月 30 日，IBM 的市值达到 2140 亿美元，一举超越微软成为全球市值第二高的科技企业。这是 15 年来 IBM 市值首超微软。

在百年历史中，IBM 经历了多次转型。最初，它是一家生产打孔卡、制表机、钟表、秤和奶酪切片机的制造企业。"二战"后美国经济的繁荣时期，IBM 转战大型计算机领域，推出了 System/360 大型计算机，成为大型机时代的标志。1981 年 8 月 12 日，IBM 发布了第一台 PC，从此进入了个人电脑领域。在 20 世纪 90 年代初期，大型计算机（System/360、z 系列）销售减少导致 IBM 陷入亏损困境；1993 年，郭士纳（Louis V. Gerstner，Jr.）担任董事长兼首席执行官，对组织结构与企业经营方向进行了巨大改革，全面向服务转型，以提供客户全套软硬件设计和全套解决方案为主要销售策略，重新振兴 IBM，让 IBM 营收获利均创新高。2003 年，彭明盛（Samuel Palmisano）成为 IBM 董事长兼首席执行官，对 IBM 进行了又一轮转型，实现了全球整合企业，并向高价值业务转移；2008 年底，彭明盛代表 IBM 提出了"智慧地球"愿景，开启了新一轮转型之路。从 2003～2009 年，IBM 的每股盈利连续以两位数字成长，2008 年 IBM 年度营收首度突破 1000 亿美元。

IBM 的成功在于不仅在企业低谷时期能够通过积极转型力挽狂澜，还在于在企业高速发展时期仍能坚持转型。IBM 多次成功转型造就了企业一流的国际竞争力，成为优秀的异质企业，其经验概括起来主要有以下几点。

一是坚持将自身业务转向价值链的更高环节。100 多年前 IBM 就明确指出，制造打卡机、打字机的目的不是销售出更多的产品，而是帮助用户提高商务处理效率。正因为如此，当电子计算机出现的时候，IBM 能够第一时间看到它的商业应用前景，引领行业进入计算机时代。但是在 20 世纪 90 年代，IBM 以各类电脑主机为主要产品的经营模式陷入困境。一方面，客户不再满足于传统的软硬件产品，导致核心市场的利润下滑，同时硬件及相关服务日趋商品化，市场份额遭到新竞争对手的不断蚕食。另一方面，IBM 面临着内部管理问题，对客户需求的认知不足以及组织僵化，导致其服务组合不能反映市场需求，同时服务合约的收入和利润不能满足预期。因此，IBM 遭遇了连续三年的亏损，总额高达 160 亿美元，并面临被拆分的危险。此时临危受命的 CEO 郭士纳敏锐地发现了一个契机，即面对市场上涌现的大量产品提供商，客户更期望整合，需要有人来帮助他们把单一功能的、分离的系统连接起来。IBM 的转型之路由此切入，变革的重点聚焦于将供给组合从单点式产品与服务向整合式、随需应变的方案进化，为客户提供更多的价值。IBM 在服务时代来临的前期，迅速跨越出计算机硬件业务的范围，成功地转向了软件和服务等价值链的更高环节。

二是高度重视研发为企业转型提供技术支撑。IBM 公司始终把研究开发作为公司的首要任务，将相当一部分利润用于研究开发，并设立追求所有可能性的基础部门。IBM 每年用于研发的经费约为 60 亿美元，IBM 的研发人员得过三次诺贝尔奖（1973、1986、1987），有"蓝色巨人"（Big Blue）之称。IBM 当前仍然保持着拥有全世界最多专利的企业地位。自 1993 年起，IBM 连续 20 年出现在全美专利注册排行榜的榜首位置。到 2002 年，IBM 的研发人员累计荣获专利 22358 项，这一纪录史无前例，远远超过 IT 界排名前 11 大美国企业所取得的专利总和，这 11 家 IT 强手包括：惠普、英特尔、Sun、微软、戴尔等。IBM 在 2012 年获得了 6478 项美国专利，刷新该公司的历史纪录。IBM 在材料、化学、物理等科学领域有很大造诣，发明了硬盘技术、扫描隧道显微镜、铜布线技术及原子蚀刻技术等。IBM 是计算机产业长期的领导者，在大型/小型机和便携机方面的成就最为瞩目，其创立的个人计算机标准，至今被不断地沿用和发展。IBM 在转型过程中，一直没有放弃自身比较有优势的软件产品和研发方面的投入，只是把亏损的和低附加值的业务进行了剥离，如 PC 业务。因此，IBM 通过向服务转型，构建起了从软硬件产品到解决方案，再到实施和咨询服务的垂直整合能力。

三是通过大胆的决策来推动企业转型。所有的企业转型都需要企业做出大胆的投资决策，否则由于新商业模式和新技术革命的出现，企业就会迅速被替代，在市场上彻底消失。20 世纪 60 年代，当时 IBM 在电子管计算机、小型数据处理计算机、集成电路计算机方面已经有所建树，但 IBM 很快意识到可编程的计算是未来的方向，投入巨资 50 亿美元进行 System/360 大型计算机的研制，并开创了繁荣的大型机时代。50 亿美元的投资在当时意味着，如果这个决策失误，IBM 就会因此而消失。除了自主研发，IBM 在向服务转型的道路上以 35 亿美元收购普华永道也是一次风险很高的重大投资。这次收购对 IBM 来说，不仅意味着巨大的资金投入，更重要的是，它涉及 IBM 的员工是否可以因此而创建更高的技能和价值，并融合到已有的行业经验和信息技术之中，改变当时的 IBM，继续向服务转型。因此，领导力建设成为 IBM 转型中的关键。在 20 世纪 90 年代 IBM 面临困境期间，时任董事长的郭士纳于 1996 年开发出领导力素质模型来支持 IBM 形成一种"高绩效文化"：企业的领导团队不只要做好日常工作，更要具备渴望成功的动力，拥有对事业的热情；企业的领导团队不只是要有计划，更要注重执行，注重实效；企业的领导团队不只是要自己赢，更要整个团队赢。正是这样一种领导力文化，帮助 IBM 摆脱困境，重新走上正轨。在 21 世纪初 IBM 高速发展时期，彭明盛提出持续转型，建立全球整合的企业，他进一步强调仅仅自己的部门成功还不够，还需要与其他部门合作成功。因此，2004 年在彭明盛的领导下，IBM 开发出一组新的领导力素质体系，其中特别强调企业不同部门之间跨组织协作，要求企业具备一种横向的思维。2008 年底，IBM 提出"智慧地球"愿景后，这个能力体系便从领导层扩展到每一个 IBM 员工。此时的 IBM 要求每个企业人员都应当具备"拥抱挑战、做客户的成功伙伴、全球协作、大局观和系统化思维、建立互信、以理服人、持续转型、注重沟通实效、帮助同事取得成功"的九项特质，达到自己的最佳状态，从而达到整个企业的最佳状态。

四是整合资源突出核心业务。为了配合公司战略目标的调整，IBM 通过兼并、分立、剥离等各种手段对 IBM 的业务进行了重新组合，从而突出 IBM 适应全球竞争环境变化的核心业务。为迅速提高服务业务的核心竞争力，IBM 不断完善其在软件和咨询方面的收购。典型案例就是对普华永道咨询部门的并购。2002 年，惠普公司因为财务状况未达预期，终止了对普华永道的收购，IBM 并购了普华永道，成立了全球企业咨询服务部，在 IBM 的发展中扮演着日益重要的角色，加速了 IBM 向服务转型。事实上，在收购普华永道以前，IBM 已经成立了服务咨询部门——商业创新服务部，不过，这一部门还存在很多不足。商业创新服务部最初的咨询项目大都围绕 IT 领域，与业务咨询相关的非常少，而从行业的角度看，IBM 当时的咨询服务并不全面，高度也不够。尽管如此，IBM 向服务转型的愿望却十分迫切，并已上升到了企业战略的层面。同时，作为咨询服务机构的普华永道，也希望企业业务能够从咨询向实施方面延伸。IBM 看重的是普华永道对行业的洞察，而普华永道则看上 IBM 强大的销售队伍，以及每年投资额高达 50 亿美元的研发团队。并购对 IBM 的益处显而易见，并购普华永道后，IBM 形成了比较完整的服务体系，纵向来看，包括高端咨询、ERP 咨询等；横向来看，则基本覆盖了各个行业，之后的 10 年，IBM 都是在这一框架基础上进行快速成长的。IBM 并购普华永道的成功源于两个方面。一方面，企业战略清晰。IBM 在并购普华永道之前就制定了向服务转型的战略，有非常清晰的企业战略和规划，有没有普华永道，IBM 都要在提供 IT 咨询服务同时提供业务方面的咨询服务，从而更好地帮助客户解决他们的问题。另一方面，并购战术包容。在双方的文化融合方面，IBM 体现出了包容性，在整合过程中，原来很多普华永道好的经验和方法，包括人员的培训、咨询技能提升等一直都沿用下来；而在业务流程的融合方面，IBM 也给了普华永道很大的自主权，让原普华永道的高层有更多参与的机会，共同形成 IBM 咨询业务的新业务模式。同时，不断剥离处于价值链低端环节的企业业务。IBM 为加速向管理服务公司转型，2004 年以 17.5 亿美元将其 PC 部门出售给联想公司，并持有联想公司股份。收购后，联想在五年内可以使用 IBM 的品牌，ThinkPad 和 ThinkCentre 品牌归联想集团所有，IBM 只会对 server 级的电脑进行维护。2013 年，IBM 以 5.05 亿美元将其低盈利的客户服务部门出售给 Synnex Corp，并持有 Synnex Corp 股份。

五是拥有以"沃森原则"为核心的企业文化。IBM 受人尊重的重要原因之一是能够在近百年的历史过程中，多次领导产业革命，尤其是在 IT 行业中，制定多项标准，并努力帮助客户成功。更为重要的原因在于，IBM 公司近百年的历史中，一直坚持遵守"沃森原则"。1914 年创办 IBM 公司时，托马斯·沃森为公司制定了"行为准则"，这些准则一直牢记在公司每位员工的心中，任何一个行动及政策都直接受到这些准则的影响。"沃森原则"对公司的成功所贡献的力量，比技术革新、市场销售技巧，或庞大财力所贡献的力量更大。第一条准则是必须尊重个人。在历史上，许多文化与宗教戒律也一再呼吁尊重个人的权利与尊严，虽然几乎每个人都同意这个观念，列入公司信条的却很少见，更难说遵循。当然 IBM 并不是唯一呼吁尊重个人权利与尊严的公司，但却没有几家公司能做得彻底。沃森家族都知道，公司最重要的资产不是金钱或其他东西，而是员工，自 IBM 公司创立以来，就一直推行此规则。每一个人都可以使公司变成不同的样子，所以每位员工都认为自己是公司的一分子，公司也试着去创造小型企业的气氛。自 IBM 公司创立以来，公司就有一套完备的人事运用传统，直到今天依然不变。拥有 30 多万员工的今日与只有数百员工的昔日完全一样，任何一位有能力的员工都有一份有意义的工作。对个人的高度尊重，造就了 IBM 基于人性底蕴之上的科技创造力，这使得 IBM 就像美国电影中的"阿甘"一样，因为"若愚"一般的专注而获得"聪明人"不可能获得的成功。第二条准则是必须尽可能给予顾客最好的服务。为尽可能给予顾客最好的服务，沃森早在20世纪初卖方市场条件下就推行企业必须全心全意为消费者服务这一观念。当时所有的董事都同时是公司的股东，都强调股东利益优先，往往通过自我操作来保持较高的股利，毫不顾及公司的长远利益和消费者的利益。沃森在极端孤立的情况下，力排众议，在董事会上坚持必须把消费者利益摆在第一位，并特别强调：每一项开发成果，无论是小型开发项目还是大型开发项目，都必须先交使用者使用并听取评估意见后，才允许实用化。沃森要使IBM的服务成为全球第一，不仅是在他自己的公司，而且要使每一个销售IBM产品的公司也遵循这一原则，要使IBM成为一个"顾客至上"的公司，也就是IBM的任何一举一动都以顾客需要为前提。因此，IBM对员工所做的"工作说明"中特别提到要对顾客、未来可能的顾客都要提供最佳的服务。在"沃森原则"的基础上，IBM还确立了"服务用户、方便用户、以用户为导向"的服务宗旨，建立了360度客户服务的理念，彻底改善了公司与顾客之间的互动关系。第三条准则是必须追求优异的工作表现。对任何事物都以追求最理想的观念去做，无论是产品或服务都要永远保持完美无缺，当然完美无缺是永远不可能达到的，但是目标不能放低，否则整个计划都受到影响。公司设立一些满足工作要求的指数，定期抽样检查市场以保证服务的品质。从公司挑选员工开始就注重优异的准则，IBM坚持从全国最好的大学挑选最优秀的学生，并让他们接受公司的密集训练课程。同时，IBM是一个具有高度竞争环境的公司，在IBM公司里，员工竞相争取工作成绩，又不断地强调教育的重要，因此每个人都努力争上游。IBM公司在会议中、内部刊物中、备忘录中、集会中所规定的事项，或在私人谈话中都可以发现"沃森原则"贯彻在其中。如果IBM公司的主管人员不能在其言行中身体力行，那么这一堆信念都成了空口说白话。主管人员需要勤于力行，才能有所成效。全体员工都知道，不仅是公司的成功，即使是个人的成功，也一样都是取决于员工对"沃森原则"的遵循。若要全体员工一致对你产生信任，是需要很长的时间才能做到的，但是一旦你能做到这一点，你所经营的企业在任何一方面都将受益无穷。正如沃森所言：对任何一个公司而言，若要生存并获得成功的话，必须有一套健全的原则，可供全体员工遵循，但最重要的是大家要对此原则产生信心。由于 IBM 有这三条基本原则作为基石，业务的成功是必然的。

从发明 PC 到改变整个 IT 行业的运作模式，再到转变为一个服务型制造企业，IBM 这个企业界的王者，常常让人忘记它已有百岁高龄，原因很简单，对转型的着迷使得它似乎一直在发生蜕变，并不知疲倦，从而走在时代的前列。捕捉新的机遇，进行有效的创新活动，持续不断的转型，才是企业长久的生存之道。

（二）沃尔玛：供应链管理的先驱

沃尔玛百货有限公司（Wal - Mart Stores, Inc.）的成功，既可以说是优秀的商业模式与先进的信息技术应用的有机结合，也可以说是沃尔玛对自身的商业零售企业身份的超越，但更重要的是拥有一整套先进、高效供应链管理系统。沃尔玛在全球各地的配送中心、连锁店、仓储库房和货物运输车辆以及合作伙伴（如供应商等）都被这一系统集中、有效地管理和优化，形成了一个灵活、高效的产品生产、配送和销售网络。沃尔玛是一家美国的跨国零售企业，总部设在阿肯色州本顿维尔，1962 年由山姆·沃尔顿创立。经过 40 多年发展，沃尔玛公司已经成为美国最大的私人雇主、世界上最大的连锁零售企业、全球第二大公司（以 2012 年营业额计算），在全球 27 个国家开设了超过 10000 家商场，下设 69 个品牌，全球员工总数 220 多万人，每周光临沃尔玛的顾客 2 亿人次。沃尔玛主要有沃尔玛购物广场、山姆会员店、沃尔玛商店、沃尔玛社区店等四种营业态。目前沃尔玛仍然是一个家族企业，其控股人为沃尔顿家族，拥有沃尔玛 48% 的股权。

沃尔玛取得的辉煌成功主要归因于其优秀的供应链管理模式。沃尔玛依靠先进的技术手段和基础设施投入，建立了庞大的全球商品采购系统，并以此为基础，通过供应链管理战略，将上游供应商、零售门店和后方物流配送等协调一致，使商品采购、门店运营和物流配送等关键环节得到有效控制和管理，在为顾客提供优质产品的同时，实现了"天天低价"的承诺。

让顾客满意是沃尔玛供应链管理的首要目标。顾客满意是保证未来成功与成长的最好投资，这是沃尔玛数十年如一日坚持的经营理念。沃尔玛坚信"顾客第一"是其成功的供应链管理的精髓。沃尔玛的创始人山姆·沃尔顿曾说过："我们的老板只有一个，那就是我们的顾客。是他付给我们每月的薪水，只有他有权解雇上至董事长的每一个人。道理很简单，只要他改变一下购物习惯，换到别家商店买东西就是了。"沃尔玛的营业场所总是醒目地写着其经营信条："第一条：顾客永远是对的；第二条：如有疑问，请参照第一条"。沃尔玛一贯重视营造良好的购物环境，经常在商店开展种类丰富且形式多样的促销活动。沃尔玛毫不犹豫的退款政策，确保每个顾客都会永无后顾之忧。沃尔玛有四条退货准则：（1）如果顾客没有收据——微笑，给顾客退货或退款；（2）如果你拿不准沃尔玛是否出售这样的商品——微笑，给顾客退货或退款；（3）如果商品售出超过一个月——微笑，给顾客退货或退款；（4）如果你怀疑商品曾被不恰当地使用过——微笑，给顾客退货或退款。另外，沃尔玛还从顾客需求出发提供多项服务以方便顾客购物，如免费停车、免费咨询、送货服务等。沃尔玛为顾客提供"高品质服务"和"无条件退款"的承诺绝非一句漂亮的口号。在美国只要是从沃尔玛购买的商品，不需要任何理由，甚至没有收据，沃尔玛都无条件受理退款。沃尔玛每周都有对顾客期望和反映的调查，管理人员根据计算机系统收集信息，以及通过直接调查收集到的顾客期望即时更新商品的组合信息，组织采购，改进商品陈列摆放，营造舒适的购物环境。沃尔玛对顾客需求的管理，更多地体现在"天天低价"的经营理念上，通过更多地让利于顾客，获得顾客的青睐。同时，沃尔玛想尽一切办法从进货渠道、分销方式、营销费用、行政开支等一切办法节省资金，把利润让给顾客，从而成功地锁定了顾客群体。此外，沃尔玛努力整合店面与网络之间的关系，积极提供新服务。例如，顾客可以在网上实时查询店内商品是否有库存；顾客可以在 Walmart. com 上订购轮胎，然后到当地的沃尔玛商店去安装；顾客可以从网上订购医药类商品，然后到当地的实体店取货；顾客可以把照片放在店里，然后通过上网查看最终的版本，并通过电子邮件发给朋友。如果顾客对网购的商品不满意，可以到当地的实体店退换。沃尔玛还推出"今日到达"的项目，即允许顾客在网上订货，并选择由快递送上门，或到指定的门店提货。2009 年，沃尔玛与联邦快递进行合作，在洛杉矶和波士顿地区推出了新服务，即顾客在网上下订单，沃尔玛可以将商品免费配送到顾客所在地的联邦快递公司网点，这种服务弥补了有些地方没有实体店或实体店稀疏带来的不足。

与供应商建立良好的伙伴关系是供应链管理的基础。供应商是沃尔玛唇齿相依的战略伙伴，沃尔玛通过多种渠道与之建立良好的伙伴关系。一是与供应商建立产销联盟。早在 20 世纪 80 年代，沃尔玛就采取了一项政策，要求从交易中排除制造商的销售代理，直接向供应商订货，同时将采购价格降低 2% ~6%，大约相当于销售代理的佣金数额。沃尔玛的做法起初导致和供应商关系紧张，后来随着技术革新提供了更多督促制造商降低成本、削减价格的手段，供应商开始全面改善与沃尔玛的关系。经过长期的实践和改进，沃尔玛与大多数供应商建立了联盟关系，即通过签订长期采购合同，大大地降低了流通费用和相应的成本。同时，它还要求生产商为其生产自有品牌商品，使各店铺内具有更多的廉价商品，让顾客获得实惠。二是指导和参与供应商的生产。沃尔玛不仅等待供应商供货、组织配送，而且通过建立的联盟，与供应商形成联动关系，辅助供应商降低产品成本、提高收益率，如对生产场所、存货控制、劳动力成本及管理工作进行质询和记录，促使其进行流程再造，使他们同沃尔玛一起致力于降低产品成本。沃尔玛还直接参与到供应商的生产计划中去，与供应商共同商讨和制订产品计划、供货周期，甚至帮助供应商进行新产品研发和质量控制。这就意味着沃尔玛总是能够最早得到市场上最希望看到的商品，当别的零售商正在等待供货商的产品目录或者商谈合同时，沃尔玛的货架上已经开始热销这款产品了。三是为供应商提供商品展示空间。沃尔玛与供应商努力建立关系的另一做法是给供应商在店内安排适当的空间进行商品展示，有时还在店内安排供应商自行设计布置自己商品的展示区，以在店内营造更具吸引力和更专业化的购物环境。四是沃尔玛把零售店商品的进货和库存管理职能转移给供应商（生产厂家），由生产厂家对沃尔玛的流通库存进行管理和控制。即采用生产厂家管理的库存方式（Vendor Managed Inventory，VMI）。在流通中心保管的商品所有权属于供应商。供应方对POS信息和ASN［抽象语法标记（Abstract Syntax Notation One）］信息进行分析，把握商品的销售和沃尔玛的库存方向。在此基础上，决定什么时间、把什么类型商品、以什么方式、向什么店铺发货。发货的信息预先以ASN形式传送给沃尔玛，以多频度小数量进行连续库存补充，即采用连续补充库存方式（Continuous Replenishment Program，CRP）。由于采用VMI和CRP，供应商不仅能减少本企业的库存，还能减少沃尔玛的库存，实现整个供应链的库存水平最小化。另外，对沃尔玛来说，省去了商品进货的业务，节约了成本，同时能集中精力于销售活动。并且，事先能得知供应方的商品促销计划和商品生产计划，能够以较低的价格进货。这些为沃尔玛进行价格竞争提供了条件。五是为供应商提供信息沟通系统。沃尔玛还有一个非常好的系统，可以使得供应商直接进入沃尔玛的系统，叫做零售链接。任何一个供应商都可以进入这个系统中来了解他们的产品卖得怎么样，他们可以知道每种商品卖了多少，而且可以在24小时之内就看到更新数据。供应商还可以在沃尔玛公司的每一个店中，及时了解有关情况。沃尔玛不但与供应商建立了长期稳定的合作伙伴关系，还创造了零售商与生产商新型合作关系，而且将这种关系进一步深化，使生产和销售相互渗透融合，取得了双赢的效果，并逐步形成销售商对供应商进行控制的产销新格局。

灵活高效的物流配送系统是供应链管理的前提。沃尔玛的前任总裁格拉斯曾说过；"配送设施是沃尔玛成功的关键之一，如果说我们有什么比别人干得好的话，那就是配送中心。"沃尔玛第一间配送中心建立于1970

年，占地 6000 平方米，负责供货给 4 个州的 32 个商场，集中处理公司所销售商品的 40%。在整个物流过程中，配送中心起中枢作用，将供应商向其提供的产品运往各商场。从工厂到上架，实行"无缝链接"，平滑过渡。供应商只需将产品提供给配送中心，无须自己向各商场分发。这样，沃尔玛的运输、配送以及对于订单与购买的处理等所有过程，都是一个完整网络中的一部分，可以显著降低成本。同时，为节省成本，沃尔玛的物流配送中心一般设立在 100 多家零售店的中央位置，基本上是以 320 公里为一个商圈建立一个配送中心，这使得一个配送中心可以满足 100 多个周边城市的销售网点的需求，运输半径既比较短又比较均匀。随着公司的不断发展壮大，配送中心的数量也不断增加。沃尔玛完整的物流系统不仅包括配送中心，还有更为复杂的资料输入采购系统、自动补货系统等。目前，沃尔玛拥有一整套先进、高效的供应链管理系统。在全球各地的配送中心、连锁店、仓储库房和货物运输车辆以及合作伙伴都被这一系统集中、有效地管理和优化，形成了一个灵活、高效的产品生产、配送和销售网络。为保障供应链的协调运行，沃尔玛投资 4 亿美元发射了一颗商用卫星，实现了全球联网。沃尔玛在全球的门店通过全球网络可在 1 小时之内对每种商品的库存、上架、销售量全部盘点一遍。此外，沃尔玛可以保证商品从配送中心运到任何一家商店的时间不超过 48 小时，沃尔玛的分店货架平均一周可以补货两次，而其他同业商店平均两周才能补一次货；通过维持尽量少的存货，沃尔玛既节省了存贮空间又降低了库存成本。灵活高效的物流配送系统使沃尔玛在激烈的零售业竞争中技高一筹。

物流信息技术的广泛应用是供应链管理的重要保障。沃尔玛之所以成功，很大程度上是因为它提前将尖端科技和物流系统进行了巧妙搭配，在物流运营过程中尽可能降低成本，把节省后的成本让利于消费者。首先，早在 20 世纪 70 年代，沃尔玛就开始使用计算机进行供应链管理，在配送中心计算机掌管着一切。当商品储存进配送中心的时候，计算机都会把他们的方位和数量一一记录下来；一旦商店提出要货计划，计算机就会查找出这些货物的存放位置，并打印出印有商店代号的标签，以供贴到商品上。整包装的商品将被直接送上传送带，零散的商品由工作人员取出后，也会被送上传送带。商品在长达几公里的传送带上进进出出，通过激光辨别上面的条形码，把他们送到该送的地方去，传送带上一天输出的货物可达20万箱。其次，在20世纪80年代，沃尔玛开始使用自有通信卫星，截至20世纪90年代初，沃尔玛在电脑和卫星通信系统上已经投资了7亿美元，大大提高了供应链管理的效率。沃尔玛的电子信息通信系统是全美最大的民用系统，甚至超过了电信业巨头美国电报电话公司。最后，20世纪90年代，沃尔玛采用了全球领先的卫星定位系统（GPS），控制公司的物流，提高配送效率，以速度和质量赢得用户的满意度和忠诚度。沃尔玛的运输卡车全部安装了卫星定位系统，每辆车在什么位置、装载什么货物、目的地是什么地方，总部都一目了然。因此，在任何时候，调度中心都可以知道这些车辆在什么地方，离商店还有多远，他们也可以了解到某个商品运输到了什么地方，还有多少时间才能运输到商店。此外，进入21世纪沃尔玛开始采用射频标识技术（RFID）。射频标识技术是一种非接触式的自动识别技术，它通过射频信号自动识别目标对象并获取相关数据，识别工作无须人工干预，可在各种恶劣环境中工作。2004年，沃尔玛公司要求其前100家供应商，在2005年1月之前向其配送中心发送货盘和包装箱时使用无线射频识别技术，2006年1月前在单件商品中投入使用。通过广泛应用射频标识技术，沃尔玛每年可节省几十亿美元。经济学家斯通博士在对美国零售企业的研究中发现，在美国的三大零售企业中，商品物流成本占销售额的比例在沃尔玛是1.3%，在希尔斯为5%，在凯马特则是8.75%。如果年销售额都按照250亿美元计算，沃尔玛的物流成本要比希尔斯少4.25亿美元，比凯马特少18.625亿美元，其差额大得惊人。

沃尔玛供应链管理模式的特色在于其跨越了企业内部管理和与外界沟通的范畴，不只是充当厂商和消费者的桥梁，而是形成了以自身为链主并连接供应商与顾客的全球供应链管理系统，更多地参与和控制生产，为顾客提供一流的销售服务。总之，供应链管理是沃尔玛成功的基石。

（三）苹果公司：企业持续创新的楷模

乔布斯有句经典名言：领袖和跟风者的区别就在于是否创新。从苹果公司的发展历程来看，每一次飞跃都是创新带动的。苹果公司通过推出苹果电脑（Apple II），在 20 世纪 70 年代引发了个人电脑革命；通过推出麦金托什电脑（Macintosh）在 20 世纪 80 年代彻底改造了个人计算机；进入 21 世纪，通过推出用于播放、编码和转换 MP3 文件的工具软件 iTunes，改变了流行音乐世界，通过推出 iPod 以及用于将 MP3 文件从 Mac 上传输到 iPod 上的工具软件 iTunes2 引领了音乐播放器的革命，通过推出 iPhone 手机改变了智能手机市场的格局，通过推出 iPad 让平板电脑成为一种潮流，并极有可能改变 PC 行业的未来发展。2010 年，苹果公司以 2213.6 亿美元的市值，一举超越了微软公司，成为全球最具价值的科技公司。苹果公司用持续的创新证明了，在 IT 行业中，不断地创新是企业生存的根本，不断地推陈出新满足并创造消费者不断变化的需求，才能够最大化地赢得消费者的尊重，赢得市场，否则企业必将会在瞬息万变的市场上遭遇挫败。

苹果公司的前身是苹果电脑公司，2007 年 1 月 9 日更名为苹果公司。苹果电脑公司由乔布斯、斯蒂夫·沃兹尼亚克和 RonWayn 在 1976 年 4 月 1 日创立，总部位于美国加利福尼亚丘珀蒂诺市。1978 年，苹果公司准备股票上市，施乐公司预购了苹果公司 100 万美元的股票，并允许苹果公司工程师们研究早已被施乐视为垃圾的 PARC 操作系统的图形界面。但苹果公司的工程师化腐朽为神奇，将图形界面带进了一个崭新的时空。通过其创意性的硬件、软件和 Internet 技术及设备，苹果公司将最佳的计算机使用体验带给全世界的学生、教育工作者、创意专家及普通消费者。

苹果公司充满了创新的基因，从传统的 PC 电脑，到超薄的笔记本电脑，再到无线互联的平板电脑，还有革命性的触屏 iPhone 系列手机，苹果公司的每一步，都是以创新作为使命来完成的。从苹果公司身上我们可以看到，产品创新、营销创新和渠道创新是企业永恒发展的持续动力，也是企业能够告别成长中失败宿命的关键。

突破式的产品和技术创新。苹果公司最早是以电脑公司发家的，但在其后的发展过程中，不断推出的创新产品才是让苹果公司屹立不倒的重要原因。在微软 Windows 操作系统和 Intel 处理器垄断市场的时候，后来者苹果没有自甘模仿，而是推出了独立开发的 MACOSX 操作系统和 PowerPC 处理器，赢得了大批设计人员的青睐，成为设计师必备的专用武器。其后在视听领域，苹果推出了 iPod 数位音乐随身听，这一划时代的产品吸引了众多音乐爱好者，让苹果公司独占市场的顶端。后来推出的 iPad 成为移动互联时代一个革命性的产品，不仅让有线的电脑无线化，而且产品从人性出发，汇集了办公、游戏、娱乐等众多功能。再后来发明的 iPhone 不仅彻底颠覆了传统手机行业的思维，也创造了手机操作新模式，通过在产品、性能、操作系统、渠道和服务方面的差异化定位，2011 年 2 月，苹果公司打破诺基亚连续 15 年销售量第一的垄断地位，成为全球第一大手机生产厂商。从 iPod、iMac、iPhone 到 iPad，苹果公司不断地推陈出新，引领潮流，最终使苹果公司从最初单一的电脑公司逐步转型成为高端电子消费品和服务企业。同时，苹果公司致力于用户体验至上。乔布斯的理念是，苹果公司的产品是个人工具，帮助个人解决问题。苹果公司没有选择机构或企业作为其客户，而是以个人作为目标客户。事实上，苹果公司从未成功地推出过面向企业的产品，这使得苹果公司专注于个人用户的体验。从某种意义上讲，苹果公司的成功来自对人们如何使用电脑设备的透彻理解，以及开发"酷毙了的产品"的高度承诺。从消费者角度而言，用户体验至上意味着既要充分考虑顾客的需求，又要考虑顾客的承受能力。苹果公司早期的产品，如 1983 年推出的丽萨（Lisa）电脑，是世界上首款采用图形用户界面和鼠标的个人电脑（远远早于微软公司 Windows 系统的出现）。虽然丽萨电脑在技术上全面领先 IBM 兼容机，用户不必用键盘敲入命令，还可以同时运行几个程序，但由于其与 IBM 兼容机不兼容，甚至不兼容苹果 II，且售价高达 1 万美元，所以苹果公司很快就放弃了该产品。从 iPod 到 iPod Touch，从 iPhone 到 iPhone 4，从 iPad 到 iPad2，苹果公司每一次产品升级，都大大提升了消费者的用户体验。在上一代 iPod Touch、 iPhone、iPad 还在热销之际，苹果公司却在不断研发并连续推出新一代产品。作为一个高科技公司，苹果公司始终坚持不变的是产品创新。作为一个电子消费品企业，苹果公司始终坚持不变的是满足消费者的体验需求，不断推出能更好满足消费者体验的产品。苹果公司非常注重创新型人才的培养。为了激励公司员工大胆创新，苹果公司创立了"苹果公司研究员计划"（Apple Fellows Program）。"苹果公司研究员"是苹果公司给予电子科学家的最高荣誉，授予那些为苹果公司做出杰出贡献的员工，这同时也意味着高额的薪酬和大量的股票期权。而且，"苹果公司研究员"拥有自由做事的权利，这就好像哈佛大学的教授一样，可以做任何感兴趣的事情。苹果公司优秀的人才成为其核心竞争力，使苹果公司的产品在设计上远远超越于其竞争对手。苹果公司的创新是非传统上的技术创新，是以用户为导向的艺术创新和独特商业模式的有机统一。就是凭借这种创新，2006～2009 年，苹果公司只用了 46 亿美元的技术研发费用就打败了微软 310 亿美元的研发投入，连续三年被《商业周刊》评为"全球最具创新能力的公司"。从开创了桌面出版时代的 Laserwriter 激光打印机到首次拥有手写笔桌面和字体识别软件的牛顿 MessagePad；从第一款配置触控板的笔记本 Powerbook520 到当时世界上运行速度最快的笔记本 PowerbookG3；从无论是外部设计还是内部配置都引发一场革命的 iMac 到堪称从新发明了电话的 iPhone，正是因为苹果公司在产品上的不断创新，它才有了更大的竞争力，并最后赢得了整个市场。苹果公司从来没有像微软或者施乐公司那样创造出一项全新的技术，它之所以能成功很大一部分是因为它懂得整合其他公司创造出来的先进技术并把它用于实践，生产出领先时代的产品并获得巨大利益。

透明的供应链创新。苹果公司的成功除了产品品质和独特的营销模式外，缔造苹果神话的另一核心要素就是苹果供应链。一部 iPhone 手机包含约 500 个元器件，由上游 200 余家供应商提供。与其他厂商"只要交给我符合要求的元器件即可"的思路不同，苹果公司在管理供应商的过程中遵循一个原则，不允许供应商对它产生任何"黑盒"，苹果公司必须完全控制手机生产的每道环节，在苹果公司看来，所有元器件对它而言，必须是"白盒"，苹果公司要了解每一个元器件的来源、研发、生产、测试等过程。正是供应链的强化，使得苹果公司能够成功获得最低的制造成本。

高度聚焦的商业模式创新。苹果公司产品在电子产品市场上取得卓越成绩，不仅因为其独特的设计，更因为其互动型的销售模式，让消费者真正地接触苹果公司产品奇迹般的效果，体验式的消费成为苹果公司最成功的战略之一。2001年，在整个PC产业都努力向戴尔电脑学习网络直销时，苹果公司却与之逆行，选择了在全美开设如设计师工作室风格的专卖店模式。苹果专卖店打造了用户直接体验苹果公司产品的美妙环境，顾客可以任意摆弄放在桌上的苹果公司产品，自由地享受它给生活带来的美妙与便利。另外，在苹果零售店内还有独树一帜的天才吧（Genius Bar），这里的工作人员对苹果公司所有的产品了如指掌，他们负责从查找故障到着手维修的一切事务。这样的温馨服务，给予了消费者一个互动式的体验过程，也更加深了消费者对苹果公司产品的满意度。最初苹果公司通过"iPod + iTunes"的组合开创了一个新的商业模式，将硬件、软件和服务融为一体。在"iPod + iTunes"模式的成功中，苹果公司看到了基于终端的内容服务市场的巨大潜力。在其整体战略上，也已经开始了从纯粹的消费电子产品生产商向以终端为基础的综合性内容服务提供商的转变。此后，推出APP Store是苹果公司战略转型的重要举措之一。"iPhone + APP Store"的商业模式创新适应了手机用户对个性化软件的需求，让手机软件业务开始进入一个高速发展空间。与此同时，苹果公司的APP Store是对所有开发者开放的，任何有想法的APP都可以在Apple Store上销售，销售收入与苹果公司七三分成，除此之外没有任何的费用。这极大地调动了第三方开发者的积极性，同时也丰富了iPhone的用户体验。这才是一种良性竞争：不断拓展企业的经营领域和整个价值链范围，使得市场中的每个玩家都能获益。在乔布斯时代，苹果公司的商业策略是以打造极致用户体验为核心，加之营销策略的辅助，带给用户冲击，形成苹果公司品牌效应，刺激消费；而后乔布斯时代，苹果公司从产品体验为核心转向加强产业链主导地位的生态系统，占据产业链的话语权，而产品创新能力却降低了。但是，创新能力的降低从另一个侧面说明，这正是苹果公司的策略，即进一步创造一种对"创新"的饥饿感。苹果公司正是运用所谓的"饥饿营销"法有意调低产量，以期调控供求关系、制造供不应求"假象"、维持商品较高售价和利润率，达到维护品牌形象、提高产品附加值的目的。苹果公司总会不断地爆出最新硬件变动、软件更新和各种花边新闻。包括CCTV的《新闻联播》在内，世界绝大多数的媒体都志愿帮苹果公司做营销宣传，每一款苹果产品都能够成为各界媒体关注的焦点。实际上，苹果公司一直通过一些巧妙的方式，培养其粉丝的宗教热情，包括神秘感以及暗示用户是被选定的人，更重要的可能还在于苹果公司对于符号化信息的钟爱。想想iPod的白色耳机、Mac的开机声音以及MacBook那与众不同的后盖吧，苹果公司深知这种持续性感知暗示的力量，并且不遗余力地将所有能够增强用户记忆的做法都用于品牌宣传。这种思路也延伸到了苹果公司重大产品的发布会上。通常，在苹果产品正式发布前的几个月，甚至几年前，有关消息就绘声绘色地"走漏"出来。真正的发布日更会精心设计，就像检阅军队一样隆重。苹果公司深知要抓住媒体与消费者的心，除了"用心"，别无他途，唯有用心，才能留下心的印迹。

偏执的创新文化。创新是苹果公司企业文化的灵魂。在苹果公司联合创始人乔布斯看来，历史上没有一个大公司曾成功地持续创新，而长盛不衰的关键正是完全地、纯粹地创新。这种想法使得乔布斯始终把创新放在第一位。个人主义至上是创立之初的苹果公司激发员工创造力的重要法宝。苹果公司鼓励个人主义，个人主义可以创造差异，苹果公司倾向于雇用那些有思想、懂得自我激励的人。在乔布斯的领导下，苹果公司在成立之初就形成了一种充满活力和创造力的企业文化。在苹果公司，员工之间的竞争是平等的，不存在等级制度，也没有官僚作风，员工可以做自己想做的任何事，提自己想提的建议。在这种自由的气氛中，员工的创意得到了激发，伟大的产品也诞生于此。苹果的文化鼓励努力工作，强调个人成就。这种文化使得苹果公司开发出令人不可思议的产品，如苹果Ⅱ型电脑成为计算机行业的领导者，其市场份额在 1980 年底达到 25%。反主流文化是苹果企业文化的另一个重要元素。员工坚信，苹果公司的动力来自他们，管理层的角色是为他们创造能够激发他们创造力的、最佳的工作环境。无疑，苹果公司的这种文化与那些有着悠久历史的大公司有明显的不同。在苹果公司，创新想法可能来自员工在走廊上不期而遇的随意交谈，或者员工夜里 10 点半互相打电话讨论刚刚想出来的好的创意，或者是某个人产生了一个前所未有的好主意而临时召集的六人会议。值得一提的是，1988 年，时任 CEO 斯卡利在重组苹果公司的过程中，专门成立了一个高技术小组（Advanced Technologies Group，ATG），其使命是探索革命性的创意和高风险技术，以保持苹果公司的技术优势。更为重要的是，在苹果公司的历史上，似乎从未有过克隆其他公司产品的历史。从苹果 II 开始，到乔布斯重返苹果公司的十几年时间，苹果公司在计算机领域创造了许多第一，其中，苹果 II 和麦金托什机对计算机行业产生了革命性的影响。在乔布斯离开的 12 年间，苹果公司虽遭遇数次危机，导致 3 次变更 CEO，但从未停止创新。重回苹果公司后的乔布斯采取的第一步骤就是削减苹果公司的产品线，把正在开发的 15 种产品缩减到 4 种，而且裁掉一部分人员，节省了营运费用。之后，苹果公司远离那些用低端产品满足市场份额的要求，也不向公司不能占据领导地位的临近市场扩张。每当有重要产品即将宣告完成时，苹果公司都会退回最本源的思考，并要求将产品推倒重来。以至于有人认为这是一种病态的品质、完美主义控制狂的标志。波士顿咨询服务公司共调查了全球各行业的 940 名高管，其中有 25% 的人认为苹果公司是全球最具创新精神的企业。在苹果公司，员工遇到任何事情都会问：它对用户来讲是不是很方便？它对用户来讲是不是很棒？每个人都在大谈特谈"用户至上"的理念。同时，苹果公司强调另类思考。1997 年，乔布斯专门创意了"Think Different"（另类思考）的广告语，一方面让消费者重新认识苹果公司，更重要的是激发公司员工的创新动力。对乔布斯和他的开发团队的骨干而言，其设计的电脑应该既能帮助顾客完成工作，又让顾客喜欢使用电脑。他们认为，对潜在的电脑使用者而言，如果他们能掌握复杂的电脑就愿意花钱，苹果电脑的设计就是要让他们喜欢上电脑，用户应该能够看到苹果电脑给他们带来的好处，也乐意享用这些好处。简化是苹果公司产品设计流程里最重要的一步，只有明显地简化电脑的复杂程度，才能使顾客相信电脑是有用的。因此，在设计阶段需要创造和创新，在工程技术上同样需要创造和创新。在这种理念的指导下，用户往往只需要按一个键，就可以完成其想要实现的功能，例如，iPod、iPhone、iPad 的操作都极为简单，以致销售的产品中不附带产品说明书。创新文化，使得苹果公司几乎每年都有新的产品问世。苹果公司推出的几乎每一款产品，都带给客户最新的体验，引领着时代的潮流。即便在经营最困难的时候，苹果公司也不曾改变创新；即便在产品非常畅销的时候，苹果公司也依然推陈出新。对创新的热爱，以至于偏执，是苹果公司能够坚持到今天的一个关键因素。

任何行业都摆脱不了没落的宿命，曾经伟大的摩托罗拉、柯达就是例证。苹果公司摆脱宿命的法宝就是在竞争中不断否定自己，保持特立独行的自由思想风格，不断创新，不断研究消费者心理，让消费者持续饥渴进而为消费者持续服务。同时，随着三星等一些企业的崛起，苹果公司被追赶并超过的迹象也逐渐显现。而市场上的挑战者并不仅仅三星一家，诺基亚、索尼等在内的众多传统手机巨头也都觊觎重新瓜分智能手机市场的机会。来自竞争对手的压力已让苹果公司不得不引起重视并进而求变。苹果公司能否传承乔布斯专注创新的衣钵，能否延续辉煌，无疑是决定公司未来成败的关键。

二 国内案例分析

(一) 华为：产品创新的笃行者

华为技术有限公司 1987 年在中国深圳正式注册成立，是一家生产销售通信设备的民营通信科技公司，产品主要涉及通信网络中的交换网络、传输网络、无线及有线固定接入网络、数据通信网络和无线终端产品，为世界各地通信运营商及专业网络拥有者提供硬件设备、软件、服务和解决方案。华为抓住中国改革开放和 ICT 行业高速发展带来的历史机遇，坚持以客户为中心，以奋斗者为本，基于客户需求持续创新，赢得了客户的尊重和信赖，经过 20 多年发展，从一家立足于中国深圳特区，初始资本只有21000 元人民币的民营企业，稳健成长为世界 500 强企业。2014 年，华为年销售规模达到 2882 亿元人民币，电信网络设备、IT 设备和解决方案、智能终端已应用于全球 170 多个国家和地区，服务全球运营商 50 强中的45 家及全球 1/3 的人口，位居 2014 年《财富》世界 500 强排行榜第 285位，与上年相比上升 30 位。

华为的成功源于其持续创新，成为创新的笃行者。华为始终聚焦于创新战略，对电信基础网络、云数据中心和智能终端等领域持续进行研发投入，使公司始终处于行业前沿，并依靠持续的创新成为全球通信行业的引领者。华为在中国、德国、瑞典、美国、印度、俄罗斯、日本、加拿大、土耳其等地设立了 16 个研究所，进行产品与解决方案的研究开发人员约70000 名。华为在 ICT 领域的关键技术、架构、标准等方向持续投入，致力于提供更宽、更智能、更高效的零等待管道，为用户创造更好的体验。同时，华为还和来自工业界、学术界、研究机构的伙伴紧密合作，与国际领先运营商成立了 28 个联合创新中心，把领先技术转化为客户的竞争优势与商业成功。截至 2013 年 12 月 31 日，华为累计申请中国专利 44168 件，累计申请外国专利 18791 件，申请累计国际 PCT 专利 14555 件，累计获得专利授权 36511 件。同时，华为还将主流国际标准与产业紧密结合，华为推动 WRC – 15 为 IMT 新增至少 500MHz 全球频段，发布 5G 技术 Vision 白皮书；在 SAE/PCC 领域推动网络能力开放、Service Chaining 等重要议题；领跑 NFV 标准，推动 ICT 融合标准生态环境；促进 Carrier SDN 产业孵化；推动更易互联互通、适当增强的 IP/Internet 领域安全原则；引领 Flex – OTN 标准，成为 100GE/400GE 以太网标准的主要贡献者；通过 IEEE802.11 启动和引领下一代 Wi – Fi 标准的研究。截至 2013 年底，华为加入全球 170 多个行业标准组织和开源组织，包括 3GPP、IETF、IEEE、ITU、BBF、ETSI、TMF、WFA、CCSA、GSMA、OMA、ONF、INCITS、Open-Stack 和 Open Daylight 等，在任 185 个职位，其中在 ETSI、CCSA、OMA、OASIS 和 WFA 等组织担任董事会成员；向各标准组织提交提案累计超过 5000 件。

坚持追赶超越式的技术创新。华为早中期的创新与中国多数企业一样，都属于追随型创新，这跟我们的文化有很大关系。客观地说，华为前十几年更多的是追随式创新。追随式创新永远做不了行业的领导者，华为后来致力于在追随式创新的基础上实现超越式创新。从 1992 年开始，华为就坚持将每年销售额的至少 10% 投入研发，什么事情都可以打折扣，但 10% 的研发投入是无论如何也不能减少的。2013 年华为研发投入占销售总额的 12.8%，达到 53 亿美元，过去 10 年的研发投入，累计超过 200 亿美元。2012 年底，华为已拥有 7 万多人的研发队伍，占员工人数的 48%，是全球各类组织中研发人数最多的公司。华为在欧洲等发达国家市场的成功，得益于两大颠覆性创新，一个叫分布式基站，另一个叫无线接入网（SingleRAN），后者被沃达丰的技术专家称作"很性感的技术发明"。这一颠覆性产品的设计原理，是在一个机柜内实现 2G、3G、4G 三种无线通信制式的融合功能，理论上可以为客户节约 50% 的建设成本，也很环保。华为的竞争对手们也企图对此进行模仿创新，但至今未有实质性突破，因为这种多制式的技术融合，背后有着复杂无比的数学运算，并非简单的积木拼装。正是这样一个革命性、颠覆性的创新，过去几年给华为带来了欧洲和全球市场的重大斩获。所以，当欧盟的贸易专员 2012 年、2013 年连续两年发起对华为的所谓反倾销、反补贴调查时，华为的欧洲竞争对手，包括爱立信、阿朗、诺西等全部站出来为华为背书，说华为没有低价倾销。

坚持工者有其股的制度创新。工者有其股应该是华为最大的组织制度创新，是华为创造奇迹的根本所在，也是任正非对当代管理学研究带有填补空白性质的重大贡献——如何在互联网、全球化的时代对知识劳动者进行管理。从常理上讲，任正非完全可以拥有华为的控股权，但创新一定是反常理的。在 26 年前，华为创立的第一天起，任正非就给知识劳动者的智慧——这些非货币、非实物的无形资产进行定价，让"知本家"作为核心资产成为华为的股东和大大小小的老板，到今天为止，华为有将近 8 万股东。华为最新的股权创新方案是让外籍员工大批量的成为公司股东，从而实现完全意义上的"工者有其股"，这无疑是人类有商业史以来未上市公司中员工持股人数最多的企业，是一种伟大的创举，既体现着创始领袖的奉献精神，也考验着管理者的把控能力：如何在如此分散的股权结构下，实现企业的长期使命和中长期战略，满足不同股东阶层、劳动者阶层、管理阶层的不同利益，从而达成多种不同诉求的内外部平衡。这是极富挑战的，前无经验可循，后面的挑战将更多。从这一意义上看，这种颠覆性的组织制度创新具有独特的价值。

坚持客户需求第一的产品创新。华为创新的前提是紧紧抓住市场需求、客户需求，坚持客户需求第一的产品创新。摩托罗拉可以说是最具创新精神的公司之一，摩托罗拉的创始人老高尔文和他的儿子小高尔文，多年前提出摩托罗拉是一家不以赚钱为目的的公司，实现顾客梦想代表着摩托罗拉的企业使命。然而，在 20 世纪末 21 世纪初的 IT 与资本时代，摩托罗拉走向技术崇拜，无视客户需求，盲目投资 50 亿美元搞所谓"高大上"的"铱星计划"，却被其他公司的光纤发明摧毁了，灾难从此降临。重大的技术投资失败，资本市场用脚投票，加速了摩托罗拉的衰落。华为，也曾经是一家技术导向型的公司，华为早期 10 年可以称作星光灿烂的 10 年，那些星光灿烂的技术英雄们，给华为贡献了初期"活下去"的极其重要的产品。后来，华为以 15 年左右时间打造了一个以客户需求为导向，前端是客户，末端也是客户的端到端的流程。这才从根本上改变了华为技术导向型的公司价值观和研发战略。端到端的研发流程使得整个研发建立在理性决策的基础上，建立在市场需求——显性的客户需求与隐性的客户需求之上，失误率降低了很多，成本浪费大大减少，组织对个人的依赖也降低了。华为投入了世界上最大的力量进行创新，但华为反对盲目的创新，反对为创新而创新，华为推动的是坚持客户需求第一的有价值的创新。华为能够从一家小公司成长为让全球客户信赖的大企业和行业领导者，20 多年不间断地、大量地贴近客户的创新是一个重要因素。有一位华为老员工估计，20 多年华为面向客户需求这样的产品创新有数千个。正是由于华为跟客户不断、频繁地沟通，构成了华为和竞争对手的重大区别与 20 多年彼消此长的分野。

坚持市场与研发并重的组织创新。华为一线营销人员发现战机后，会立即传导给后方指挥部，指挥部专家团会第一时间做出评价。当专家团认为可以派专家小组过去，这些由商务专家、技术专家、市场解决方案专家组成的专家小组就奔赴前线，与市场一线的团队联合确定作战方案，甚至共同参与同客户的技术交流、商务谈判等活动。坚持市场与研发并重的组织创新为华为带来了巨大成功。比如固定网络部门用工业流程做研发，创造了一种模块式组织——把一个研发产品分解成不同的功能模块，在此基础上成立不同的模块组织，每个组织由 4 ~ 5 个精干的专家组成，分头进行技术攻关，各自实现突破后再进行模块集成。一方面，这种组织模式大大提高了研发速度；另一方面，每一模块的人员都由精英构成，所以每个功能模块的错误率很低，相对来说集成的时候失误率也低。华为的 400G 路由器的研发就是以这样的组织方式进行的，领先思科公司 12 个月以上，已在全球多个国家布局并进入成熟应用。而在无线研发部门，则发明了底层架构研发模式，强调修万里长城，板凳要坐十年冷，建立直接面向客户的应用研发平台，实现了整个研发团队的整体作战能力和快速应变力的有效结合。

坚持动态均衡的决策创新。美国的美世咨询（Mercer）公司，在 2004 年对华为进行决策机制咨询，提出让任正非主持办公会，任正非不愿意，就提了一个轮值 COO（首席运营官）模型，7 位常务副总裁轮流担任 COO，每半年轮值一次。轮值 COO 进行了 8 年，结果非常理想。首先是任正非远离经营，甚至远离管理，变成一个头脑越来越发达的领袖。真正的大企业领袖在企业进入相对成熟阶段时一定是"畸形"的人，脑袋极其发达，聚焦于思想和文化，而企业管理层面的建设——"四肢要萎缩"，四肢不萎缩，就会时常指手画脚，下面的人就会无所适从。10 年前，任正非是大半个思想家和小半个事务主义者。10 年以后的任正非完全脱离事务层面，成为完全意义上的华为思想领袖。轮值 COO 的成功实践，促使华为在几年前推行了轮值 CEO（首席执行官）制度。公司管理团队由 7 个常务董事组成，负责公司日常的经营管理，7 个人中 3 位是轮值 CEO，每人轮值半年。几年来的运行效果是显著的，最大成效之一是实现了决策体系的动态均衡。如果上任轮值 CEO 偏于激进，那么整个公司战车隆隆，但半年以后会有偏稳健的人上来掌舵，把前任风格调节一下，而过于稳健又可能影响发展，再上来的人可能既非左又非右，既非激进又非保守。这套体制的原型来自咨询公司的建议，但华为做了很多改造和创新，包括从美国的政党轮替制度里借鉴了一些东西，融入华为的高层决策体系。华为实行的轮值 COO 制度、CEO 制度，与西方公司相比，制度优越性要大得多。华为的轮值 COO 制度、轮值 CEO 制度，从体制上制约了山头文化的坐大，为公司包容、积淀了很多五湖四海的杰出人才。同时这种创新体制也使整个公司的决策过程越来越科学化、民主化。今天的华为已经从早年的高度集权，演变到今天的适度民主加适度集权的决策体制。

坚持开放式合作的创新理念。华为坚持开放式合作的创新理念，利用全世界的智慧为华为服务。一是坚持购买和互换国际先进技术的合作模式。任正非有一个比喻，千军万马攻下山头，到达山顶时，发现山腰、山脚全被西方公司的基础专利包围了，怎么办？唯有留下买路钱：交专利费，或者依靠自身的专利储备进行专利互换。不要存侥幸心理，不能幻想把在中国市场成功的一套打法应用到国际市场。华为的创新原则就是坚持老老实实的乌龟精神，坚决反对投机。二是与竞争对手、客户建立战略伙伴关系。过去华为与很多西方竞争对手都建立过合作研发的组织，与德州仪器、摩托罗拉、IBM、英特尔、朗讯等成立联合实验室，与西门子、3COM、赛门铁克等西方公司成立合资企业。华为在研发体制上的重大创新之一，就是与全球诸多大客户建立了 28 个联合创新中心。正是这种开放式合作的创新理念，使得华为在面向未来和面向客户中长远需求的研发领域，赢得了无数先机和众多突破。三是积极聘请"外脑"为公司创新支招，在供应链变革、人力资源变革、财务体系变革、市场体系变革等方面，华为都花费巨资聘请了美国、英国、日本、德国等国家的顶尖咨询公司，先后有十几家咨询公司在华为做过不同的管理咨询，使得华为的管理创新、组织创新以及整个组织管理能力的提升都有了巨大进步，奠定了华为成为一家全球化公司的根基。

坚持鼓励试错和包容失败的创新文化。为什么中国出不了乔布斯？乔布斯早年是个吸毒者，浑身充满着异味，成为苹果"教父"之后依然经常不洗澡，个性乖张，行事反叛……美国文化给了他最大包容，乃至欣赏，而在我们的文化与社会土壤中，宽容、包容却是最稀缺的社会品质，自然难以产生乔布斯这样的人物。美国文化，尤其是硅谷文化欣赏的是创新，媒体追捧的是疯子似的狂想家。美国媒体对一些异端人才的评价是：如果他成功，人类便成功。华为坚持鼓励试错和包容失败的创新文化，任正非的观点叫做"灰度理论"，反对非黑即白的用人观。有文化洁癖的人，尤其有道德洁癖的人是做不了企业领袖的，所以任正非多次讲，我们不是培养和尚、牧师，我们是一支商业部队，华为要容得下各种异类人。为此，华为设立了蓝军参谋部，公司从高层到基层组织，都在有意识地培养蓝军参谋。蓝军参谋的职能就是唱反调，虚拟各种对抗声音，建立红蓝对抗机制。华为有一群这样的"名人"，他们从个性到谈吐都充满了否定性风格，是一批"乌鸦嘴"，随时在为华为唱"葬歌"，而不是赞曲。发人思考的是，如果你与他们交流，他们可以将华为批得体无完肤，对华为未来几年的发展充满"危言耸听"的预言，但却对腾讯、小米等中国企业不吝溢美之词；而任正非身上，却经常表现出"红蓝对决"的两面性：公司内外形势一派大好时，他是蓝军，大讲华为离死亡不远了，散布"悲观论"；形势不好时，他却是乐观主义的红军，以极富煽动性的风格在公司上下催生"正能量"。为什么全球范围的国有企业鲜有成功的创新？任正非说华为研发 20 年浪费 1000 亿元，也许有些夸大，但正是这 1000 亿元构筑了华为的软实力，华为世界级的创新实力是构筑在华为无数学费之上的，在数不清教训的基础上积累了创新成功经验。华为一位高管这样说，"在华为，所有坐在第一排的人都犯过无数的错误，领导力和创新力是用钱砸出来的"。华为芯片研发部门曾经确定目标：一次投片成功！任正非说：一次投片成功的说法是反动的，这个世界上没有神仙。要知道，每投片一次的成本大约在几百万美元。那么，国有企业允许这样的错误尝试、敢于鼓励勇于犯错的实验精神吗？不要说 1000 亿元、100 亿元、10 亿元，就是 1 亿元投下去，如果失败了也可能就被追究责任。而允许试错，鼓励试错，才是创新文化的核心特质。

创新是寂寞的事业，创新就是消灭过去的自己，不创新就会被他人消灭。作为一家全球行业的领袖级企业，华为的创新理念不能仅仅停留在投入产出比的考量上，不能单纯满足于短中期的市场成功，华为还应该朝前迈出几步，像爱立信等伟大企业一样，在波涛汹涌的彼岸竖起整个行业的灯塔，彻底完成从技术追随型的角色向"领航者"的角色转变。

（二）海尔：产品差异化的成功者

海尔集团 1984 年创业时负债 147 万元，濒临破产，而如今已成为世界白色家电第一品牌，被世界各国消费者所熟知，30 多年奇迹般的崛起被外界称作典范。在这奇迹背后是创世界名牌的坚定信念，自海尔公司从 1990 年产品第一次出口到现在，就与国内很多企业的战略不一样，坚持以产品差异化为驱动，而不是以低价优势为驱动，坚持以出口创牌为导向，而不是以出口创汇为导向。

以产品差异化走进国际市场。海尔集团在开拓国际市场的初期就制定了以差异产品进军国际市场的战略，以企业的创新能力为基础，不断创造出能够满足消费者需求的差异性产品，以获得更大的国际市场份额。海尔产品差异化比较典型的案例是开拓美国市场。海尔本着先难后易的原则，首先进军全球竞争最为激烈、名牌最为集中的美国市场，当时通用、惠而浦和美泰克三大品牌占据美国白色家电市场 70% 以上份额，市场基本上已经被瓜分完毕。海尔硬是凭借差异化的产品嵌入市场缝隙，创造了一个三大品牌没有注意到的市场空间。在开拓美国市场的初始阶段，海尔锁定消费者有需求、竞争对手没有在意的缝隙产品，推出课桌冰箱、公寓酒柜和小青蛙彩电等，赢得了市场份额，成功打入了美国市场。随后海尔加速产品差异化的步伐，1999 年在南卡州建立了美国海尔工业园，形成了集设计、生产和销售三位于一体的本土化公司。海尔凭借差异化的产品在美国市场创造了 7 小时销售 7000 台空调的销售奇迹。因此，海尔开拓国际市场的成功源自不断挖掘产品的新定位点和消费者新需求，并能很快生产出满足消费者新需求的产品。例如，海尔设计人员到美国学校宿舍调研时发现，在狭窄的空间内学生们在两台冰箱之间架起一块板子充当临时书桌，对此海尔迅速做出回应，专门设计了可以用作折叠式电脑桌的小冰箱，在学校里一度畅销。再比如海尔根据巴基斯坦家庭人口较多而且成年男子都穿白色袍子的特点，创造出可以洗 12 公斤衣服的洗衣机，很受当地人欢迎。海尔根据欧洲人偏好度假的习惯，创新出了一种假日冰箱，可以在度假期间保证冷冻室照常运转和冷藏室控制处于最低耗电状态。海尔还根据北欧人特别重视空气质量设计出了具备双向换新风功能的空调，能够把室内的空气输送到室外去，同时把室外新鲜空气输送进室内来。海尔根据发展中国家经常会出现地线带电问题，发明了具备防电墙功能的热水器。近几年，海尔的发明专利越来越多，截至 2009 年底，海尔累计申请专利9738 项，其中发明专利 2799 项，仅 2009 年海尔就申请专利 943 项，其中发明专利 538 项，平均每个工作日申请 2 项发明专利。在自主知识产权的基础上，海尔已参与 23 项国际标准的制定，其中无粉洗涤技术和防电墙技术等 7 项国际标准已经发布实施；海尔主导和参与了 232 项国家标准的编制和修订，其中 188 项已经发布，并有 10 项获得了国家标准创新贡献奖；参与制定行业及其他标准 447 项。海尔是唯一一个进入国际电工委员会（IEC）管理决策层的发展中国家企业代表，2009 年 6 月，IEC 选择海尔作为全球首个标准创新实践基地。截至 2010 年 3 月底，海尔在全球已拥有 8个综合研发中心、29 个制造基地和 19 个海外贸易公司，产品进入美国 10大连锁机构和欧洲 12 大连锁机构，在 2009 年成为全球白色家电第一品牌，并且连续 8 年蝉联中国最有价值品牌榜首。①

以品牌国际化赢得国际市场。海尔集团把国际化的品牌定义为企业的品牌在全世界不同地区被当地消费者认同是本土化的有国际竞争力的品牌。海尔集团提出"国门之内无名牌"的原则，因为中国市场是国际市场的组成部分，它的竞争和国际是一样的，要想成为世界名牌，必须在其他主要国家扎根成为当地的名牌，只是一个区域里的品牌没有用。从品牌国际化的角度来看，海尔在美国设厂的风险远小于不到美国设厂的风险，到美国设厂的风险是创造国际化品牌寻求发展机会的风险，不到美国设厂的风险是缺乏品牌国际化思维的风险。中国劳动力成本低的优势，跨国公司到中国投资设厂就可以利用，再加上其品牌影响力和先进的技术，其竞争力比我国企业强的概率大得多。所以，自己有品牌的企业不充分利用国际市场的有效资源积极实施品牌国际化没有任何出路，如果不是为创国际化品牌，不管你是"走出去"还是不"走出去"，都是没有意义的。因此，海尔品牌国际化的目标就是创造世界品牌，通过国际化品牌赋予产品更多的差异性，提升产品的国际竞争力。更为重要的是，海尔品牌国际化战略是把自有品牌国际化，而不是收购国外品牌。虽然收购国外名牌，可节省创立国际品牌的成本，获得很大的市场份额，但是无论如何不是自己的品牌，海尔集中精力去创造海尔品牌，通过海尔品牌扩大国际影响力。

以管理国际化推动品牌的国际化。为了顺利实施品牌国际化战略，海尔除了不断强化创新以创造出质量更好的差异化产品外，还注重管理和服务的改进，以管理国际化和服务国际化推动品牌的国际化。海尔把管理国际化当做品牌国际化的孵化器，通过管理国际化给品牌国际化植入可以不断发展的基因。海尔管理国际化的重点不是管理模式的国际化而是人的国际化，是把人变成企业有价值的资产，使人成为创新的资源，管理模式只是一种手段，并不能说明企业的管理是国际化的。员工的创新才是最有价值的资产，海尔把管理重点放在如何激励和提升员工的创新能力上，把他

① 数据来源：海尔集团网站，http://www.haier.cn/。

们塑造成最具创新力的资产，在此基础上，企业其他资产才会不断增值。因此，海尔管理国际化的核心是给人一种创新空间，不是控制人的行为。海尔以人为本的管理方法不同于泰勒式管理法，它不仅仅带来效益的提升和成本的降低，不把人当作机器，还激发人的创新能力，把原来的 X 理论——人之初性本恶，变成了 Y 理论——人之初性本善。海尔的管理国际化也不同于日本的团队管理法，不仅局限于激励员工在企业里尽职尽责，还为每个人创造一个开放的系统，激励员工和市场打交道，让每个人的价值体现在为用户创造价值上。所以，海尔的管理国际化就是想方设法让每个人都具备创新精神，每个人都成为一个经营者，成为一个市场资源的经营者。此外，海尔的管理国际化，不是模仿国际化大公司的管理之路亦步亦趋，而是通过创新走一个更快的道路。1998 年 9 月 9 日，海尔就提出进行市场链流程再造，显著改善了与上下游企业和竞争对手的关系。第一，改变和上游企业的关系，选择上游企业的标准，由原来的物美价廉变为具备良好设计能力且能够与海尔共同为满足用户的需求设计产品部件。第二，改善与下游企业的关系，与下游企业之间的关系，不再局限于卖产品，还要为下游企业提供解决方案，并根据每一个目标客户群的不同，设计有针对性的解决方案，帮助下游企业增加利润。第三，与竞争对手的关系，由竞争走向竞合，海尔充分认识到，现在没有任何一个企业可以击败所有的竞争对手，也没有任何一个企业能够满足用户的所有需求，对抗不如对话，竞争不如竞合，海尔努力与竞争对手共同获取市场资源，努力实现共赢。

以服务国际化促进品牌国际化。海尔把服务国际化当做品牌国际化的助推器，通过服务国际化为品牌国际化提供发展动力。海尔充分认识到用户资源的不可替代性，哪个企业拥有更多忠诚的用户资源，哪个企业就拥有更强的竞争力。海尔之所以成功就是因为不断地在帮助用户成功，在用户成功的过程中自身也获得了成功。概括起来，海尔通过整体服务和零距离服务来解决用户面临的问题和满足用户的需求。整体服务就是改变仅依靠服务部门（售后部门或电话中心或咨询部门）解决用户的问题，而是动员企业部门整体解决用户出现的问题和潜在的问题，特别是帮助用户解决没有意识到的潜在问题。海尔不仅动员设计部门、销售部门和服务部门等所有部门解决问题，甚至在全球整合资源发现和满足用户的潜在需求和解决潜在的问题。零距离服务就是以最快的速度为用户提供产品和服务。海尔充分利用互联网技术带来的便利，不再是根据计划进行生产而是根据用户的需求进行生产，从根本上给用户创造有价值的订单，再来快速生产满足用户需求，真正地实现与用户的零距离。

海尔对国内企业走向国际市场的最大借鉴意义在于摒弃了多数企业惯用的低价取胜的竞争策略，在竞争层次上超越了部分国内企业，直接将目标瞄准了国际领导企业。海尔的"国门之内无名牌"观念，看似偏激，其实是对市场竞争的准确理解。市场竞争的胜负取决于企业竞争优势的强弱，而这种竞争优势集中体现在四个层面上：价格竞争力、质量竞争力、创新竞争力和品牌竞争力。价格竞争力和质量竞争力是最简单和最低层次的竞争力，无法形成很高的竞争优势，创新竞争力和品牌竞争力是更复杂和更高层次的竞争力，可以帮助企业形成差异产品和品牌优势。从中外企业实践来看，成功的企业多是尽快从简单低层次竞争发展到依靠创新和品牌的高层次竞争上。海尔极少采用低价竞争，海尔的核心竞争优势来自产品差异化策略和品牌国际化策略的有效实施，并将两者完美地结合起来。中国有实力的制造业企业真正进入美国市场的不多，海尔虽然已经取得较大成功，仍然需要不断强化自己的竞争优势，培养在主流产品市场与国际巨头竞争的力量。国内市场已经越来越国际化，跨国企业带着国际化的品牌和先进的技术进入中国，并试图加大本地化程度以吸纳中国的成本优势，国内企业若只凭单一成本优势开拓国际市场，走向最终的失败只是个时间问题，国内企业如何在激烈的国际市场竞争中立足，已不仅仅是发展问题，更是争取生存空间的问题，有实力的企业可向海尔学习，要敢于"走出去"，"走出去"可能生也可能死，但不"走出去"就只有死路一条，我国的部分企业应利用自己的人力资本优势和品牌优势，通过产品差异化和品牌国际化战略建立起质量、创新和品牌优势，加速企业升级。

（三）铜牛：品牌战略的推行者

北京铜牛集团有限公司是我国商务部重点支持和发展的名牌出口企业，是中国纺织进出口商会评定的 AAA 信用等级企业。"北有铜牛，南有三枪"，是对铜牛集团的美誉，铜牛集团基于对市场的正确分析，始终坚持实施品牌发展战略，通过品牌战略实现了企业的发展壮大，在国内外两个市场表现突出。铜牛集团的前身是北京市人民针织厂，始建于 1952 年的国有企业，经过图强求变、锐意进取的发展，现已发展成以针织、梭织服装的研发、制造，内外贸易为核心业务，同时发展线业、无纺布和现代服务业，具有综合实力的大型现代企业集团，现拥有 10 家子公司及 1 家分公司。铜牛集团生产的铜牛牌针织内衣产品以"绿色"、自然和健康为主题，注重高科技含量，体现人文关怀，2004 年和 2007 年两次荣获中国名牌称号，2006 年荣获国家免检产品和中国纺织十大品牌荣誉称号；2008 年荣获中国驰名商标。铜牛集团出口额逐年递增，产品远销美国、日本以及欧洲等国家和地区，铜牛"TOPNEW"产品已销往俄罗斯等东欧国家。目前，铜牛集团已同美国 Cloumbia 公司、加拿大 HBC 公司、日本 Nissen 公司、欧洲 H&M 公司、Decathlon 公司和 Bestseller 公司等一些国际知名公司形成合作伙伴关系。

通过铜牛品牌培育的三个发展阶段，铜牛集团走出了一条品牌创新发展之路。"铜牛"品牌取材于颐和园昆明湖东堤湖畔"镇水铜牛"，这一名称不仅体现出北京独有的文化内涵，也体现了铜牛集团求实创新的品牌特色和企业文化。铜牛集团员工以"拓荒牛"借喻自励，将牛的"诚、实、韧、拓、雄"的精神品格融入企业文化之中，走出了一条品牌创新发展之路。品牌创立阶段（1980～1997 年）。1980 年，铜牛品牌创立，但当时只是企业四类产品中一类产品的品牌。1993 年，在国家不再统购包销、棉纱价格大幅度涨价、一些针织企业纷纷停产的严峻形势下，企业领导从当时企业拥有的四个商标中挑选"铜牛"作为整个企业的品牌，使企业在针织行业中率先走出低谷。品牌成长阶段（1997～2003 年）。1997～2003 年是铜牛第一和第二个三年发展规划阶段，这期间铜牛集团不仅完成了9家企业的资产重组，还实现了整合发展。同时，集团积极实施名牌兴企战略，加大品牌建设资金投入力度，不断推出新产品，使铜牛品牌的市场影响力得到了显著提升。在这六年里，铜牛品牌快速成长，品牌知名度明显提高。品牌再造阶段（2004~2006年）。2004~2006年是铜牛集团第三个三年发展规划阶段，铜牛以突出主业和做精做专为理念，实现了品牌的再造。2004年，铜牛获得中国名牌称号后，结合获得中国名牌后的思考以及品牌提升的要求，2005年提出了突出品牌、有进有退、资源整合和持续发展的发展思路，实施混合加强型的品牌发展战略，推进铜牛品牌再造工程，增强自主创新能力，做强做大针织和梭织业务。

积极实施系列品牌发展策略是铜牛品牌迅速发展的前提。为了推动铜牛品牌快速发展，促进发展方式转变，铜牛集团制定和实施了一系列品牌发展策略。第一，确立品牌理念，引领品牌发展。铜牛集团把真实为源和品行高远确立为品牌的核心理念。真实为源的真实是指诚实做人、真实做事、真诚待客、真情服务，让真实成为铜牛品牌提升发展的原动力，成为集团立业发展的根基。品行高远的品是指品质、品位、品格，表达了对高品质、高品位和高品格的品牌诉求和品牌理念，也表达了铜牛员工志存高远，品格高尚，不断迈向世界知名品牌的愿景目标。同时，两句字头相合为真品，表达了品牌追求的高境界。铜牛品牌理念的确立对统一和决定产品开发设计思想、市场营销理念、制造管理原则、品牌管理准则及各个环节的行为理念和规范起到了核心作用。第二，强化自主创新，塑造品牌特色。首先，设立企业技术中心，加强资源整合。铜牛集团将技术中心从集团核心企业转移至总部，对针织主业核心业务实行加强型战略，实现了资源的有效整合，增强了市场的细化程度。其次，加强研发合作，实现企业自主创新。2005年，铜牛集团与北京服装学院联合成立了"北服—铜牛服装设计研发中心"和"教学研究与实习基地"，除了加强版型、款式设计外，还紧紧围绕产品提升等方面进行了一系列的产品结构调整与技术革新，成功开发了铜牛弗莱特系列产品，形成了具有自主技术的专利产品，填补了国内针织领域空白，成为铜牛主销产品。第三，追求规模经济，夯实品牌根基。铜牛集团通过新建和并购等方式积极扩大企业规模，进一步扩大梭织产品的生产能力。2002 年，铜牛集团在北京通州区工业开发区建成铜牛高新针织产品生产基地；2004 年，在北京密云县投资创立了北京铜牛宏成制衣公司和北京铜牛新梦制衣公司，形成梭织服装年产 200 万件，出口创汇 2000 万美元的生产规模；同年在密云开发区建设梭织工业园区，2005 年底全部竣工投产，每年新增创汇 3000 万美元。铜牛集团通过规模扩张，为铜牛品牌的创新发展搭建了参与市场竞争的生产平台。第四，推进管理创新，支撑品牌发展。铜牛集团积极推动人力资源管理、质量管理、信息系统管理和文化建设等方面的管理创新，夯实了品牌发展基础。在人力资源管理方面，早在 2001 年就以年薪 120 万元外聘香港职业经理人参与企业管理，通过内部竞聘、外部招聘和本土培养，集聚了一批经理人、民营企业家和技术人才，推动了业务的快速成长。在质量管理方面，铜牛集团积极扩展管理体系，打造卓越品质，2003 年集团及所属八家子公司通过了 ISO9001 质量管理体系、ISO14001 环境管理体系和 OHSMS18001 职业健康安全管理体系认证，用先进科学的管理模式打造铜牛品牌的卓越品质。在信息系统管理方面，铜牛集团积极运用现代化信息手段，促进品牌发展。2005 年铜牛股份公司的 ERP（库存管理）系统、销售公司和进出口公司的 SCM（供应链管理）系统开始运行，实现了集团公司对财务、生产、业务的全面管理以及整个集团公司物流、资金流和信息流的统一监控，规范和优化了生产流程，实现了数据采集的及时性，提高了生产效率和工作效率。在文化建设方面，经过几十年的发展，铜牛集团形成了特有的铜牛文化，"诚、实、韧、拓、雄"成为铜牛集团全体员工共同信念。铜牛集团在严格管理的同时，注重体现人文思想，让广大员工在享受成功和喜悦的过程中增强自信，在实现共同奋斗目标的进程中展示个体才华。第五，参与公益事业，提升品牌形象。2002 年，铜牛集团赞助了《通过2008 北京市庆祝申奥成功一周年大型演唱会》；2003 年，铜牛集团向"非典"防疫机构提供了 20 多万套防护服、20 多吨防护服面料和 212 万副口罩；2004 年，铜牛集团独家冠名赞助了北京市全民"健身周"活动；2006 年，铜牛集团独家冠名赞助中超联赛北京男子乒乓球队；2006 年，铜牛集团参加爱心助读慈善工程大型公益活动，向贫困地区捐赠价值 16 万元的图书，赞助震撼之旅·梦圆 2008——中国残奥励志万里行公益活动。铜牛集团通过积极参加各种公益活动，使铜牛的品牌文化深入消费者的心中。第六，加强渠道建设，促进品牌拓展。铜牛集团专门设有北京铜牛进出口公司，负责产品的出口工作，目前公司员工由组建时的 7 人发展到本部 60 多人，下属企业 2000 人。北京铜牛进出口公司通过多种途径加强渠道建设，促进品牌拓展。一是坚持自营方式开拓市场。铜牛集团始终坚持依靠自营优势，奋力拓展市场，走出了一条具有铜牛特色的自营之路。二是积极实施市场多元化战略。铜牛集团围绕优选客户、确保效益、完善机制和增强实力的经营方针，坚持稳定发展日本、重点开发欧洲和全力拓展美国和加拿大的市场定位，提出构建优良客户、发展战略合作伙伴关系的策略，建立以客户为中心的业务组合模式，努力增强公司的市场适应能力，H&M、日泉、哥伦比亚、FECSA 等一批优良的客户群体已经形成，这些客户的订单占据公司全部经营额的 85%，其中，2005 年，铜牛集团与日泉公司成交额为 620 万美元，与哥伦比亚公司的成交额为 800 万美元。铜牛集团市场多元化战略取得了巨大成效，例如，在西班牙军服招标中成功竞标，该军服订单每次签单三年，共签约四次，年实现出口额 2000 多万美元。三是壮大国际市场经营主体。为推动铜牛集团出口业务的快速发展，提高市场竞争力，2004 年铜牛进出口公司实行增资扩股，提高经营者的持股比例，将公司注册资本由原来的 1080 万元增加到 2000 万元，优化了股本结构，增强了公司实力。四是打造一流团队，创建一流企业。铜牛进出口公司创新管理机制，根据经营者责、权、利相结合的原则，对部门经理实行每年一次的聘任制度，并实行末位淘汰制，创造内部优胜劣汰的竞争机制，使员工在进取中求发展，充分体现实现自身价值和事业成就感。此外，对员工实施人性化管理，遵循感情留人、事业留人和待遇留人原则，努力营造和谐稳定的企业氛围，培养出一支知难而进、团结勤勉、相互理解和永争第一的一流团队。

品牌战略的实施显著提高了铜牛集团的品牌知名度和扩大了出口规模。铜牛牌系列针织产品自 1996 年蝉联四届北京名牌产品和北京市著名商标；2004 年，荣获中国名牌产品称号，被商务部确定为重点扶持发展的品牌；2005 年，铜牛品牌被评为中国针织十强品牌。在品牌知名度提高的同时，出口规模也实现了高速增长。1997 年，铜牛集团出口额为 660 万美元，经过十几年品牌战略的实施，企业优势得到了充分显现，2009 年，实现出口 8414 万美元，是 1997 年的 13 倍，铜牛集团在北京纺织服装企业出口排名由 2005 年的第七名上升到 2009 年的第二名。而且，铜牛集团出口规模的快速扩大是在出口数量和出口单价共同增加的前提下实现的，两者比较来看，出口价格的作用更大。2005 ~ 2009 年，铜牛集团出口单价由 4.17 美元增加到 5.47 美元，增幅为 31.2%；出口数量由 12480397 件增加到 15375245 件，增幅为 23.2%，出口单价的增幅超过出口数量增幅 8 个百分点。

表 6 - 1　　2005 ~ 2009 年铜牛集团出口额、数量、单价及其增速与比重

年份	出口额（万美元）	增速（%）	比重（%）	出口数量（件）	增速（%）	比重（%）	单价（美元）	增速（%）	排名（位）
2005	5203.3	32.61	2.13	12480397	- 16.58	1.04	4.17	58.96	7
2006	6834.1	31.34	2.97	18307484	46.69	1.54	3.73	- 10.46	3
2007	7018.6	2.7	2.91	13544403	- 26.02	1.08	5.18	38.82	4
2008	8436	20.19	3.33	14498925	7.05	1.24	5.82	12.28	3
2009	8413.6	- 0.27	4.04	15375245	6.04	1.83	5.47	- 5.95	2

资料来源：根据铜牛集团调研数据整理。

面对国际金融危机，铜牛集团积极进行结构性调整，推进品牌发展。首先，调整出口产品结构，从主要出口低档服装逐步向出口中高档服装转移，从主要出口针织内衣逐步向梭织运动装、户外装和童装转移。其次，调整国外客户结构，逐渐减少小客户订单，逐渐向主要接受国外品牌大客户订单转移，规避金融风险。最后，调整公司经营结构，延伸了企业出口

产品经营链，进一步加大服装研发力量，增强设计能力，不断增加设计款式，增强产品的竞争力；加大品牌营销力度，增加自主品牌的出口比例，扩大品牌的国际影响力。

铜牛集团在品牌发展过程中虽然取得了显著的成就，推动了出口额不断增加和自主品牌产品出口比例的不断提高，但是也存在制约企业品牌国际化的不利因素，需要在未来加以克服。一是品牌国际化进程缓慢。铜牛集团自有品牌出口的比例非常低，绝大部分产品都是贴牌生产。二是品牌发展资金缺乏，铜牛集团是非上市公司，企业融资渠道狭窄，铜牛品牌发展资金相对缺乏，导致其品牌营销的力度不足。三是国有体制束缚，作为国有企业的铜牛集团历史负担较重，员工总数超过 6000 人，企业减员增效的改革难度较大。但是，只要铜牛集团始终坚持真实为源，品行高远的品牌理念，持续实施品牌战略，就能实现塑造铜牛世纪品牌，创建世界一流企业目标，就能通过品牌战略推动发展方式转变。

（四）安踏：产业链经营的践行者

安踏体育用品有限公司（以下简称安踏）成功地从劳动密集型企业转化为技术密集型企业，为"中国制造"升级为"中国创造"探索出了一条具备自身特色的道路。1994 年，在福建晋江的一家制鞋作坊门口第一次挂上了安踏的标志，经过十几年的发展，安踏现已成为国内最大的综合体育用品品牌公司之一，运动鞋市场综合占有率连续多年在全国同类产品中位居第一。2007 年 7 月安踏在香港上市时，一度创下中国本土运动品牌在海外资本市场募资的纪录。安踏自成立以来，始终坚持"安心创业，踏实做人，创百年品牌"的经营方针，经多年的发展，销售业绩居于全国前列。2012 年，营业额达到 72 亿元人民币，比 2007 年涨了 140%。安踏成功的秘诀是坚持"纵向一体化"的经营模式，实施全产业链经营、谋求产业价值链的控制力。

安踏的成功源自其早期在承接海外订单的同时注重开拓国内市场。20世纪 90 年代中期，晋江有不少企业的规模和影响都比安踏大，与这些企业不同，安踏在完成正常海外订单之外，一直把注意力集中在国内市场，致力于开拓国内市场的分销渠道。而当时只有双星和李宁主导国内市场，有稳定海外订单的企业，拓展国内市场，既增加成本，收效又慢，发展前景并不具有吸引力。但安踏认识到：营销网络是一个企业的生存之本，即使有稳定的海外订单可以保证稳定的利润，但也终归是受制于人，要在国内和国际这两个大市场找到自己的位置，就必须拥有属于自己的营销网络。早在1998年底，安踏就已在全国各大中城市建立了2000多个专营点。目前，安踏在中国拥有广泛的营销网络，覆盖31个省份，包括一、二、三、四线城市。截至2012年12月31日，安踏的专业体育用品系列店铺及运动生活系列店铺共计8075家。为巩固在二、三线城市的领先优势，安踏把店效提升放在更为重要的位置，策略性地整合位置欠佳或租约到期的店铺，并合并运动生活系列店铺于专业体育用品系列店铺中。此外，安踏还加大了儿童体育用品系列的发展步伐，以满足大众市场对儿童用品的需求；2012年底，儿童体育用品系列店铺达833家。

安踏的成功主要在于坚持"纵向一体化"的经营模式。国外运动品牌大多采用典型的"哑铃模式"，例如耐克公司，只负责研发设计、品牌管理，生产、零售等其他环节基本上外包。安踏根据市场需求及企业自身发展规律摸索出适合自身发展的"纵向一体化"的经营模式。从上游的采购、研发、设计、生产，到下游的品牌营销、渠道的配送，到相关的售后服务，每一个环节都有安踏参与。"纵向一体化"的经营模式具有三大优势。第一，通过优化资源配置来缩短产品开发流程，实现对市场趋势的更快反应。第二，通过对生产的有效控制，提高生产规划的灵活度，及时修改、调整，以快速应对市场变化。第三，通过对价格的深度了解，便于企业合理掌控成本。同时，管理层对整个产业链非常敏感，拥有准确的触觉和掌控能力，这形成了安踏强有力的系统竞争优势。此外，安踏与国际知名企业阿迪达斯、耐克有着明显的区别，它全程参与产品研发设计、原料采购、生产制造、分销与物流、营销与零售等产业链各个环节，有效控制各个环节的成本。特别是在经济萧条时期，纵向一体化的企业能通过链条上各环节的调整，更好地控制成本、提高竞争力。纵向一体化的经营模式促进了安踏产业链经营战略的顺利实施，具体的体现在以下三个方面。

首先，注重研发设计，把握产业链的前端。安踏始终将科技创新视为企业的核心竞争力和领跑行业的关键，主动向技术密集型企业转型。安踏一直注重在研发方面的投入，研发设计费用从1991年的200多万元，增加到现在的近3亿元，增长了100多倍。近年来，安踏每年研发经费投入都保持在销售收入的3%以上，居国内体育运动品牌首位。2000年初，安踏在北京、上海以及美国建立设计中心，设计团队的部分成员来自日本、韩国、意大利、美国等国家，并与美国、日本以及欧洲等国家和地区的企业建立了联合研发机构。采用了来自3M公司、特富龙与英威达等先进科技，使安踏产品在各种天气环境下的功能表现得以提升。2004年，安踏赞助CBA，运动员对安踏产品的满意度不到70%，为此，安踏加大对CBA、跑步等专项运动的研发，研发出"A－Core芯技术"等自主核心技术，目前，CBA俱乐部所有运动员对安踏产品的满意度已提升到97%。积累了一定技术基础后，安踏把签约对象转向一流巨星。在全球顶级赛事高端专业要求的倒逼下，安踏又研发出了双重减震技术、吸湿排汗技术等多项顶级科技。与中国奥委会的合作，更是对安踏产品提出了更高的要求，促进安踏在品牌和科技上实现了双提升。2005年，安踏投入3000多万元，创建了中国第一家运动科学实验室，成为第一家拥有独立的运动生物力学、运动医学、运动生理学的国内运动品牌公司，2009年底被国家发改委审核为体育用品行业中唯一一家国家级企业技术中心，目前，运动科学实验室已研发了40多项国家级专利技术，为CBA联赛的大多数运动员提供了篮球鞋及其个性化改进方案。2007年安踏聘请AirForce－1运动鞋的创始人Bill Peterson担任安踏篮球鞋产品设计总指导，还委托曾为耐克、爱世克斯工作过的Catalyst Strategic Design设计工作室为安踏设计了多种产品。安踏还先后投资近亿元进行设备更新，并自行设计了"现场5S标准"等生产管理准则。安踏对科技研发和新颖设计所付出的努力，是产品获得成功的关键。柔软柱、夜光柔软柱和止滑橡胶的推出，让安踏产品的耐用性和差异化进一步增强。同时，安踏推出了纳米银抗菌科技鞋类产品，其抗菌保护涂层即使水洗 30 次，仍能保持 90% 以上的抗菌率，有效防止鞋类产品的异味。此外，安踏不安于简单模仿国家行业龙头，而是采取自主研发的战略，历经多年探索，研发出"A - form 足弓减震技术"、"A - JELLY 弹力胶科技"等核心技术。其中，安踏"A - JELLY 弹力胶科技"荣获 2011 年中国轻工业联合会颁发的"科技进步奖"。基于弹力胶技术的跑鞋产品也受到消费者的极大青睐，很多地区甚至卖断货，该技术带来的直接经济效益已经超过了 1 亿元。

其次，将自产与外包有机结合，强化产业链的中端。除了自建的 22 条鞋类生产线和 2 个服装生产基地外，安踏还积极把部分生产任务外包给裕元等巨型代工企业，通过分包生产的方式组织起强大的生产能力，依靠这种方式安踏得以实现"25 天完成新货覆盖"的加单能力。安踏正有计划地降低自产比例，目前鞋和服装的自产比例分别是 50% 和 9%。为掌控服装生产外包的质量，安踏与供应商签订"与安踏共成长"的原则，要求面料、辅料的开发商要有同等开发能力，并保证让供应商有合理的利润空间。现代制鞋业融合力学、工程学、医学、材料学等多项技术，产业分工日益细化，产业链不断延伸。安踏在加强自身科研力量的同时，不断帮助供应链上配套厂商提升技术水平，实现产业链上下游共赢。一是帮助供应商建立健全实验室。一些配套的中小企业，由于规模小、人才少、资金不足、经验缺乏，难以独立进行科研开发。安踏帮助供应商建立健全实验室，并派出专门技术人员，在设备选择、研究方向、研发流程等方面，进行全方位的指导。二是共同研发前沿技术。对于某些最前沿的课题，安踏还和供应商进行联合科研，效果十分显著。比如安踏最著名的弹力胶材料技术，就是在某家供应商的配合下研制成功的。该供应商独家供应安踏公司弹力胶，成为安踏的紧密合作伙伴。

最后，专注市场营销，掌控产业链终端。从 1999 年初步建成终端网络体系之后，安踏就开始加大品牌的宣传力度，聘请当时乒乓球世界冠军孔令辉出任安踏品牌形象代言人，并在央视投放了大量广告。在"体育明星代言和央视广告"的双重推动下，安踏知名度快速提升，销售额也实现爆发性增长，从 2000 多万元突破 2 亿元。安踏也从一个区域品牌迅速提升为一个全国知名品牌，终端销售网点迅速扩展到 3000 多家，产品销量持续出现了供不应求的局面。积极赞助中国男子篮球、乒乓球、男女排球联赛，提高安踏的品牌知名度和社会形象。2004 年 11 月，安踏成为 CBA 联赛唯一指定运动装备赞助商；2005 年成为 2005～2008 年中国乒乓球超级联赛运动装备唯一指定合作伙伴；2007 年全面冠名赞助 2007～2010 年赛季所有国内排球赛事。同时，安踏努力掌控流通渠道。目前，安踏设立了福建、江苏、北京和广东 4 大仓储物流中心和 6 个营运分部，设置近 300 人的专职团队为经销商承担物流等服务。在产业链经营战略的推动下，2004年，安踏全面实施海外推广战略，相继在新加坡、希腊和匈牙利等国家和地区开办了安踏专卖店，全面拓展国际市场。在海外，安踏产品已经进入东欧的塞尔维亚、匈牙利，东南亚的新加坡、菲律宾，中东的科威特，南美的巴拉圭、秘鲁等 20 个国家和地区。此外，安踏建立了有效的零售管理系统。自订货会开始，安踏就与分销商及加盟商分享对未来趋势的分析及预测，增加他们订货的准确度及降低每家门店的库存风险。除了就库存管理及产品知识提供定期培训外，安踏严格审视店铺优化计划及零售折扣政策，致力于提升零售商的营运能力。安踏还推出多方面的激励政策，推动零售商为达到健康的库存水平及零售折扣等零售目标而努力。

值得注意的是，安踏目前只是取得了初步的成功，与国际同行的差距依然巨大。全球最大的体育用品公司耐克还是我国国内体育用品销售额最高的企业，安踏的事业道路仍然很长，需要不断地提升核心竞争力。

（五）李宁：品牌国际化的探索者

李宁有限公司是中国领先的体育品牌企业之一，拥有品牌研发、设计、制造、营销、经销和零售能力，产品主要包括李宁品牌在内的运动及休闲鞋类、服装、配件和器材产品。李宁品牌在创立初期，凭借着"体操王子"的个人影响力，在相对空白的国内体育用品业取得巨大成功。目前，李宁公司产品发展重点集中于跑步、篮球、足球、网球和健身五项主要运动体育用品；公司利用特许加盟经营商，建立了中国最大的体育用品分销网络；公司在重点发展李宁牌的同时，还积极探索多品牌运营战略，目前旗下拥有李宁牌、新动牌（Z-DO）、AIGLE 牌、红双喜、ATP 联合品牌和 Shaq 联合品牌六个品牌。

在国内体育品牌中，李宁公司在品牌国际化方面一直积极探索。早在 1999 年，李宁公司就进行过国际化尝试，1999 年 8 月，李宁公司第一次组团参加在德国慕尼黑举办的国际体育用品及运动时装博览会（ISPO），希望通过与海外经销商接触来开拓欧洲市场。2000 年 6 月，李宁公司夺得了法国体操队装备赞助权。2000 年底，李宁公司已经在希腊、法国和西班牙等 9 个欧洲国家拥有了自己的特许经销商。2001 年，李宁公司成功赞助第 27 届夏季奥运会中国体育代表团；第一家海外形象店在西班牙桑坦德成立；2002 年 9 月，为参加第十四届世界女篮锦标赛的西班牙女篮提供比赛服，并开展了赞助法国体操队、捷克体操队和俄罗斯大学生代表队等一系列营销活动。2009 年，李宁香港店开业，成为李宁公司国际化的"桥头堡"。李宁公司着手国际化市场的渠道模式有三类：一是以西班牙为代表的欧洲授权商；二是以中国香港以及新加坡为代表的东南亚自营优势品类店；三是收购国外电子商务公司。

虽然李宁公司积极努力提高国际市场的知名度，但是公司在国际市场上的表现并没有取得较大突破。国际市场销售额始终不高，2004 年，李宁公司在国际市场上的销售额占总销售额的比重仅为 2.4%；2011 年，国际市场上的销售额占总销售额的比重仅为 1.9%。同时，2012 年 7 月，由于西班牙市场环境恶化和自身经营不善，李宁公司在西班牙的授权商宣告破产。2012 年 9 月，李宁公司宣布关闭在中国香港的唯一一家分店——香港尖沙咀分店。李宁公司在西班牙和中国香港的分店相继关闭，无疑让李宁公司在国际化道路上重重摔倒。此外，李宁公司与美国合作伙伴 Foot Locker Inc. 的协议已终止；位于美国波特兰的设计中心已流失一半雇员。更为严重的是，当李宁公司一心开拓国际市场时，耐克和阿迪达斯等国际品牌也开始在中国加大市场开拓的力度，强势占领一线城市；安踏和361°等本土体育用品企业利用低价优势在国内获得了高速发展。上海和北京等高端市场在李宁公司收入构成中的比重不断下降；在中低端市场上，李宁公司又很难摆脱与安踏、匹克等国内众多企业的低价竞争。自1994年以来，李宁公司一直保持中国体育用品市场的最大份额，1997年和1998年，李宁公司销售额已经接近了10亿元。但到2003年，李宁公司首次被耐克公司超过，2004年，又被阿迪达斯公司超过。尽管2005年李宁公司的销售额已达24.51亿元，增长30.5%，但耐克和阿迪达斯两家国际巨头同年在华的销售额增长了近一倍。北京奥运会后仅仅四年时间，关店、发盈警、高层换血、库存高企、市值暴跌等问题陆续出现在李宁公司身上。2010年，李宁公司的国内销售额持续下滑，销售额增长从2008年25.8%的增幅一下子掉到了2011年负增长2.3%。在走向国际化的道路上，李宁公司没有逃脱被国际品牌在本土超越的现实。

李宁公司当前正处于尴尬境地：想做国际化大品牌不被认同，想做民族品牌却因高价失去市场。李宁公司国际化战略遭遇挫折，主要原因有以下几点。

品牌定位不清晰。李宁公司开拓国际市场效果不理想的主要原因是品牌定位不清晰。体育产品的营销与体育赞助分不开，耐克和阿迪达斯的品牌形象都非常清晰，耐克公司主要赞助篮球比赛，阿迪达斯公司主要赞助足球比赛。但李宁公司的品牌定位不清晰，以前专注于赞助国内外体操队服装是相对成功的，后来开始赞助篮球和足球赛事，品牌的专业化开始模糊，如果同时做体操、篮球和足球赞助，没有自己的核心特色，永远都只能成为国际品牌的代替品。众所周知，李宁公司与体操运动靠得最近，但是李宁公司的困境恰恰在于体操不是大众参与项目，普及率极低。同时，李宁公司开发与"体操"相关的健美、健身和瑜伽等运动市场起步较晚，而离健身话题比较远的耐克公司却在几年前就开始开发女子健身市场了。经过几年国际市场开拓的探索及丢掉国内市场份额第一的位置后，李宁公司总结教训，调整方向，重新聚焦于国内市场，开始"先打造国际品牌，再开拓国际市场"的内涵式发展模式，李宁公司品牌重塑的重大举动是发布了全新的标识和广告语。一直以来，李宁的标识都被诟病为模仿耐克，而口号"Everything is possible"（一切皆有可能）也被认为与阿迪达斯的"Nothing is impossible"雷同。李宁品牌新标识在传承原本 LN 标识结构的视觉效果基础上，抽象了李宁原创的"李宁交叉"动作，并以"人"字形来诠释运动价值观，新口号改为"Make The Change"（让改变发生）——鼓励每个人敢于求变、勇于突破，是对新一代创造者发出的号召。新战略进一步明确了李宁公司塑造国际化品牌的雄心，但这次变革让李宁公司陷入了最大一次危机。最突出的表现就是新品牌定位"90 后"带来的定位模糊。李宁公司在销售对象上从以"70 后"为主、"80 后"为辅，转变向以"90 后"为核心，但是在广告的创意和表现上，没有做出有针对性的调整，没有体现其品牌核心价值，让大家误以为李宁公司要去抓"90 后"，不要"70 后"、"80 后"。品牌定位不清的另一个主要原因是价格定位不准确。李宁公司试图以 10% 性价比优势与国际品牌抢食市场，但 2010 年下半年，美元快速走弱，且对其他货币的贬值幅度大大高于对人民币的贬值幅度，使得人民币对美元升值，幅度达到 3.9%。受汇率影响，耐克等国际体育品牌价格在中国大幅下降，李宁公司的产品与耐克、阿迪等价格重叠比例增高，价格差异化竞争优势丧失。

供应链管理无效率。企业实施国际化需要以全球为基础的无缝供应链系统的支撑。李宁公司陷入当前经营困境的原因之一就是企业的库存管理出现问题。为了应对市场变化及新的品牌定位，李宁公司从供应链管理的角度将公司定位为资源的管理者和分配者，主要负责产品的研发设计和市场营销，将制造环节外包给其他企业。李宁公司以先进的 IT 系列对传统供应链模式进行改革，建立以需求为导向的供应链管理模式，打造市场敏感性供应链，构建整体供应链竞争优势。李宁公司每年为经销商举办四次以上的大型订货会，以加速产品开发及订货周期；通过 E - POS 系统建立实时平台，监视销售表现及收集数据，快速应对市场反应。李宁公司经过优化供应链管理，提高了供应链的效率，优化了库存管理，平均库存周转周期由 124 天缩减至 71 天，达到耐克、阿迪达斯等国际名牌的库存周转效率。但是，李宁公司模仿耐克的轻资产运营模式，把物流和配送业务外包给第三方，在生产方面，除了保留一家工厂主要开发和生产赞助产品以及保密要求高的产品之外，李宁公司基本退出了制造环节，并没有达到成为价值链和供应链上的整合者的目标。尽管李宁公司在北京、中国香港和美国西海岸分别设立其创意设计总部，然而好多产品，在市场上却往往得不到体现，很多优秀产品经常铺货率不足。长期以来，李宁公司的供应链成本比安踏、匹克等高出 20% ~ 30%，几乎与耐克、阿迪达斯相当，根本没有体现出所谓中国制造的低成本优势。以拉链供应商为例，李宁公司并未采用 YKK 这类全球顶级拉链公司，而是一直坚持从一家名为 Kee 的拉链制造商采购，后者已多次暴露质量问题。李宁公司也曾经试图做出改变。2006 年，李宁公司内部曾成立 PPT 项目组，意在通过一种名为 CPFR 的协同式供应链库存管理系统规避库存问题。该系统由沃尔玛首创，利用 IT 系统通过零售企业与生产企业的合作，将生产计划、库存计划、配送计划、销售规划统一规划管理。PPT 项目组一度取得了惊人的成功：以 10% 产品款即占据订货量的 25% 以上，其试验供货周期也降低至 20 天左右。但是由于管理内耗，变革决心不大，李宁公司建立国际化供应链的尝试很快无疾而终。对于任何一个没有国际化供应链体系的企业，国际化都不可能成功。

人力资源管理混乱。企业国际化运营要求对传统人力资源管理模式进行变革，充分适应企业国际化运作的管理需求。作为在香港上市的企业，李宁公司在文化、理念上也必然受到香港当地商业文化的影响，对企业的国际化管理能力既是挑战也是机会。但是，过多过快地引入外部职业经理人，引起李宁公司管理的混乱。一方面，大量空降兵几乎把持了李宁公司大部分关键要害部门，这些人将李宁公司变成各种管理模式的试验场，给李宁公司造成了极大损失。另一方面，这些空降兵阻碍了李宁公司内部经理的晋升通道，导致李宁公司优秀员工离职现象严重，既不利于李宁公司保持本土运动文化，也成为李宁公司国际化道路迷失方向的一个重要原因。而为了平衡老员工和空降兵的矛盾，李宁公司只好容忍中层管理者队伍的日益庞大，结果是灾难性的决策执行不力、公司政治冲突不断。同时，企业国际化实践成败与否往往决定于文化的融合、冲突是否得到很好的解决。李宁公司"品牌国际化、市场中国化"的战略安排导致他们并没有深入发达国家本土市场，融入他们的文化，只是单纯想要利用国家市场实现品牌国际化。例如李宁公司曾签约挪威标枪世界冠军安德烈亚斯·托希尔德森推出代言广告，但标枪运动的号召力非常低，对李宁国际品牌塑造并无大益。

总之，尽管李宁公司这些年国际化的探索都被外界视为失败，但是这并不说明李宁公司的国际化决策是错误的，而恰恰说明李宁公司的国际化将是个相对漫长的过程。在这个过程中的每一种尝试，都是对企业走向国际成功模式的有益贡献和积极探索。从这个意义上讲，今天李宁公司国际化步伐的减慢或停滞，只不过是暂时的迷失，也正是为了积蓄资源和能力为将来的崛起而准备。即使当前处于不利的竞争环境之中，李宁公司目前依然严守国内市场地位第二、本土体育品牌第一的行业地位。因此，对于计划进军国际市场的中国企业来说，在国际市场和本土市场之间的取舍越来越成为一道难题。目前，中国市场已经成为高度国际化的市场，某种程度上中国市场上的竞争就是国际市场上的竞争，只有本土市场稳定，国际化才有意义。李宁公司走向国际化过程中的经验与教训是中国企业"走出去"的宝贵财富，先努力通过品牌国际化来巩固国内市场，再用国际化的品牌来开拓国际市场，应该是中国本土品牌国际化运营的有效途径。

三 小结

国内外知名异质企业的成长历程向我们展示了企业升级的主要路径和基本方法。其中，很多异质企业是通过综合产品差异化、规模扩大化、经营产业链化和品牌国际化等策略取得成功的，产品差异化和规模扩大化是基础，经营产业链化和品牌国际化是关键。当前，我国尚处于企业异质化的初级阶段，大部分企业的产品差异性并不高，多数企业实施经营产业链化的整体意识和具体战略并不清晰，企业品牌国际化起步较晚，自主品牌产品较少，阻碍了企业异质化的进程。未来需要不断探索合适的模式，才能加快企业升级，才能培育出更多的异质企业，才能促进中国经济升级。

第七章

政策建议

异质企业是实现中国经济升级的关键。异质企业凭借自身的异质性能够提高生产率和品牌影响力，实现规模经济、范围经济和产业链整合，增加产品和服务的附加值，促进经济发展方式转变。非异质企业升级为异质企业，能够提供更优质的产品和服务，进而提升整个行业的附加值和生产率，促进经济升级。中国经济升级的重点应放在培育更多异质企业上，政府应积极支持异质企业发展壮大，支持非异质企业发展成为异质企业，通过异质企业的发展和壮大来扩大企业的集约贸易边界和扩展贸易边界，不断增加产品和服务的附加值，提升产业的国际竞争力和影响力。

一 处理好政府与市场的关系，使市场在资源配置中起决定性作用

党的十八届三中全会提出，经济体制改革是全面深化改革的重点，核心问题是处理好政府和市场的关系，使市场在资源配置中起决定性作用，更好地发挥政府作用。将市场在资源配置中起基础性作用修改为起决定性作用，虽然只有两字之差，但对市场作用是一个全新的定位，"决定性作用"和"基础性作用"这两个定位是前后衔接、继承发展的。提出使市场在资源配置中起决定性作用，是我们党对中国特色社会主义建设规律认识的一个新突破，是马克思主义中国化的一个新成果，标志着社会主义市场经济发展进入了一个新阶段。政府和市场既各具优势，又存在各自的局限

211

性，二者是有机统一的，不是相互否定的，不能把二者割裂开来、对立起来，既不能用市场在资源配置中的决定性作用取代甚至否定政府作用，也不能用更好地发挥政府作用取代甚至否定使市场在资源配置中起决定性作用。改革开放30多年的经验表明，只有正确处理好政府与市场的关系，建立一个更加完善的社会主义市场经济体制，才能激发各类市场主体的新活力，促进经济持续健康发展。要加快落实十八届三中全会关于"围绕使市场在资源配置中起决定性作用深化经济体制改革，坚持和完善基本经济制度，加快完善现代市场体系"的要求，处理好政府和市场的关系，调动全社会各方面的积极性、把政府职能转变作为深化改革、创造制度红利的突破口，加快推进财税、金融体制以及一切有助于实现消费持续稳定增长的各项体制改革，使市场在资源配置中起决定性作用和更好地发挥政府作用，为经济发展提供新的制度红利。政府要加强顶层设计和摸着石头过河相结合，提供更好的制度安排，保证各种所有制经济依法平等使用生产要素、公平参与市场竞争；要加快转变政府职能，从直接组织资源配置、抓招商引资和项目建设转向主要负责社会公共服务提供和创造更好的发展环境。同时，要更好地发挥市场配置资源和发现有效率经济组织的功能，激发各类经济主体的活力，充分利用市场集体学习的机制，为参与经济的所有角色提供一个通过试错方式不断学习、不断挖掘现有机会并开创新机会的平台。

建设统一开放、竞争有序的市场体系，是使市场在资源配置中起决定性作用的基础。经过20多年实践，我国社会主义市场经济体制不断发展，但仍然存在不少问题，仍然存在不少束缚市场主体活力、阻碍市场和价值规律充分发挥作用的弊端。这些问题不解决好，完善的社会主义市场经济体制是难以形成的，转变发展方式、调整经济结构、促进经济升级也是难以推进的。我们要坚持社会主义市场经济改革方向，从广度和深度上推进市场化改革，减少政府对资源的直接配置，减少政府对微观经济活动的直接干预，加快建设统一开放、竞争有序的市场体系，建立公平开放透明的市场规则，把市场机制能有效调节的经济活动交给市场，把政府不该管的事情交给市场，让市场在所有能够发挥作用的领域都充分发挥作用，推动资源配置实现效益最大化和效率最优化，让企业和个人有更多活力和更大空间去发展经济、创造财富。必须加快形成企业自主经营、公平竞争，消费者自由选择、自主消费，商品和要素自由流动、平等交换的现代市场体系，着力清除市场壁垒，提高资源配置效率和公平性。一是建立公平开放透明的市场规则。实行统一的市场准入制度，在制定负面清单基础上，各类市场主体可依法平等进入清单之外领域。二是完善主要由市场决定价格的机制。凡是能由市场形成价格的都交给市场，政府不进行不当干预。政府定价范围主要限定在重要公用事业、公益性服务、网络型自然垄断环节，提高透明度，接受社会监督。三是改革市场监管体系，实行统一的市场监管，清理和废除妨碍全国统一市场和公平竞争的各种规定和做法，严禁和惩处各类违法实行优惠政策的行为，反对地方保护，反对垄断和不正当竞争。同时，科学的宏观调控，有效的政府治理，是发挥社会主义市场经济体制优势的内在要求。更好地发挥政府作用，就要切实转变政府职能，深化行政体制改革，创新行政管理方式，健全宏观调控体系，加强市场活动监管，加强和优化公共服务，促进社会公平正义和社会稳定，促进共同富裕。各级政府一定要严格依法行政，切实履行职责，该管的事一定要管好、管到位，该放的权一定要放足、放到位，坚决克服政府职能错位、越位、缺位现象。

二　深化科技体制改革，优化企业的创新环境

习近平总书记在两院院士大会上讲话时指出：多年来，我国一直存在科技成果向现实生产力转化不力、不顺、不畅的痼疾，其中一个重要症结就在于科技创新链条上存在诸多体制机制关卡，创新和转化各个环节衔接不够紧密。就像接力赛一样，第一棒跑到了，下一棒没有人接，或者接了不知道往哪儿跑。要解决这个问题，就必须深化科技体制改革，破除一切制约科技创新的思想障碍和制度藩篱，处理好政府和市场的关系，推动科

技和经济社会发展深度融合，打通从科技强到产业强、经济强、国家强的通道，以改革释放创新活力，加快建立健全国家创新体系，让一切创新源泉充分涌流。科技体制改革要紧紧扭住"硬骨头"攻坚克难，加快把党的十八届三中全会确定的科技体制改革各项任务落到实处。要着力把科技创新摆在国家发展全局的核心位置，加快制定创新驱动发展战略的顶层设计，对重大任务要有路线图和时间表。要着力从科技体制改革和经济社会领域改革两个方面同步发力，改革国家科技创新战略规划和资源配置体制机制，完善政绩考核体系和激励政策，深化产学研合作，加快解决制约科技成果转移转化的关键问题，不断优化企业的创新环境。

一是要加快建设国家创新体系，着力构建以企业为主体、市场为导向、产学研相结合的技术创新体系。要通过国家创新体系的建设，充分利用我国科研投入不断增加的优势。从绝对投入来说，2012年中国全社会研发投入约为1万亿元，已是位列世界第三的研发投入大国，过去10年保持了21%的年均复合增长率。从研发产出而言，2011年中国在国际专利组织申请的发明专利数达到12万件，同样位居世界第三。2012年中国的研发投入强度（研发投入占GDP的比例）也从10年前的1%上升到1.97%，虽然明显低于发达国家研发投入2.8%的平均水平，但是如果研发投入在未来保持10%的增长速度，中国的研发投入强度将在2020年超过2.5%，接近发达国家的水平。事实上，中国企业的实际研发投入强度很可能已经达到了2.5%的程度，主要是因为中国企业的实际研发支出并没有完全在财务报表上的研发费用中体现出来。由于会计计入方式的不同，估计中国制造业企业超过50%的研发费用被资本化了，而美国、日本会计准则要求所有研发费用必须在当期费用化，如果把这部分被资本化的研发费用加回来，中国制造业企业实际研发费用比财务报表中显示的要高。随着中国经济增长放缓，未来高速增长的研发投入减速的可能性也不大。国务院在研发投入上有明确的量化目标，要求到2020年全社会研究开发投入占国民生产总值的比重提高到2.5%以上，力争科技进步贡献率达到60%以上，对外技术依存度降低到30%以下。同时，多数企业认为其研发投入对收入占比在未来 5～10 年会继续增加。为此，要着力加强科技创新统筹协调，努力克服各领域、各部门、各方面科技创新活动中存在的分散封闭、交叉重复等碎片化现象，避免创新中的"孤岛"现象，加快建立健全各主体、各方面、各环节有机互动、协同高效的国家创新体系。要培育和形成一批通过竞争成长起来的创新型行业领先大企业，发挥其重大技术研发、技术集成、推进产业化的优势。创造条件，使创新型民营大企业能够平等使用创新资源。发展风险投资、信息服务、技术交易、人才服务、并购融资等创新服务业，支持中小企业创新。

二是要加快完善创新机制，着力完善创新项目激励机制、创新合作扶持机制、创新风险分担机制，鼓励创新型人才向企业聚集。过去中国企业的研发投入主要集中在"开发"阶段，而非"研究"阶段。这是因为中国企业的积累少、底子薄，必须把有限的研发资源投入风险小、收益快的应用研究中。这样的研发模式在初期对企业的快速成长是有利的。但必须承认这种"市场跟随者"的研发战略已经不能适应当前的竞争环境。按照国际标准，研发活动可以细分为三大类：基础研究、应用研究和试验研究。试验研究是在基础研究和应用研究成果基础上的改进，包括产品改进、工艺改进等。比较中国和发达国家的研发投入结构，可以发现，中国在试验研究方面的投入占研发总投入的 80% 左右，而欧美发达国家的占比低于 50%。中国企业的基础研究占总投入的比重非常低。基础研究是一个广种薄收的行业，能够真正转化成生产力的少之又少；但又是一个高风险高回报的行业，伟大梦想的实现不但直接推动社会的发展，还可以带给发明者巨大的经济回报。但是，基础研发的过程漫长而枯燥，热爱科学和探索未知的科学家精神是支撑基础研究的基石，而科学家精神是中国经济发展最缺乏的，这需要教育理念的转变。由于整个社会对企业专利保护意识仍然不足，对侵犯知识产权事件的处理力度较低，无法切实维护创新企业、科学家的利益。风险和收益的不相匹配制约了企业投入基础研发、创新性研发的积极性，转而选择投入收益比更高的短平快项目。法律缺乏对专利的保护是导致基础研究投入不足的根本原因，这会制约中国经济升级。目前，要加快改革以项目直接拨款为主的科技经费支持方式，建立以基金等金融手段支持研发和产业化的财政支持机制。加大普惠性政策支持的力度，减少对企业点对点的资金支持，研发费用加计扣除等税收政策的抵税规模应逐步超过财政科技经费规模。要着力完善科技创新基础制度，加快建立健全国家科技报告制度、创新调查制度、国家科技管理信息系统，大幅提高科技资源开放共享水平。要加快完善基础研究体制机制，把基础前沿、关键共性、社会公益和战略高技术研究作为重大基础工程来抓，实施好国家重大科学计划和科学工程，加快在国际科学前沿领域抢占制高点。要进一步增加国家在信息基础设施、数据资源、大科学工程、重大公共技术平台的资金投入，以支持更广泛的研究开发和创新应用。选择有条件的城市，加快科研、人才、户籍、教育、金融、城市建设等综合改革，鼓励先行先试，在全国形成若干个企业创新活跃的创新资源集聚区。

三是要加快形成新的人才红利，充分发挥人才在创新中"第一资源"的作用，不断提高全要素生产率和科技创新对经济增长的贡献率。创新的事业呼唤创新的人才，实现中国经济升级，创新人才越多越好。我国是一个人力资源大国，也是一个智力资源大国，我国13亿人大脑中蕴藏的智慧资源是最宝贵的。一部分人认为随着刘易斯拐点的到来，中国的人口红利已经开始逐渐退去，中国将迎来"老龄化"问题，因而对中国制造业的竞争力持怀疑态度。但中国拥有充足、廉价的研发劳动力供给，大批的高等院校理工科毕业生，将是带动"中国制造"向"中国创造"转变的引擎之一。过去十几年，中国对教育体系的大力投入使得未来理工科人才供给充足，丰富的人才资源使得中国的研发成本有望持续低于海外，"中国研发"的人口红利才刚刚开始。知识就是力量，人才就是未来。我国要在科技创新方面走在世界前列，必须在创新实践中发现人才、在创新活动中培育人才、在创新事业中凝聚人才，必须大力培养造就规模宏大、结构合理、素质优良的创新型科技人才。要把人才资源开发放在科技创新最优先的位置，改革人才培养、引进、使用机制，努力造就一批世界水平的科学家、科技领军人才、工程师和高水平创新团队，注重培养一线创新人才和青年科技人才。要按照人才成长规律改进人才培养机制，避免急功近利、拔苗助长。要坚持竞争激励和崇尚合作相结合，促进人才资源合理有序流动。要广泛吸引海外优秀专家学者为中国经济升级服务。要在全社会积极营造鼓励创新、包容创新的良好氛围，既要重视成功，更要宽容失败，完善好人才评价指挥棒作用，为人才发挥作用、施展才华提供更加广阔的天地。

三　设立创新驱动特区，形成激励企业创新的自由硅谷

党的十八大和十八届三中全会提出了"实施创新驱动发展战略，加快建设创新型国家"的战略目标，这要求把科技创新摆在国家发展全局的核心位置，建立健全鼓励原始创新、集成创新、引进消化吸收再创新的模式。实现中国经济升级的关键是改变经济发展对要素驱动、投资驱动的过度依赖，转向通过技术进步来提高劳动生产率的创新驱动，不断提高科技创新对经济增长的贡献率，形成促进经济发展的新方式。设立"创新驱动特区"是"实施创新驱动发展战略，加快建设创新型国家"、实现中国经济升级的积极探索，有利于完善技术创新市场导向机制，发挥市场对技术研发方向、路线选择、要素价格、各类创新要素配置的导向作用，形成激励企业创新的"自由硅谷"，打造全球创新高地。

创新驱动特区是指依托良好的区位优势、产业优势、科技优势和人才优势，通过全面深化改革，充分发挥市场在资源配置中的决定性作用，有机整合、叠加科技创新与自由贸易区优势，通过建立良好的政策环境、自由的创新创业机制和完善的服务体系，构建一种围绕知识聚集资本、凭借技术组织生产的新机制，让一切劳动、知识、技术、管理、资本的活力竞相迸发，让一切创造财富的源泉充分涌流，成为聚集全球科技创新人才、吸纳全球科技创新资源的"自由硅谷"，实现高新技术产业的跨越式发展。"自由硅谷"的基本内涵主要体现在以下六个方面。第一，创业自由。创业自由是自由硅谷的灵魂。自 1990 年以来，美国旧金山硅谷平均每年新创企业约 1.3 万家，消亡 1 万家，在持续优胜劣汰竞争中胜出的企业，构成

硅谷创新型经济大厦的坚实地基。特别是大学生勇于创业，他们在风险资本的支持下，将自己的高技术发明商品化，在美国旧金山硅谷成功发展中发挥了学生型企业家的作用。因此，营造一个适合创业的环境对打造"自由硅谷"最为重要。自由硅谷要克服一切阻碍创业的不自由因素，形成鼓励自由创业的政策环境，最大限度地激发以大学生为代表的年轻人和企业创业。第二，融资自由。融资自由是自由硅谷的关键。国际成功的硅谷，风险资本和天使投资无处不在，极大地提升了创业企业的融资便利化程度，促进了硅谷的成长。自由硅谷要对符合条件的民营资本和外资金融机构开放，支持各类企业投资设立风险投资公司、私募股权投资机构和天使投资基金等风险投资机构，为创业企业提供最大的融资便利。第三，投资自由。投资自由是自由硅谷的保障。准入前国民待遇和负面清单的外资管理模式已逐渐成为国际投资规则发展的新趋势。投资自由的实质是强调政府应简政放权、实行更为有效的"投资准入前国民待遇"和"负面清单"管理政策。自由硅谷要简政放权，实行更为有效的"投资准入前国民待遇"和"负面清单"管理政策，为各类所有制企业创造公平竞争的市场环境。第四，创新自由。创新自由是自由硅谷的核心。自由硅谷将为创新营造自由的环境，形成鼓励冒险和宽容失败的氛围，激发创新主体的创新意识和潜能，使创新成为产业升级的原动力。同时，鼓励商业模式的自由创新，使产品创新与商业模式创新有机结合起来，实现创新产品与转化应用的无缝衔接，使创新成为经济升级的原动力。第五，营商自由。营商自由是自由硅谷的基础。自由硅谷要进一步厘清政府与市场的边界，充分发挥市场在资源配置中的决定性作用，破除阻碍企业自由经营的各种障碍，提供高效便利的公共服务，为创新企业提供最佳的栖息地。第六，要素流动自由。要素流动自由是自由硅谷的前提。自由硅谷要破除阻碍人才、资本、知识、土地等生产要素自由流动的障碍，形成有利于企业创新的要素自由流动的条件，为企业自由高效地整合和配置全球要素提供最大的便利。

打造自由硅谷要坚持五项原则。第一，坚持聚集全球英才的原则。习近平总书记在中国科学院第十七次院士大会、中国工程院第十二次院士大会上讲话时强调：盖有非常之功，必待非常之人，人是科技创新最关键的因素，我国要在科技创新方面走在世界前列，必须在创新中发现人才、在创新活动中培育人才、在创新事业中凝聚人才。打造自由硅谷应坚持聚集全球英才的原则，把人才资源开发放在科技创新最优先的位置，改革人才培养、引进、使用机制，广泛吸引世界级科技大师、海外优秀专家学者、国际行业领军人才和尖子人才来我国工作和创业，努力造就和聚集一批世界水平的科学家、科技领军人才、工程师和高水平创新团队。第二，坚持对接世界创新前沿的原则。面对科技创新发展新趋势，世界主要国家都在寻找科技创新的突破口，抢占未来经济科技发展的先机。我国不能在这场科技创新的大赛上落伍，必须迎头赶上、奋起直追、力争超越。打造自由硅谷应坚持对接世界创新前沿的原则，抓住第三次工业革命的发展机遇，掌握大数据、智能制造、互联网革命等新技术，引领全球产业分工新布局，使我国在第三次工业革命中占据先机，获得国际竞争新优势。第三，坚持充分释放改革红利的原则。我国要实现经济升级，就必须破除一切制约科技创新的思想障碍和制度藩篱，推动科技和经济社会发展深度融合，打通从科技强到产业强、经济强、国家强的通道，以改革释放创新活力。打造自由硅谷应坚持释放改革红利的原则，在科技体制改革方面先行先试，面向全球创新高地，面向境内外知名高校院所，采取更加有效的措施完善科技创新机制，把创新驱动的新引擎全速发动起来，让一切创新源泉充分涌流，为促进中国经济升级积累新经验。第四，坚持营造开放包容创新氛围的原则。营造开放包容的创新氛围，是激发创造力的重要条件。创新实质上是一种引入新思维、新方法的求异过程，原始创新具有很大的不确定性，在创新中既要为成功者喝彩，也要为失败者鼓劲，只有对那些尚未成功甚至失败过的创新者、创业者给予呵护和宽容，我们的科技创新、创业起跑线上才会有更多的勇敢者和探索者。打造自由硅谷应坚持营造开放包容创新氛围的原则，大力营造一种开放包容的创新氛围，鼓励大胆创新、勇于创新、包容创新，既要重视成功，更要宽容失败，为人才发挥作用、施展才华提供更加广阔的天地。第五，坚持科技和金融结合的原则。实践证明，科技创新需要金融服务支持，科技与金融密切结合能够切实解决中小科技企业发展中面临的融资难问题，推动资本市场为科技企业由成长期向成熟期顺利过渡提供更有效的金融产品和服务。打造自由硅谷应坚持科技和金融结合的原则，积极稳妥地发展风险投资和私募股权基金，突破金融支持成长期科技企业的瓶颈制约；积极创新推广符合科技企业特点的信贷模式与产品，满足科技发展的融资需求；积极发挥市场融资功能，建立符合科技企业需求的多层次金融市场融资渠道；加大银行、证券、保险之间的合作力度，建立金融支持科技发展的长效机制；支持港澳台金融机构设立经营机构和开展私人银行、券商直投、信托租赁等金融创新业务，推动发展服务于科技金融结合的中介市场服务体系，为高科技创新提供系统性、创新性的金融支持。

四　构建开放型经济新体制，促进企业国际化经营

中国经济面临的国际经济风险与日俱增。首先，各种形式的国际贸易保护主义明显抬头。商务部公布的中国出口产品遭遇贸易救济调查不完全统计数据显示，2012年我国出口产品共遭遇72起贸易救济调查，无论是从数量还是从涉案金额来看，均超越2011年；从调查发起国家来看，越来越多的由美国、欧盟、加拿大等发达国家发起；从涉案产品来看，也从传统的农产品、低附加值工业品拓展到高附加值产品。其次，对外投资遭遇越来越多的壁垒。中国的对外投资同样遭受保护主义的侵扰，无论是国有企业还是私营企业，在海外的投资并购频频受阻，尤以欧美国家为甚，例如华为、中兴、三一重工等企业，相继被某些国家以"威胁国家安全"为名拒之门外。再次，国际金融风险加剧。为应对国际金融危机，美国、日本等国家采取了量化宽松的货币政策，导致全球流动性泛滥，不仅导致我国外汇资产保值增值的难度不断增大，更导致世界经济不确定性增加。近10年来，我国的外汇储备不断增加，截至2013年底，我国的外汇储备余

额为 3.82 万亿美元，且主要以美元资产为主，而 2000～2013 年，美元兑其他一揽子货币累计贬值约 25%。同时，在全球货币竞相降息贬值的情况下，近年来人民币汇率不断走高，人民币存在利差和汇差的双重优势，导致国际热钱不断涌入中国套利，不仅增加了经济发展的不确定性，还增加了人民币需求，推动人民币不断升值；人民币汇率不断上升对我国出口企业造成巨大压力，增加了成本，降低了利润。最后，进一步深化对外开放的热情有所降低。当前，国内存在一种满足加入世界贸易组织所带来的改革开放红利和所取得经济发展成就、对国际自由贸易的新标准和新发展知之甚少或简单排斥的倾向，在进一步扩大对外开放、推动开放型经济发展上缺乏战略性眼光和突破性进展，少数领域陷于停滞甚至有所倒退。尤其是近年来欧美等西方国家积极倡导和推进跨太平洋伙伴关系协议（TPP）、跨大西洋贸易与投资伙伴关系协议（TTIP）、服务贸易协定（TISA）等新自由贸易协定，进一步加大了我国对外开放的差距，使我国深化对外开放，发展开放型经济面临严峻挑战。无论是发达国家还是发展中国家，在全球化进程中都应制定积极的开放战略，在保护本国利益的同时积极参与其中。只有以开放的心态把握全球的资源，把握全球的需求，把握全球的人才，才能在全球化的过程中实现合作共赢，促进中国经济升级。

面对全球经济新形势，必须实行更加积极主动的对外开放战略，构建开放型经济新体制，促进企业国际化经营。党的十八大后，习近平多次指出，中国开放的大门不会关上，芝麻开门，这门已经开了你就关不上了，经济全球化和区域经济一体化乃大势所趋，中国顺应了这样一个时代潮流，坚定不移对外开放为中国经济发展提供了重要的推动力；还指出，现在不是要不要开放的问题，而是怎么使我们的开放水平更高的问题。必须实施更加积极主动的开放战略，创建新的竞争优势，在更大范围、更宽领域、更深层次上全面提高开放型经济水平。

第一，扩大我国与世界各国的利益汇合点。对外经贸往来已成为我国同世界各国各地区的重要利益汇合点。改革开放 30 多年来，特别是加入世界贸易组织以来，中国对外贸易实现了跨越式发展。1978 年，中国货物进出口总额只有 206 亿美元,在世界各国货物贸易中排名第 32 位,所占比重不足 1%。2013 年,我国货物进出口总额达到 4.16 万亿美元,约占 2013 年全球货物贸易总额的 12%,成为世界货物贸易第一大国。目前,中国已经是 120 多个国家和地区最大的贸易伙伴,每年进口近 2 万亿美元商品,为全球贸易伙伴创造了大量就业岗位和投资机会,为世界各国各地区的经济发展做出了重要贡献。同时,中国服务贸易发展迅速。我国服务贸易统计始于 1982 年,最初的进出口总额仅为 44 亿美元,全球占比仅为 0.6%。2012 年,我国服务贸易进出口额上升到 4706 亿美元,全球占比已达到 5.6%,居全球第三位;其中,服务贸易进口额远远高于出口额,贸易逆差额高达 896 亿美元。此外,截至 2013 年底,中国境外直接投资累计超过 6300 亿美元,已经成为世界第三大对外投资国。随着我国经济规模的持续扩大,进口总量和对外投资规模将不断扩大,将为各方带来更大的发展机遇,不断扩大我国与世界各国的利益汇合点。未来,我国应适应经济全球化新趋势,加快推动对内对外开放相互促进、"引进来"和"走出去"更好结合,促进国际国内市场深度融合,加快发展自由贸易园(港)区、加快同有关国家和地区商签贸易投资协定,以周边为基础加快实施自由贸易区战略,扩大我国与世界各国的利益汇合点,不仅让中国从其他国家发展中获得裨益和助力,更让其他国家受益于中国的快速发展,共同增进全世界人民的福祉。其中,建设"丝绸之路经济带"和"海上丝绸之路"(以下简称"一带一路")是我国扩大同各国各地区利益汇合点的重大战略举措。"一带一路"这两个战略构想交相辉映,一个着眼于大陆,另一个着眼于海洋,都以周边国家为基础同时对其他国家和地区开放。可以预见,在两大战略构想指引下,我们的对外开放和交流合作必将得到进一步的扩大,必将促进共同发展,造福各国人民。当前应全面打造"一带一路"的战略支点,促进"一带一路"持续稳定发展。一是加快发展亚洲基础设施投资银行,为建设"一带一路"提供便利的投融资支持。基础设施互联互通是建设"一带一路"的基础工作。2013 年 10 月 2 日下午,国家主席习近平在雅加达同印度尼西亚总统苏西洛举行会谈时表示,为促进本地区互联互通建设和经济一体化进程，中方倡议筹建亚洲基础设施投资银行，愿向包括东盟国家在内的本地区发展中国家基础设施建设提供资金支持；在亚太经合组织第二十一次领导人非正式会议的讲话中，再次倡议筹建亚洲基础设施投资银行。设立亚洲基础设施投资银行，能够为建设"一带一路"搭建强有力的投融资平台，为我国与相关国家开展高铁、港口、机场等基础设施互联互通建设提供便利的投融资支持，进而有助于加强相互间的基础设施互联互通，为"一带一路"提供有力的物质支撑。二是积极推动全面经济伙伴关系协定（RCEP）谈判，为建设"一带一路"提供长远的制度支持。推动 RCEP 谈判符合我国实施的"睦邻、安邻、富邻"的外交政策，有利于提高本区域的经济一体化程度，为建设"一带一路"提供长远的制度支持。要加强 RCEP 成员国间的政治互信，优化相互间的经济合作和政治关系，加快推动中日韩自贸区，进而推进 RCEP 谈判。要研究制定合适的 RCEP 规则，特别是在最大潜在利益的服务贸易领域推进自由化，形成面向全球的高标准自由贸易区。三是全力打造中国－东盟自贸区升级版，为建设"一带一路"提供强大的经济基础。作为亚洲新兴市场国家，中国和东盟是地区乃至世界经济持续增长的希望所在。加强我国与东盟的经贸往来是建设"一带一路"的重点，同时双方经贸往来的加强也会推动"一带一路"的建设。我国应积极推进中国－东盟自贸区升级版谈判，可参照 TPP 的标准逐步提高我国与东盟的自由贸易程度，特别要加快与东盟国家服务贸易的自由化，建设中国－东盟命运共同体，为双方发展提供广阔空间和不竭商机，在双方合作历经"黄金十年"之后努力创造"钻石十年"，携手实现共同发展和共同繁荣。四是适时加入 TPP 谈判，为建设"一带一路"扫除合作伙伴的后顾之忧。美国加入并主导 TPP 谈判进程，推行自己的贸易议题，意在建立将我国排除在外的全新世界贸易体系。TPP 协议加上美国重返亚洲的政治、军事战略部署，将对我国建设"一带一路"构成实际威胁和直接挑战。为应对美国主导的 TPP，我国可采取积极主动的对策，加快签署中美投资协定，着手开展中美自由贸易区谈判，并适时加入 TPP 谈判，扫除合作伙伴建设"一带一路"的后顾之忧。五是推动沿线地区发展口岸经济和自由贸易园（港）区，为建设"一带一路"提供先行先试的载体。"一带一路"的持续发展需要若干沿线口岸经济区和自由贸易园（港）区作为支撑。我国要用好自由贸易园（港）区这一区域合作平台，加快沿线地区自由贸易园（港）区建设，着力消除现有开放领域中的体制机制障碍和壁垒，扩大市场准入，推动重点领域对外开放。近期，要建设好上海自贸区、天津自贸区、广东自贸区和福建自贸区，探索外商投资准入前国民待遇和负面清单管理模式，建立公平公开透明的市场规则，推进在更宽领域、更高层次的对外开放。同时，加快在广西、海南、云南等沿海、沿边省份推进自由贸易园（港）区建设，形成引领国际经济合作与竞争的开放区域，培育带动区域发展的开放高地。此外，要大力支持中国与泰国合作建设的泰中罗勇中国工业园、与马来西亚合作建设的马中关丹工业园等境外经济贸易合作区的建设发展。与沿线国家加强政策协调，进一步提升贸易便利化、自由化水平。六是谋划建设若干"驿站"，为建设"一带一路"提供安全的通道保障。航道安全是"一带一路"持续稳定发展的关键，而建设保障陆路和海上航道安全的"驿站"则是重中之重。"驿站"不仅要具备货物装卸的物流功能，还要提供汽车、火车、轮船和人员补给的服务，更要保障周边通道的安全，为各国的经贸往来提供安全、便捷的路上和海上通道。"驿站"既可以由我国单独建设，也可与其他国家联合建设，甚至可以租用国外现有的驿站。此外，还可以"驿站"为依托，扩大"一带一路"的辐射范围。

第二，扩大对外开放的广度和深度。经济全球化是第二次世界大战以来，特别是进入21世纪以来世界经济发展的重要趋势。2011年，世界货物和服务出口总额相当于世界生产总值的32%，比2000年提高了7.5个百分点；全球对外直接投资（FDI）流量总额达到1.69万亿美元，是2000年全球对外直接投资流量总额的1.38倍。要构建开放型经济新体制，推动新一轮对外开放，在国际市场汪洋大海中搏击风浪，倒逼深层次改革和结构调整，提升开放型经济发展水平。一方面，要扩大对外开放的广度，实施全方位的对外开放。一是坚持积极有效利用外资，打造内外资企业一视同仁、公平竞争的营商环境，使中国继续成为外商投资首选地。二是建设好和管理好上海自贸区、天津自贸区、广东自贸区、福建自贸区等服务业开放先行先试区域，形成可复制可推广的体制机制。三是扩展内陆沿边开放，随着中国与周边国家边境贸易、跨国交通和能源通道的大发展，应抓紧出台深化中西部及东北地区对外开放的新政策，充分利用国内、国外两个市场和两种资源促进本地区发展，更好地融入世界经济中，不断提升国际竞争力；支持内陆城市增开国际客货运航线，发展多式联运，形成横贯东中西、联结南北的对外经济走廊，允许沿边重点口岸、边境城市、经济合作区在人员往来、加工物流、旅游等方面实行特殊方式和政策，让广袤大地成为对外开放的热土。四是扩大服务业对外开放，推进金融、教育、文化、医疗等服务业领域有序开放，放开育幼养老、建筑设计、会计审计、商贸物流、电子商务等服务业领域外资准入限制。另一方面，要扩大对外开放的深度，实施制度化的对外开放。一是加快推进中日韩自贸区和区域全面经济伙伴关系协定以及推进与海湾合作委员会的谈判，加快中美、中欧贸易投资协定谈判，推动建立亚太自贸区、亚欧自贸区、亚非自贸区，形成覆盖周边、面向全世界的自贸区网络，建设利益共享的全球价值链。二是推动服务贸易协定、政府采购协定、信息技术协定等谈判，加快环保、电子商务等新议题谈判，坚持推动贸易和投资自由化、便利化，实现与各国互利共赢。三是进一步推进湄公河、图们江、中亚等区域次区域合作，建立互利共赢的区域合作机制，以贸易、投资、经济技术合作的互动加快区域合作的快速发展。四是通过完善法规和行业政策为自主品牌提供企业国际化发展的营商环境，通过规划引导、项目推进、平台建设、信息咨询建立系统化的服务体系，大力扶持本土企业提升国际化水平。

第三，建立安全高效的开放型经济体系。国内外形势的深刻变化，对新时期开放型经济发展提出了新的更高要求，必须建立安全高效的开放型经济体系，才能在激烈的国际经贸格局变化中争取主动，才能解决开放型经济发展中不可持续的问题，才能提升开放型经济发展质量和水平。建立安全高效的开放型经济体系，要坚持转变外贸发展方式，培育开放型经济发展新优势，提高开放型经济的综合效益，增强抵御外部冲击和国际风险的能力。要建立统一高效的对外开放决策、协调、管理和评估机制，完善开放条件下的对外经贸促进体系和风险防范机制，增强风险防控水平，全力维护国家和产业核心利益，切实保障经济安全。要坚持出口和进口并重，强化贸易政策和产业政策协调，促进加工贸易转型升级，发展服务贸易，形成以技术、品牌、质量、服务为核心的出口竞争优势。要提高利用外资综合优势和总体效益，推动引资、引技、引智有机结合，要加快走出去步伐，增强企业国际化经营能力，培育一批世界水平的跨国公司，全面提高开放型经济对国民经济的贡献。

第四，谋求掌控国际产业链的核心环节。随着经济全球化和区域经济一体化的深度拓展，全球产业链竞争时代来临，区域产业竞争的焦点已转向产业链核心环节。产业链是各个产业部门之间基于特定的经济关联、逻辑关系和时空布局关系客观形成的链条式产业形态。而产业链的核心环节是指某些特定的能够创造或带来更多价值增值的产业环节，正成为提升一国经济竞争力和国际影响力的最重要因素。首先，培育和聚集世界级企业，掌握产业研发和营运环节。培育世界级企业是掌握产业链核心环节最直接有效的方式，凭借这些企业的核心技术、独特竞争能力、强大营销网络和品牌优势，能够引领国际创新发展，并在所属行业占据较高的市场份额，形成较强的国际行业引领力。美国、日本、德国、英国等世界主要发达经济体均是跨国公司总部或地区分支机构最集中的国家，它们占据绝大部分总部资源，为所属国家控制产业链核心环节奠定了良好的资源基础、价格基础及管理基础。以美国为例，《财富》杂志公布的"2013年世界500强排行榜"显示，美国依然是全球大型企业最多的国家，世界级企业的高度聚集有效巩固了美国对国际产业链核心环节的控制能力。同时，由世界品牌实验室（World Brand Lab）独家编制的2013年度（第十届）《世界品牌500强》排行榜显示，美国占据世界品牌500强中的232席，继续保持品牌大国的地位；法国以47个品牌位居第二；日本以41个品牌排名第三；英国、德国、瑞士和意大利是品牌大国的第二阵营，分别有39个、

23 个、21 个和 18 个品牌入选。中国虽然有 25 个品牌入选，但在前 100 个世界品牌中国无一个品牌入选，相对于 13 亿人口，中国显然还处于"品牌第三世界"。我国在产业链核心环节的选择上，应优先选择产业链各环节布局相对完善，研发和营运两大核心环节优质企业聚集规模和发展水平已经具备一定基础的产业。对于金融业，前期重点谋求掌控金融服务创新、金融产品创新以及金融衍生工具创新等环节的国际竞争力，后期重点培育国际期货市场和国际期权交易市场；对于商务服务业，应进一步聚集总部企业，促进其实体化和功能化经营，不断提升对国际商务服务业的引领力和影响力，前期重点谋求掌控企业管理、法律、会计、广告等行业的核心环节，后期重点谋求掌控审计、评估、科技、知识产权等行业的核心环节；对于文化创意产业，应进一步聚集国内外知名的创意型企业，促进其不断提升国际竞争力，前期重点谋求掌控文化艺术、新闻出版、设计服务等行业的核心环节，后期重点谋求掌控广播、电视、电影等行业的核心环节。同时，引导加工贸易转型升级，支持企业打造自主品牌和国际营销网络，发展服务贸易和服务外包，提升中国制造在国际分工中的地位，重点鼓励通信、铁路、电站等大型成套设备出口，让中国装备享誉全球。其次，建设全球型交易市场，影响国际交易量和价格生成。全球型交易市场，以其强大的交易功能影响商品和服务的国际交易量和国际价格的生成，引导国际资源配置，形成较强的国际行业控制力。全球排名前 50 位的期货期权交易所的总部主要分布在全球 40 个城市，其交易量占全球交易总量的 98%。其中，伦敦、纽约、芝加哥、东京、巴黎、香港和新加坡等 7 个城市的交易所完成的期货期权交易量占全球交易总量的 60.7%；其中 85.1% 的能源类期货期权交易在芝加哥、伦敦、东京和纽约等城市的交易所完成，49.8% 的金属类期货期权交易在伦敦、纽约和东京等城市的交易所完成。全球型交易市场为所在国家影响国际商品交易量及价格生成提供了良好的平台。要在上海、北京等条件相对成熟的城市，着手打造国际大宗商品交易与价格发现中心，重点加快发展要素市场和战略资源专业化市场，加大对稀土、能源、钢铁等战略资源价格形成的影响力，增加对虚拟水、碳排放国际交易的话语权；继续引导和扶持拍卖行业发展，推动文物、艺术品的高端拍卖市场扩大国际影响力。再次，吸引国际组织落户，影响国际产业标准和规则制定。后工业社会衡量一个国家综合竞争力的一个重要指标就是参与国际标准和规则制定的能力。国际组织凭借其国际产业标准和规则制定的主导权，在绝大多数行业发展中具有较大的话语权，左右国际利益分配，形成较强的国际行业影响力。国际组织的总部往往落户在具有国际影响力的国家，尤其是青睐国际化大都市。目前国际组织分布列前 10 位的城市依次是：巴黎、布鲁塞尔、伦敦、罗马、日内瓦、纽约、华盛顿、斯德哥尔摩、维也纳和哥本哈根，这 10 个城市 8 个在欧洲，2 个在美国。随着我国国际地位和国际影响力的提升，有必要吸引一些重要国际组织在中国设立总部或地区总部。目前我国在吸引国际组织落户方面严重滞后，全球大大小小的国际组织有 4 万多个，却只有寥寥几个国际组织的总部设在中国（亚洲论坛的总部设立在海南省琼海市博鳌镇，上海合作组织的秘书处设立在北京），这在一定程度上制约了我国对外开放水平的提高，不利于提升开放型经济的发展水平。我国可适时在北京、上海、广州等主要城市规划建设国际组织集聚区，吸引联合国及其专门机构设立办事处，有针对性地吸引国际经济、金融组织等经济类国际组织入驻，鼓励科技、文化、体育等专业类国际组织设立分支机构，使中国成为国际组织的重要集聚地。

第五，积极实施自由贸易区战略。全面提升对外开放水平的一个重要战略步骤，就是实施自由贸易区战略。国际金融危机爆发后，世界经济中的保护主义有所抬头。我国应坚决反对任何形式的保护主义，倡导通过协商妥善解决同有关国家的经贸分歧，积极推动建立均衡、共赢、关注发展的多边经贸体制。2012 年底的中央经济工作会议就提出：要加快实施自由贸易区战略。2013 年 10 月，习近平在亚太经合组织工商领导人峰会上强调："我们将统筹双边、多边、区域次区域开放合作，加快实施自由贸易区战略，推动同周边国家互联互通。"实施自由贸易区战略的一个具体步骤，就是 2013 年 9 月 29 日，中国（上海）自由贸易试验区正式挂牌。十八届三中全会通过的《中共中央关于全面深化改革若干重大问题的决定》强调，要把中国（上海）自由贸易试验区建设好、管理好，同时在推进现有试点基础上，选择若干具备条件地方发展自由贸易园（港）区，并以周边为基础加快实施自由贸易区战略，形成面向全球的高标准自由贸易区网络。目前，我国正在建设 18 个自贸区，涉及 31 个国家和地区。其中，已签署 14 个自贸协定，分别是我国与东盟、新加坡、巴基斯坦、新西兰、智利、秘鲁、哥斯达黎加、冰岛、瑞士、韩国和澳大利亚的自贸协定，内地与香港、澳门的更紧密经贸关系安排，以及大陆与台湾的海峡两岸经济合作框架协议。除了与冰岛和瑞士的自贸协定还未生效外，其余均已实施。正在谈判 4 个自贸协定，分别是我国与海湾合作委员会和挪威的自贸谈判，以及中日韩自贸区和《区域全面经济合作伙伴关系协定》谈判。此外，我国还完成了与印度的区域贸易安排（RTA）联合研究；正与哥伦比亚和斯里兰卡等开展自贸区联合可行性研究。通过自贸协定与相关国家互相减免关税、实施贸易投资便利化，极大地带动了与相关国家贸易的发展。比如，中国东盟自由贸易区成立后，2013 年双方贸易总额达到 4400 多亿美元，与 2002 年相比，超过 7 倍以上。未来，要统筹双边、多边、区域次区域开放合作，加快实施自由贸易区战略，推动同周边国家互联互通，提高抵御国际经济风险能力。支持在有条件的国家设立境外经贸合作区、跨境经济合作区等多种形式的经济园区，鼓励国内企业到沿线国家开展投资合作。要加强泛北部湾经济合作、大湄公河次区域合作、中越"两廊一圈"合作、南宁－新加坡经济走廊合作、孟中印缅经济走廊、中巴经济走廊等重要区域及通道的双边和多边合作，逐步形成区域及次区域大合作。着眼于打造一个政策沟通、设施联通、贸易畅通、资金融通、民心相通的新活力经济带，逐步形成一个东起西太平洋沿岸、西到波罗的海、横跨欧亚大陆的新兴经济合作区。同时，要积极推动建立亚太自贸区（FTAAP）。美国目前正深陷自己主导的"跨太平洋战略经济伙伴关系协定"（TPP）的谈判中，并未能取得一致的成果。TPP 质量虽高，但市场容量有限，APEC成员组织中国、印度和俄罗斯未加入 TPP。推进 FTAAP 建设，如果另起炉灶，从零开始，则费时费力。可考虑以区域内现有的经济合作机制为平台、为基础，对 RCEP 和 TTP 等平台进行有效整合。中国应努力能够获得印度和俄罗斯的支持，并积极与美国沟通，共同推动 FTAAP 谈判，形成世界最大的区域贸易协定，逐步提高参与国际贸易规则制定的能力和水平。

第六，加快自由贸易园（港）区建设。要加快上海自贸区、天津自贸区、广东自贸区和福建自贸区建设，坚持先行先试，以开放促改革、促发展，率先建立符合国际化和法治化要求的跨境投资和贸易规则体系，使自贸区成为我国进一步融入经济全球化的重要载体，真正让市场在资源配置中发挥决定性作用，使之成为推进改革和提高开放型经济水平的"试验田"，形成可复制、可推广的经验，发挥示范带动、服务全国的积极作用，为全面深化改革和扩大开放探索新途径、积累新经验。设立自贸区有三大时代背景。第一个背景是全球贸易竞争。目前美欧日三大经济体力图通过 TPP（跨太平洋伙伴关系协议）、TTIP（跨大西洋贸易和投资协议）和 PSA（多边服务业协议）形成新一代高规格的全球贸易和服务规则，来取代 WTO。第二个背景是中国自身的改革需求。不能说发达国家制定的所有游戏规则都是错误的，因不少规则符合市场发展和经济升级内在规律的要求。所以中国须用积极态度对待，其中一些合理的规则同中国自身的改革方向是兼容的。因此还是得采用最大公约数原理，找到交集并推进自身的转型发展，同时借此规则消解掉大部分既得利益集团，最终建立国际通行的规则以尽量避免更多不合理的利益固化和路径依赖。第三个背景是人民币国际化。因贸易需求释放的人民币，在全球货币总量中比例依然很小。如果不满足资本回流获利的动机，人民币货币的海外总量是无法做大的。而构建回流闭环就需要巨大的、有深度和广度的金融市场（基础和衍生）来容纳和吞吐。目前，上海最大的优势是有全国最全的交易所、银行间市场和要素市场，因此上海一定会成为人民币回流最大的目的地和集散地。过去没有自贸区，资金进来的龙头要直接接到内地的资产市场，需要通过 QFII 管道或者借道贸易途径才能获取人民币资产。有了自贸区之后，就可以先建立一个庞大的金融资产缓冲区和蓄水池，完善人民币的全球循环路径，并且最终在风险可控的条件下打通资本账户，进行双向投资、相互渗透，实现金融资源的全球优化配置，提升人民币的国际地位。因此，自贸区肩负四项重大使命。一是贸易的自由化。即没有海关监管、查禁、关税干预下的货物自由进口、制造和再出口。设立上海自贸区的目的不是做集装箱吞吐量最大的港口，而是做转口贸易和离岸贸易。这里最核心的要素有两个，一个是吸引跨国公司设立总部，另一个就是构架大宗商品交易平台。二是投资的自由化。全面实施准入前国民待遇和负面清单管理。实践证明，不管是制造业还是服务业，凡是对外开放比较彻底、积极参与全球资源竞合的领域，都会发展得比较好、竞争力变得更强。自贸区内投资大部分实行备案制，取消外资持股比例或经营范围等诸多限制，其实这也是正在进行的中美双边投资协定（BIT）谈判的预演，中方同意以准入前国民待遇和负面清单为基础与美方进行实质性磋商。对外资的"国民待遇"将首次延伸至"准入前"，并不再依赖当前的"外商投资产业指导目录"来进行行政控制，用以交换美国对等的更透明的外资准入审核流程。这一点对于中国政府机构改革来说也具有重大意义，有利于消解既有政府部门的审批权以及相应的设租、寻租能力。此外，投资也是双向的，鼓励中国资本从自贸区向海外直接投资。三是金融的国际化。推动人民币国际化。积极探索面向国际的外汇管理改革试点，建立与自贸区相适应的外汇管理体制。同时允许符合条件的外资金融机构设立外资银行，以及民营资本与外资金融机构共同设立中外合资银行。未来，自贸区金融方发展潜力是很大的，首先是初步实现香港、新加坡、澳门、瑞士、开曼、维京群岛等具备的自由贸易和离岸金融等功能，允许区内符合条件的中资银行从事离岸业务；同时考虑借助类似纽约的国际银行便利设施（IBF）、东京的离岸金融市场（JOM）等设计，培育在岸离岸分离型的金融中心（国际板），再通过建立适当的通道和管道，部分打通离岸和在岸市场，实现有限的互联互通，允许资金在一定范围或者限额内相互渗透，建立分离渗透型金融市场。在风险可控和效率提升的前提下，最终形成类似伦敦的全面渗透型和内外一体化的全球金融中心。四是管理的精简化。自贸区将实施"一线彻底放开、二线安全高效管住、区内货物自由流动"的创新监管服务新模式。自贸区建设最重要的工作之一是要在现有的开放试点里，化繁为简，减少行政成本，提供一条整合现有海关特殊监管区的有效路径。可以预见，未来在自贸区内，质检工商等所有的市场行政管理职能都会汇总到一个机构，而分散在一行三会的金融监管职能也可能合并在一起，设立一个金融监管局，所以真正意义的大部制改革完全可以在自贸区里实现。其最终目的是——建立集中统一的市场监管体系，转变政府职能，提高行政透明度，并进行地方立法试验和履行投资者权益保护功能，这即是实践"小政府"的全新执政理念，也是厘清市场和政府最优边界的最新尝试。自贸区的可扩展性和可复制性取决于自贸区的成效。自贸区的试验意义比肩甚至超越第一轮以开放促改革时建立的经济特区。这是当下中国全力推进改革的一个缩影，它不是一两项税收优惠，也不是吸引一两家世界级企业，而是机制和体制的真正全面创新和升级。这是一个完整的从经济体制到监管体制再到行政体制改革的综合试验区，它将创造出一个符合国际惯例、自由开放，鼓励创新的市场经济环境。

五　提供高质量的公共服务，降低企业的交易成本

提供高质量的公共服务能够帮助企业获得更多的投资机会和融资渠道，降低经济主体之间的交易成本，促进企业发展壮大。

第一，改善消费条件和消费环境，加快释放消费潜力。首先，抓紧制定并有序实施促进农民工融入城市的政策措施，推动城镇社会保障、医疗卫生、教育、文化等基本公共服务覆盖农民工并逐步实现均等化。其次，鼓励首次购房需求和改善型住房需求，对其给予一定的贷款利率和交易税费优惠。再次，继续促进汽车消费。北京、上海、广东等地应借鉴香港经验，大力改善道路交通的软环境，提高通行效率，调整汽车限购政策。大力改善二、三线城市道路交通硬环境，提高汽车使用便利度。为新能源汽车使用提供更多便利，刺激新能源汽车消费。最后，降低部分传统意义上

的"奢侈品"关税,如高档饰品、化妆品、品牌服装、电子消费产品、进口奶粉等,将部分"奢侈品"消费者吸引回国内消费。同时,积极适应电子商务快速发展的需要,加快推进跨境贸易电子商务服务试点工作,把加强口岸监管和促进电子商务健康发展紧密结合起来,创造新的消费领域。

第二,加大公共服务投资,不断扩大有效供给。首先,加大城市基本公共服务和基础设施的投资力度,解决长期以来城市功能不完善、不到位所造成的公共产品提供不足的问题,弥补历史欠账。着重改善城市地下管网、给排水、城市道路、停车场以及城市轨道交通、高速铁路、城际铁路等基础设施,提高义务教育、基本医疗和公共卫生、养老康复方面的投资,解决看病难、上学难、出行难、停车难、养老难、买房难等突出问题。其次,加大节能环保领域的投资。实施重大生态修复工程,推进河道及大气污染、荒漠化、石漠化综合治理;加快建设城市污水、垃圾处理设施,允许一定规模以上的城市建设集中供暖设施;支持节能低碳产业发展,加大对新能源、可再生能源及非常规能源发展的支持力度;抓紧完善节能环保产品优先采购和强制采购制度,加大政府采购力度,扩大节能环保产品消费。

第三,打破垄断,提高服务业的竞争程度。20世纪90年代以后,中国经济很重要的推动力来自生产行业完全向民营企业开放,民营企业逐渐在市场中发挥更重要的角色。在产出占比方面,民营企业增长非常快,占到3/4左右;在投资占比方面,民营企业占到70%。由于长期以来我国比较重视制造业,在服务业领域特别是现代服务业,垄断性比较强,如金融业、电信业等领域现在基本上被国企垄断。很多垄断行业中的国有企业,还没有面临非常大的来自民营企业的竞争。如果能放宽准入,打破垄断,很多民间企业能够进入形成竞争,将会加快服务业发展。从2008年经济普查的数据看,服务业中国有企业的资产回报率只有3%,而民营企业为6%,甚至高于6%。打破垄断,让更多的民营企业进入服务业,将有效地增加服务供给,并进一步激发有效需求。

第四,完善对外贸易环境,降低企业的国际经营成本。要运用财政、金融等多种政策手段扩大出口规模。要进一步减少对外贸企业的审批环节，进一步规范进出口环节经营性服务和收费，配合完善出口退税政策，清理不必要税费，进一步提高贸易便利化水平。要加快区域通关一体化改革，全面推行通关作业无纸化改革，提高海关查验效能，研究推进国际贸易"单一窗口"建设改革。要建立和完善与服务贸易特点相适应的海关监管模式，创新保税监管模式，加快海关特殊监管区域的整合优化。要继续推进简政放权，支持新型贸易平台发展，完善海关企业信用管理制度，为外贸企业营造一个良好的进出口环境。要加强外贸信息平台建设，建立国际贸易资讯系统，帮助企业规避贸易风险。要加强多边和双边谈判，减少贸易壁垒给企业带来的损失。

六 加大扶持力度，促进企业异质化

加快培育世界知名企业和品牌。制定培育世界知名企业和品牌的中长期规划，有选择地扶持一批享有一定知名度、具有一定竞争优势和潜质的本土骨干企业实施世界知名企业和品牌战略。当前，产业链各环节价值分配的决定、产业链的长度、产业链的转型和升级主要由主导产业链的跨国公司决定。彼得·迪肯给跨国公司下了一个比较中肯的定义——跨国公司是一个能够对一个国家以上的经营活动进行协调和控制的企业，即使他们可以不拥有这些经济活动。彼得·迪肯认为跨国公司具有三种重要的能力：能够协调和控制国家内部以及国家之间生产网络中不同过程与交易的能力；能够利用生产要素分布（如自然资源、资本和劳动力）与国家政策（如税收、贸易壁垒、财政援助等）地理差异的潜力；在国际或甚至是全球层次不同区位之间，对资源与经营活动进行转换和再转换的能力。彼得·迪肯虽然没有直接提出培育跨国公司能够促进经济升级，但是其对跨国公司具有三种重要能力及作用的分析却间接论证了跨国公司是促进经济升级的关键。而跨国公司是异质企业的典型代表，因此扶持国内企业成为跨国公司也就是促进企业异质化，进而促进经济升级。根据彼得·迪肯对跨国公司的分析，可以看出，跨国公司的第一种能力——协调和控制国家之间生产网络中交易的能力——能够影响产品和服务的国际贸易价格，是一种能够形成较高附加值的能力；跨国公司的第二种能力——利用生产要素分布与国家政策地理差异的潜力——能够影响贸易的规模，是一种能够运用国际资源提升贸易产品生产率的能力；跨国公司的第三种能力——在国际或甚至是全球层次不同区位之间对资源与经营活动进行转换和再转换的能力——能够提升贸易产品的质量，是一种能够运用国际资源提升贸易产品质量的能力。因此，培育跨国公司也是促进经济升级的重要途径。此外，跨国公司掌控了较多的资源能够进行大规模的研发活动和品牌经营，能够创造出满足较高消费需求的高档次产品，在国际贸易中获取更高的定价权和高额利润。所以，培育世界知名企业是促进企业异质化的重要途径。同时，要推动企业实施品牌国际化战略。加大对自主出口品牌产品和服务的支持力度，重点扶持自主品牌企业做大做强；建立公共信息平台，为企业实施品牌国际化战略提供有关国外市场的政策、法律环境、工会组织情况和当地文化等信息服务，降低企业品牌国际化的固定成本。

促进非异质企业升级。要在商品市场的基础上加快形成创意市场，扩大创意供给，推动生产性服务业发展壮大，促进企业的经营活动向产业中高端环节延伸，推动企业增加产品和服务的有效供给。自从英国政府1998年正式提出"创意经济"的概念以来，发达国家和地区提出了创意立国或以创意为基础的经济发展模式，发展创意产业已经被发达国家或地区提到了国家经济发展的战略层面。与此同时，西方理论界也率先掀起了一股研究创意经济的热潮。从研究创意本身，逐渐延伸到以创意为核心的产业组织和生产活动，即"创意产业"、"创意资本"，又拓展到以创意为基本动力的经济形态和社会组织，即"创意经济"，逐渐聚焦于具有创意的人力资本，即"创意阶层"。创意经济理论反映了新经济竞争优势的来源和竞争方式正在发生重要转变，知识和创意代替自然资源和有形的劳动生产率成为财富创造和经济增长的主要源泉。随着创意经济时代来临，"脑力"、"创意"密集型产业已渐渐取代了"土地"、"劳力"密集型产业在国民经济中的地位。企业异质化需要新创意来推动，新创意会衍生出无穷的新产品、新市场和财富创造的新机会，所以新创意才是推动企业异质化的重要原动力。美国新经济的本质，就是以知识及创意为本的经济。正如经济学家熊彼特指出的那样，现代经济发展的根本动力不是资本和劳动力，而是创新，而创新的关键就是知识和信息的生产、传播、使用。继农业经济以土地、工业经济以资本和矿产为最重要资源之后，创意经济使技术创新和创意、知识生产和人才资源作为经济资源获得了空前重要的战略地位。发展创意经济需要培育创意市场，为企业的创意产业化提供更便利的条件。要着力围绕创意产业化部署创意链，围绕创意链完善资金链，聚焦国家战略目标，集中资源、形成合力，促进创意企业发展。

综合运用比较优势战略和竞争优势战略。比较优势战略是林毅夫较早提出来的，并得到了樊纲和胡鞍钢等学者的进一步发展。比较优势战略的主要观点是，中国的比较优势在于丰富的劳动力资源，大量廉价劳动力使中国在生产劳动密集型产品方面具有比较优势，无论是服装和纺织等劳动密集型产品，还是机电等资本密集型产品的加工制造环节中国都具有成本低的优势，因此，应当鼓励和支持这些产业的发展，成为这些产品的主要生产国。林毅夫（2003）根据日本和亚洲四小龙发展经验认为：这些国家和地区的比较优势战略并非是政府的有意选择，而是当局放弃了赶超战略后，企业自发选择的结果。林毅夫对韩国发展经验的研究也证实了这一点，虽然韩国在初期发展中政府的干预力度很大，但是基本坚持了保护私有产权和自由竞争的市场经济制度，政府并没有代替企业制定经营决策，生产经营都是企业自己决策，正是由于市场经济体质的建立和完善，使得韩国在发展的每个阶段所选择的都是自己具有比较优势的产业，从而保障了产业的竞争力和自然升级的过程。因此，林毅夫认为市场经济与比较优势战略实际上具有内在一体化的倾向，只要坚持市场经济，就必然同时选择了或者说基本选择了比较优势发展战略，非但过去如此，今后也是一样。部分学者对比较优势战略提出了质疑，洪银兴（2002）认为，随着经济全球化的发展，许多资源和生产要素可以跨国界流动，而且通过人力资本投资、劳动力技能和素质的提高可以克服劳动力数量不足的劣势，劳动力丰富的优势并不能必然转化为实际的竞争优势。通过分析比较优势战略的支持者与质疑者的观点可发现，比较优势战略对促进中国经济升级确实存在一定的合理性，国内一些学者对比较优势战略提出的质疑并未对比较优势战略构成较大的挑战。中国的实践情况在一定程度上印证了比较优势战略的观点。中国在国际竞争中表现比较好，处于优势地位的产业仍然是劳动密集型产业。但是，比较优势战略忽略了比较优势的可替代性和竞争性。比较优势战略所强调的比较利益结构是建立在一国的比较优势基础之上的。通常的情况是，发展中国家缺乏资本和技术但拥有劳动力和自然资源丰富的优势，发达国家则拥有资本和技术的优势。因此，比较优势的贸易格局一般表现为：发达国家进口劳动密集型和自然资源密集型产品，出口资本密集型和技术密集型产品，发展中国家则进口资本密集型和技术密集型产品，出口劳动密集型和自然资源密集型产品。比较优势战略在解释产业间贸易上是十分成功的，并曾在相当长时期内成为国际贸易理论的主流，但比较优势战略忽略了比较优势可替代性的差异。无论是以劳动生产率差异为基础的比较优势理论，还是以生产要素供给为基础的生产要素禀赋理论，其比较利益产生的前提是各国的资源和生产要素不能在国家间流动，但在经济全球化的推动下，部分生产要素和资源已经可以在国家间流动，自然资源甚至可以被合成或被新材料所替代，人力资源可以通过人力资本投资以质量上的优势弥补数量上的劣势。因此，发展中国家建立在自然资源和劳动力资源丰富基础上的比较优势很容易被其他国家的比较优势替代，所以，大部分发展中国家的比较优势是静态的，在国际竞争中并不一定具有动态的竞争优势。此外，比较优势战略忽略了市场深度对比较优势的影响。市场规模不仅体现在市场的广度上——市场地理半径的大小，还体现在市场的深度上——人均真实购买力水平的高低。市场深度与一国比较优势是相互促进的，市场深度的提高会增加对资本密集和技术密集产品的需求，会增加个人在人力资本上的投资，这些都会增强一国的比较优势，进一步提高人均真实购买力，而人均真实购买力又会进一步强化一国的比较优势，产生一种良性循环机制。虽然许多发展中国家出口高速增长，但贸易条件却在不断恶化，市场深度得不到扩展，制约了本国比较优势的优化，陷入了比较优势陷阱。从二战以后发展中国家的发展结果看，完全运用比较优势发展起来的国家十分少见，大多数落入了比较优势陷阱。因此，促进企业异质化需要综合运用比较优势战略和竞争优势战略。

迈克尔·波特在《国家竞争优势》一书中，继承和发展了比较优势理论，提出了独树一帜的"国家竞争优势"理论，该理论认为：一国的贸易优势并不像比较优势理论宣称的那样简单地来源于一国的自然资源、劳动力、利率和汇率等因素，而是在很大程度上来源于一国的产业创新和升级的能力。波特还提出了产业国际竞争优势模型，该模型包括四种国家特有的决定因素和两种外部力量，四种国家特有的决定因素包括要素条件、需求条件、产业条件和企业条件，两种外部力量包括机遇和政府作用。要素条件主要指生产要素的丰富程度，包括初级要素和高级要素两类，初级要素是指一个国家先天拥有的自然资源和地理位置等要素，高级要素是指社会和个人通过后天努力创造的要素，在一个国家取得竞争优势的过程中，高级要素远比初级要素重要。需求条件主要通过三个方面影响特定产业的国际竞争力：一是如果本国市场上特定产业的产品需求较大，则具备规模经济优势，有利于该国建立该产业的国际竞争优势；二是如果本国市场消费者需求层次高，会促进本国公司改进产品质量、性能和服务，提升产品和服务的国际竞争力；三是如果本国需求具有超前性，就会推动为它服务的本国企业加速创新，走在世界其他企业的前面。产业条件主要指特定产业关联企业的竞争力，一个企业的经营往往需要通过与关联企业的合作获得和保持竞争力，一个国家要想获得持久的竞争优势，就必须在国内能够获得在国际上有竞争力的供应商的支持。企业条件是指一国国内支配企业创建、组织和管理的条件以及国内市场的有效竞争，国内市场的高度竞争会迫使企业改进技术和进行创新，从而加速该国国际竞争优势地位的确立。机遇主要包括重要发明、生产要素供求状况的重大变动、技术突破以及其他突发事件。政府作用是指政府通过政策调节来创造竞争优势。波特认为以上影响产业国际竞争优势的因素往往共同发生作用，促进或阻碍一个国家竞争优势的形成。在开放型经济条件下，某个国家产业的国际竞争优势不是一成不变的，产业国际竞争优势的获得具有很强的可选择性，固有的比较优势不应成为谋求国际竞争优势的阻碍，而应成为有利的促进因素。虽然比较优势与竞争优势存在显著区别，但它们也有着非常密切的关系：比较优势是竞争优势的基础，一国的比较优势有利于它去建立国际竞争优势，国际竞争优势是获得持久比较利益的保障，拥有比较优势并不必然拥有竞争优势，必须通过积极创新才能转化为竞争优势。部分学者主张将比较优势与竞争优势结合起来使用。林毅夫、李永军（2003）认为不应将比较优势与竞争优势两个范畴对立起来，或者用竞争优势理论来否定比较优势理论，竞争优势的建立离不开比较优势的发挥，发展中国家只有充分依靠和发挥自己的比较优势才能够建立自己的竞争优势。谭致君（2010）认为中国要转变外贸增长方式必须突破比较优势的局限与束缚，避免比较利益陷阱，以发展的眼光看待比较优势，制定动态比较优势战略，把比较优势理论和国家竞争战略有机统一起来。所以，只有把比较优势战略和国家竞争战略结合起来运用，才能更有效地推动企业异质化，促进经济升级。

推动企业国际化经营。鼓励企业主动走出去，加入全球供应链，更深层次地融入全球化，有利于拓展我国开放型经济的深度和广度。第一，重点扶持民营企业"走出去"。近年来，随着中国经济的不断发展，涌现出华为、奇瑞、吉利、海尔、腾讯等一大批具有国际影响力的民营企业。政府应顺应民营企业海外投资增速的势头，从外交、金融及政策上向民营企业倾斜，支持有实力的民营企业进军海外市场，进一步促进海外投资主体多元化。第二，重点扶持高新技术企业进行对外投资合作。鉴于我国"二元经济"发展中一批高新技术产业领域的企业已经具备较高的国际竞争力，拥有国际投资能力和国际合作潜力，应鼓励有条件的高新技术企业"走出去"，扩大对外投资，实现与外国高新技术企业的紧密合作。第三，重点扶持企业对欧洲进行投资合作。2009年以来，欧洲主权债务危机不断发酵，波及欧洲多个国家，欧洲许多国家企业资金链紧张，资产价格下跌至低位，对国外投资并购的安全审查、垄断审查放宽，我国应鼓励企业加大对欧洲的机械、汽车、造船、新能源材料、环保产业等领域的投资合作，在帮助欧洲走出困境的同时，推动企业"走出去"，获取更先进的技术、研发和营销体系。第四，促进国内企业形成对外投资协同效应。国内企业经济性质不同，既有国有独资企业，也有国有控股、参股的股份制企业及其他类型的股份制企业，也有个体企业、私人企业和外商投资企业，不同性质企业的经济诉求存在差异，甚至同类性质企业的利益也不同。面对国际市场，各类企业只有加强合作，寻求利益共同点，相互协调，相互依托，优势互补，才能产生最大的对外投资效益，维护国家及企业的共同利益，实现对外投资的总体战略。第五，为企业"走出去"提供配套服务。政府应在对外投资保护、政策引导、税收、融资、保障制度、信息咨询等方面为企业"走出去"提供便利，在企业进行对外投资时提供东道国的政治、经济、法律、市场、文化、宗教等方面的信息，帮助企业协调国际关系。政府应制定"对外直接投资战略规划"，包括总体规划、国别地区规划和产业规划等，规划应注意时效性，引导企业选取政局稳定、投资合作环境好、与中国经济互补性强、双边有一定经贸合作基础的国家和地区，作为对外投资合作的重点市场。加快对外投资立法进程，建立和完善相关法律体系；及时掌握境外企业的发展与变化情况，加强对境外投资效果的检测和评估。改革行业协会管理体制，提高非政府组织服务企业"走出去"的能力。第六，支持企业实现出口产品的差异化。逐步调整现有出口退税政策，进一步向我国优势产品和高技术含量产品倾斜，鼓励企业自主创新，不断扩大出口产品的差异性。第七，推动企业通过并购联合等方式实现规模经济和范围经济。逐渐清除各地方之间的投资贸易壁垒，鼓励有条件的大企业兼并中小企业，鼓励业务相似和有业务往来关系的中小企业结成战略联盟或组成规模更大的企业，通过企业规模的合理扩大降低企业的生产成本，克服出口固定成本的制约，增加出口市场的数量和出口产品的种类。第八，鼓励企业实施产业链经营。支持有条件的企业延伸产业链，向服务环节扩展，掌控研发环节和国际营销渠道。

七 防范金融风险，避免企业资产负债表衰退

近年来，我国地方政府债务备受关注，被国内外学者和专家认为是未来中国经济和金融危机的主要风险点。其实，相比地方政府债务，目前我国企业债务规模更大、风险更高、更难化解，更需引起高度警惕。从总量上看，我国企业债务相比地方政府债务规模更大，增速更快。国家审计署于 2013 年 12 月 30 日公布的《全国政府债务审计结果》显示，截至 2013 年 6 月全国各级政府负有偿还责任的债务 206988 亿元，负有担保责任的债务 29256 亿元，可能承担一定救助责任的债务 66504 亿元。而过去 5 年我国企业债务的扩张速度远高于地方政府债务增速。宏观看，企业债务增速是地方政府的 2 倍多。微观看，单个企业资产负债率也快速上升。总体而言，当前我国地方政府债务总量可控，但企业债务风险存在总量失控的隐忧。从国际比较看，我国企业负债率已超过国际警戒线，而地方政府负债率则处于可控区间。2012 年底，我国企业债务占 GDP 的比重（125%）不仅高于美国（约 75%）、德国（约 55%）、日本（约 100%）、法国（约 110%）等发达国家，也高于经济合作组织 90% 的警戒线，而地方政府负债率与发达国家控制线基本相当。如果考虑到我国企业特别是工业企业盈利能力较低这一因素（仅为全球平均利润水平的一半），我国企业的债务负担可能已达到全球平均水平的 3～4 倍。从历史经验看，当前我国企业面临的环境和债务结构更为复杂，化解难度更大。首先，企业产能过剩性质不同。与 20 世纪 90 年代末纺织、家电等轻工行业的过剩相比，当前企业过剩产能主要集中在中上游行业，供给与需求出现期限错配，绝对过剩、结构过剩和周期性过剩相互叠加，过剩产能的化解难度更大。当前煤炭、有色金属、钢铁、水运、机械制造、造船等企业多陷于产能严重过剩格局，在一段时期内很难摆脱增产不增收、增收不增利的困境，少数亏损企业困难长期化。其次，企业债务结构更复杂。与 20 世纪末以"三角债"为主要特征的企业债务结构相比，当前企业债务中出现了大量的企业债

券，而且增长迅速，企业债券到期一次还本付息的特殊偿还方式加剧了企业发生债务风险的可能性。再次，当前部分企业债券发行存在财务包装、造假严重的问题。最后，我国企业管理粗放的问题始终没有本质好转，且自身盲目的金融创新活动与影子银行风险叠加，进一步加剧了债务的不可控性。与20世纪不同，当前很多企业成立了自己的财务公司且影子银行业务规模巨大，部分企业或是利用自身的财务公司，或是通过影子银行从事套利活动，尤其个别央企通过账户透支，延长了债务链，削弱了银行和企业对债务的控制能力。从风险化解能力看，我国企业风险化解能力相对更弱。而我国地方政府基本以银行信贷融资为主，这种相对单一的方式却为政府负债隔离了风险，通过银行的风险缓释手段和技术在政府与债权人之间建立了一层风险"隔离墙"，可以在很大程度上缓冲政府偿债的压力。但近年来部分企业通过"影子银行"大量融资，风险涉及面广、隐蔽性更强，给风险化解带来许多困难。同时，政府的组织协调优势明显。面对债务风险，政府可调动的资源、组织协调能力都是一般企业无法企及的，这也是由我国国情和体制决定的。总之，企业债务无论从总量、结构、偿债资金的来源，还是从所对应的资产等方面来看，都存在较大的风险隐患。当前我国企业债务规模大、增长快，如果处理不当很有可能在某一个时间点突然爆发，形成区域性或行业性的债务风险，甚至波及整个金融体系和国民经济。

释放改革红利化解企业债务风险。总体上看，我国企业债务虽然比地方政府债务更加严重，但与90年代末期相比，中国当前经济基础更为雄厚，市场经济体制也更加完善，金融系统更为健康，既不存在严峻的企业三角债问题，也不存在系统性银行不良贷款危机。居民财富基础较好，社会安全网体系相对而言更为完善，也未出现大面积下岗失业对消费的冲击，只要对各类企业债务问题合理区分，应对得当，潜在的问题仍可以通过释放改革红利得到妥善解决。建议国家设立产业投资基金，比照新加坡淡马锡模式，对暂时有债务困难的企业特别是中小企业进行财务投资和组织增信，出资比例不超过20%、在董事会有特别表决权，在企业经营改善、摆脱债务困境后再市场化退出。此举不仅可通过市场化的方式帮助企业渡过债务难关，同时可将部分存量资金（如社保、养老）盘活，提高资金的利用效益。支持龙头企业通过并购提升国际竞争力，支持大企业按照供应链的不同环节对中小企业进行重组，通过并购和重组化解部分债务风险。积极推进减税放权、减少管制、科技创新补贴等改革措施降低企业成本，提升企业盈利水平，增强还本付息能力。用更大力气释放改革红利，利用市场倒逼机制，加强生产要素流动，加大结构调整力度，激发企业和市场活力。通过奖励、风险补偿等多种方式引导融资性担保公司健康发展，帮助小微企业增信融资，降低小微企业融资成本。运用多种金融工具，拓展股权融资，研究设立区域性股权融资市场的有效途径。努力调动地方政府、证券经营机构和企业三方积极性，完善多层次股票市场体系，强化外部投资者保护机制，降低股权融资成本。运用资产证券化工具激活存量，把风险和收益同时以合理价格转移给国内外资本市场，既优化企业微观主体资产负债表，也符合当前国家政策的要求。运用多种金融手段满足企业的不同需求。对合理向境外转移产能的企业，建议通过内保外贷、外汇及人民币贷款、债权融资、股权融资等方式，积极支持增强跨境投资经营能力；对实施产能整合的企业，通过探索发行优先股、定向开展并购贷款、适当延长贷款期限等方式，支持企业兼并重组。金融业也要按照《关于金融支持经济结构调整和转型升级的指导意见》的要求，对产能过剩行业区分不同情况实施差别化政策，不搞"一刀切"、"急刹车"，不搞集中催债，积极主动帮助涉事企业化解债务风险，履行社会责任。

释放改革红利化解企业债务风险的同时，必须防止企业出现资产负债表衰退。资产负债表衰退这一概念在传统的经济学教科书里几乎没有涉及，辜朝明在 2003 年出版的《资产负债表衰退：日本在经济迷局中的挣扎及其全球影响》一书中首次提出"资产负债表衰退"的概念，并在之后出版的《大衰退》一书中系统阐述了该理论。2009 年 5 月 22 日尹中立在上海证券报刊登的文章指出，中国有可能出现资产负债表型衰退，要防止出现这样灾难性的结果，就必须采取坚决的措施杜绝信贷资金进入股市，控制企业或个人利用信贷资金投资房地产市场。但是，2013～2015 年我国的信贷资金有相当大的比例流入了股市和房市，股市的反弹和房市的火爆使中国出现资产负债表衰退可能性增大。长期以来，人们对大规模经济衰退的解释为：股市崩溃造成银行信用紧缩，进而导致企业借贷困难，最终引发整个经济的大规模衰退。辜朝明提出的资产负债表衰退概念却彻底颠覆了这一传统认知，为我们提供了全新的视角。资产负债表衰退是指当全国性的资产价格泡沫破灭后，大量的私人部门（企业和家庭）资产负债表都会随之处于资不抵债的状况，从而大规模地遏制经济活动，由此而造成经济持续衰退。一般来讲，当一国的资产价格（如股市、楼市）发生暴跌，使得企业负债超过其资产，在技术意义上该企业已经破产。企业为了维持生存，努力隐瞒资产负债表的实际情况，并从银行提取存款修复资产负债表，企业把目标从"阳态"世界的利润最大化转变为"阴态"世界的负债最小化。也就是说为了扭转资不抵债的状况，私人部门的经济行为方式会发生变化，企业会把收入的大部分用于还债，而不会用于再投资，更不用说向银行借钱来投资了；家庭也会把收入的大部分用于还债，同时减少消费，而信贷消费则几乎绝迹。这时的企业已经完全恐惧于资产负债，忙于还债、停止所有贷款，不管利率何其之低。由于上述私人部门的去杠杆化（缩减负债）行为，整个信贷循环就会趋于停滞。当所有企业都按照这种办法实行，就形成了资产负债表衰退。新增储蓄和还债资金流入银行体系，就流不出来了，因为借款者没有了。哪怕央行把利率降到零，大家也不借款，注入流动性无法成功，货币政策失效，全国只有采用财政政策刺激才见效。信贷循环是经济的血液循环，信贷循环陷入停滞，会导致经济活动萎缩，私人部门收入下滑。收入下滑则更难还债，如此恶性循环，直到完全无望还清债务的那一天，萧条也就来了。在私人部门把资产负债表清理完毕之前，经济无法恢复自行增长。资产负债表型衰退与一般的经济周期波动不同之处在于衰退的时间持续更长。迄今为止，经济学家都认为经济衰退的类型只有一种，美国"大萧条"则是这种类型经济衰退的一个极端表现。并且这种衰退是由于资金供应方受到冲击，从而使得企业融资发生困难导致的。因为这些经济学家假定所有企业都以利润最大化为目标，所以他们相信只有在企业无法募集到所需资金时才会发生经济衰退。但是，资产负债表衰退理论认为经济衰退至少有两种不同的形式：由于经济周期造成的衰退和由于企业资产负债表问题造成的衰退。对于前一种衰退，就如众多研究已经表明的，身陷其中的企业基本上还是以利润最大化为目标，货币政策正是应对此类衰退的最佳工具。但是当发生后一类衰退时，企业的首要目标已经从利润最大化转移到负债最小化，这时就需要利用财政政策作为应对措施。资产负债表型衰退有两个主要结论。一是资产泡沫越大，泡沫破灭导致的资产损失越大，修复资产负债表需要的时间就越长；二是当经济陷入资产负债表型衰退时，货币政策会失效，财政政策才是有效的。

按照资产负债表型衰退假说，2008 年出现的全球金融危机就属于典型的资产负债表衰退，全球经济将陷入较长时间的衰退，而摆脱长期衰退的正确途径是积极的财政政策。历史上最典型的资产负债表型衰退有 30 年代的欧美"大萧条"及 90 年代日本的经济衰退。日本从 1990~2005 年的长达 16 年时间内，始终处于经济低增长阶段，但是这段时期的经济特征很独特：日本国内企业普遍具有盈利能力，企业管理科学、技术研发活跃、产品有较好的销路；银行利率非常低，甚至长期实行零利率，但是企业贷款量依然不大；企业的盈利主要用于归还贷款和欠款，投资规模极为有限；支撑经济发展的主要力量在于政府投资公共建设。有学者把日本的这段经济历程称为"增长型衰退"，辜朝明则把日本这段特殊的经济时期称为资产负债表衰退。日本从 1990 年起深陷增长型衰退中长达 10 多年，其间，日本政府整体上执行了政府支出支撑经济发展的决策，但是也有 1996 年桥本龙太郎首相为减少政府财政赤字而实施财政改革的大败笔，以至于延长了日本的经济衰退期，扩大了财政赤字，本来是为了减少政府财政赤字的行动，由于违反了资产负债表衰退的规律，反而导致社会经济活动整体萎缩，进而导致政府税收大幅度减少，赤字反而大幅度上升。美国次贷危机爆发以来，在短短的两年时间里，一个局部的信贷危机迅速演变为一场全球性的金融危机，并进而扩散蔓延到实体经济，导致了全球经济危机的发生。这场前所未有的经济衰退其性质不是普通的经济衰退，而是属于典型的资产负债表衰退。首先，本次经济衰退源于美国房地产市场价格的暴跌，继而引发了美国次贷危机，进而导致了金融衍生产品市场泡沫的破灭，接着又导致了股票市场价格的迅速下降。其次，从次贷危机演变成金融危机再演变到经济危机，是美国1999年以后房地产市场过度繁荣造成了过度负债，进而造成房地产泡沫，当房地产市场泡沫破裂后，累及金融市场泡沫破裂。在此过程中，政府、企业、居民总负债规模相当于美国当年GDP的3.5倍，而它10年前大概是2.5倍。也就是说，1998～2007年这10年间美国负债规模膨胀的速度过快，未来所有主体都要进行资产负债表修复，即"去杠杆化"，政府、企业、居民都要抛售资产，压缩负债规模。再次，危机爆发后，各国政府和央行都开出了不同的药方，财政政策与货币政策的组合是必然选择。但是，两大政策以何为重则有不同选择。在美国的影响下，各国政府纷纷重视货币政策的运用，实行低利率甚至零利率，结果使投资市场变成流动性陷阱。最后，本次经济衰退的一个重要特点是去杠杆化，即个人、企业和金融机构过去是通过借贷来增加资产，但现在主要是通过出售资产来还贷。

全球金融危机期间，中国经济不存在资产负债表衰退。从发展比较快并在国民经济中具有重要地位的行业——房地产业和金融业，各选取一个代表性企业，万科企业股份有限公司（房地产业中市值最大的公司）和中信证券股份有限公司（证券行业中市值最大的证券公司），对这两个公司进行分析发现，2008年6月至2009年9月，万科与中信两家企业都未出现资产负债表衰退的迹象。从万科资产负债表来看，资产总额呈上升趋势，从2008年6月30日的1111.01亿元上升至2009年9月30日的1295.02亿元，与此同时，资产负债率从2008年6月30日的67.76%下降到2009年9月30日的67.29%，基本保持稳定。

表 7 - 1   万科企业股份有限公司资产负债表摘要

单位：亿美元

时　期	2008/6/30	2008/9/30	2008/12/31	2009/3/31	2009/6/30	2009/9/30
资产	1111.01	1214.65	1192.37	1248.34	1245.20	1295.02
负债	752.78	846.14	804.18	851.02	827.15	871.38
股东权益	358.23	368.51	388.19	397.32	418.05	423.64
资产负债率（%）	67.76	69.66	67.44	68.17	66.43	67.29

资料来源：http：//stockdata.stock.hexun.com/2008/zcfz.aspx? stockid = 000002。

1999 年的"5·19"行情及 2001 年后的股市连续四年下跌，使中国出现了小规模的资产负债表衰退。在这次股票价格下跌中，受打击最重的是证券公司，几乎所有证券公司的资产负债表都陷入了困境，而其他经济部门并没有受到股价大幅下跌的波及。但是此次金融危机并不那么糟糕，从中信证券股份有限公司资产负债表来看，资产总额呈下降趋势，从 2008 年 6 月 30 日的 2333.44 亿元下降至 2009 年 9 月 30 日的 1803.11 亿元，但是资产负债率却从 2008 年 6 月 30 日的 76.89% 下降到 2009 年 9 月 30 日的 66.23%。

表 7 - 2   中信证券股份有限公司资产负债表摘要

单位：亿美元

时　期	2008/6/30	2008/9/30	2008/12/31	2009/3/31	2009/6/30	2009/9/30
资产	2333.44	1500.05	1368.88	1438.31	1453.26	1803.11
负债	1794.07	951.96	793.62	842.54	861.06	1194.12
股东权益	539.37	548.09	575.26	595.77	592.20	608.99
资产负债率（%）	76.89	63.46	57.98	58.58	59.25	66.23

资料来源：http：//stockdata.stock.hexun.com/2008/zcfz.aspx? stockid = 600030。

反观美国通用汽车公司的资产负债表，会发现通用汽车公司从 2007 年 9 月 30 日至 2008 年 9 月 30 日出现了明显的资产负债表衰退，负债总额明显超过资产总额，并呈不断扩大趋势，资产负债率从 2007 年 9 月 30 日的 127.94% 上升到 2008 年 9 月 30 日的 154.28%。

表7-3　美国通用汽车公司资产负债表摘要

单位：亿美元

时　期	2007/9/30	2007/12/31	2008/3/31	2008/6/30	2008/9/30
资产	1495.00	1488.83	1457.41	1360.46	1104.25
负债	1912.71	1859.77	1867.84	1930.16	1703.64
股东权益	-417.71	-370.94	-410.43	-569.70	-599.39
资产负债率（%）	127.94	124.91	128.16	141.88	154.28

资料来源：http://www.xwtg.com/search/search.action。

　　2008年下半年万科和中信两家企业都曾修复资产负债表。万科公司2008年6月30日资产负债率为67.76%，2008年9月30日上升为69.66%，但2008年12月31日则下降到的67.44%，与2008年下半年中国房地产价格下降形成了鲜明的对比，资产负债率在房价不断下跌的过程中随之上升才是正常的。因此，可以推断，因担心国际金融危机继续深化，万科在尝试修复资产负债表，而一旦经济出现复苏迹象，其资产负债率就不断上升，2009年第一季度、前两个季度和前三个季度资产负债率逐渐上升，而这一时期中国房价也在不断攀升，进一步印证了上述推断。同样，中信证券股份有限公司2008年6月30日资产负债率为76.89%，而2008年9月30日下降为63.46%，2008年12月31日甚至下降到57.98%，与2008年下半年中国股市暴跌形成了鲜明的对比，资产负债率在股价不断下跌的过程中随之上升才是正常的，因此，可以推断，因担心国际金融危机继续深化，中信在尝试修复资产负债表，而一旦经济出现复苏迹象，其资产负债率就不断上升，2009年第一季度、前两个季度和前三个季度资产负债率逐季度上升，而这一时期中国股市也在不断反弹，进一步印证了上述推断。全球性金融危机，中国没有陷于资产负债表衰退之中，主要有三方面原因。第一，中国的银行业和金融系统受到严格监管，其中金融泡沫的成分不大；第二，早在1999年，我国成立的信达、长城、东方、华融四大资产管理公司，专门处理四大国有商业银行和国家开发银行的不良资产问题，应该说这种举措是"未雨绸缪"的先见之明；第三，中国长期实行出口导向型的经济发展模式，没有过度信贷和过度消费经济泡沫形成的条件。

目前，中国发生资产负债表衰退的风险正在不断累积。第一，作为中国政府应对全球经济危机重大举措的 4 万亿元政府投资和 10 万亿元银行信贷，虽然对于克服通货紧缩起到了立竿见影的效果，但是这中间很大一部分资金流向了房地产市场，北京、上海房价的大幅攀升就是佐证，这种流动性很大程度上会加速房地产泡沫的产生。第二，股市因为市场上资金宽裕而不断上涨，这样的股价在经济尚未成功转型升级之前可能是虚涨的，是泡沫的膨胀，由信贷资金推动的股市上涨，其后果极可能是典型的资产负债表衰退。第三，人们普遍对资产负债表衰退缺乏清醒理智的认识，这就导致在社会整体经济向好的时候麻痹大意的情绪蔓延，对于资产价格虚高现象熟视无睹，加上投机家的嗜赌成性，很可能推波助澜，形成中国式的经济泡沫。从万科和中信证券两家公司 2008~2014 年的资产负债率变化趋势可以看出，两家公司都在增加负债，呈高杠杆化趋势，中信证券更为明显。而一旦经济泡沫形成，处于各方利益考虑，很难忍痛割爱去挤掉泡沫，泡沫不断膨胀，势必留下经济泡沫破灭和资产负债表衰退的大隐患。

表 7-4　万科和中信证券两家公司的资产负债率

单位:%

时　期	2008 年末	2009 年末	2010 年末	2011 年末	2012 年末	2013 年末	2014 年末
万科	73.25	72.84	74.69	77.10	78.32	78.00	77.20
中信	57.96	31.29	22.33	22.19	35.17	60.47	73.23

资料来源：万科和中信证券公司披露的年度报告。

我国要未雨绸缪，积极防范资产负债表衰退。要防止出现资产负债表衰退灾难性结果，就必须采取坚决的措施阻止信贷资金大量进入股市，控制企业或个人利用信贷资金投资房地产市场。一方面，货币政策要有导向性，对实体产业与房地产业要区别对待，实行不同利率，同时人民银行应该对商业银行进行适时的窗口指导。另一方面，银行监督部门要强化信贷资金的风险控制，对可能涉及股市的信贷资金进行现场检查，对违规的机构和个人进行处罚。

八　制定中国经济升级评价指数，加速经济升级

把中国经济升级具体化为一套可操作的指标来进行测度、评估和指导，具有重要意义。实际上，国内外已经有了一些具有重要影响的指标体系，例如人类发展指数、全球竞争力指数、转变经济发展方式评价指数等。设计中国经济升级评价指数有利于各级政府、企业和人民群众认识中国经济升级的重要性、紧迫性和可行性。

中国经济升级评价指数在编制方法的选取上采用的是国际通用的综合指数法，在确定一套合理的经济升级指标体系的基础上，对各项经济升级指标个体指数加权平均，计算出经济升级的综合值，用以评价中国经济的升级程度。即将一组相同或不同指数值通过统计学处理，使不同计量单位、性质的指标值标准化，最后转化成一个综合指数，以准确地评价中国经济升级的综合水平。综合指数值越大，经济升级的成效越好。

中国经济升级评价指数测算过程包括各项指标数值及权重的确定两方面。单一指标的数值将根据数据的特性分别采用不同的方法计算得出。一是根据该指标定义所推导出的公式直接计算得出；二是根据专家打分的平均值计算得出；三是根据统计公式［指数值 ＝（实际值 － 最小值）／（最大值 － 最小值）×100％］估算得出；四是根据国际平均值进行归一化处理后得出。各项单一指标的权重在专家打分的基础上，结合各项指标的历史值综合确定，力求充分体现各项指标在经济升级中的贡献。二级指标按照权重合成一级指标，一级指标再按照各自的权重合成中国经济升级评价指数。

中国经济升级评价指数可根据中国经济升级的内涵和目标，以及数据的可得性、可比性、可持续性和普遍性等特点，设计4个一级指标和38个二级指标，一级指标包括体制升级指标、动力升级指标、方式升级指标、福祉升级指标。体制升级指标主要反映正确处理政府与市场关系的升级程

度、社会主义市场经济体制的升级程度，包括政府行政审批事项取消的比例、行政事业性收费取消和免征的比例、资质资格许可和认定事项减少的比例、非国有经济的贡献度、市场的决定性作用等5个二级指标。动力升级指标主要反映内需潜力的升级程度、创新活力的升级程度、开放深化的升级程度，包括最终消费支出对国内生产总值增长的贡献率、资本形成总额对国内生产总值增长的贡献率、国内生产总值构成最终消费支出的比重、国内生产总值构成资本形成总额的比重、资本形成率、进出口总额相当于国内生产总值比例、服务贸易占对外贸易的比重等7个二级指标。方式升级指标主要反映国家创新体系的升级程度、创新机制的升级程度、新人口红利的升级程度、世界知名企业和品牌的升级程度，包括研发经费支出相当于国内生产总值比例、万人专利申请授权数、每百万人中研究人员和技术人员数、每个就业者创造的国内生产总值、资本国民生产总值比率、人均国内生产总值的相对值、第三产业增加值占国内生产总值的比重、中国拥有世界500强企业的比重、中国拥有全球品牌500强的比重等9个二级指标。福祉升级指标主要反映就业潜力释放的升级程度、居民收入增加的升级程度、生态文明建设的升级程度、基本公共服务均等化的升级程度，包括城镇居民家庭人均可支配收入、农村居民家庭人均纯收入、农村居民纯收入与城镇居民可支配收入之比、居民收入在国民收入分配中的比重、劳动报酬在初次分配中的比重、基尼系数、城镇居民家庭恩格尔系数、农村居民家庭恩格尔系数、第三产业就业人员构成比例、城镇登记失业率、每立方米细颗粒物含量、万美元国内生产总值能耗、城市优良天数比例、森林覆盖率、教育指数、人文发展指数、环境容量等17个二级指标。

今后，可根据中国经济升级评价指数，对中国经济升级进行长期的定量分析。一方面，每年进行横向比较，将中国与美国、德国等发达经济体以及印度、巴西等金砖国家进行比较，找出中国在经济升级过程中取得的成就和存在的问题，分析未来的走势和可能采取的措施；同时，利用中国经济升级评价指数对各省、区、市进行比较，分析各省、区、市促进经济升级的亮点与不足，提出针对性的建议。另一方面，进行纵向比较，将对中国及各省、区、市连续若干年中国经济升级评价指数的变化情况进行结构分析和趋势分析，总结经济升级的特点和发现存在的共性问题，提出下一步努力的方向。需要指出的是，本书设计的中国经济升级评价指数还只是初步的、探索性的，还需要随着中国经济升级内涵的丰富和实践的深化，不断进行修订和完善。尤其是指标的设计与权重的确定，要随着环境和实践的变化进行相应的调整。我们希望通过长期的努力，建立一套动态的评价指标体系，可以更为准确地反映我们在中国经济升级之路上的位置。

表7-5　中国经济升级评价指数

一级指标	二级指标	
体制升级指标	1	政府行政审批事项取消的比例
	2	行政事业性收费取消和免征的比例
	3	资质资格许可和认定事项减少的比例
	4	非国有经济的贡献度
	5	市场的决定性作用
动力升级指标	1	最终消费支出对国内生产总值增长的贡献率
	2	资本形成总额对国内生产总值增长的贡献率
	3	国内生产总值构成最终消费支出的比重
	4	国内生产总值构成资本形成总额的比重
	5	资本形成率
	6	进出口总额相当于国内生产总值比例
	7	服务贸易占对外贸易的比重
方式升级指标	1	研发经费支出相当于国内生产总值比例
	2	万人专利申请授权数
	3	每百万人中研究人员和技术人员数
	4	每个就业者创造的国内生产总值
	5	资本国民生产总值比率
	6	人均国内生产总值的相对值
	7	第三产业增加值占国内生产总值的比重
	8	中国拥有世界500强企业的比重
	9	中国拥有全球品牌500强的比重

续表

一级指标	二级指标	
福祉升级指标	1	城镇居民家庭人均可支配收入
	2	农村居民家庭人均纯收入
	3	农村居民纯收入与城镇居民可支配收入之比
	4	居民收入在国民收入分配中的比重
	5	劳动报酬在初次分配中的比重
	6	基尼系数
	7	城镇居民家庭恩格尔系数
	8	农村居民家庭恩格尔系数
	9	第三产业就业人员构成比例
	10	城镇登记失业率
	11	每立方米细颗粒物含量
	12	万美元国内生产总值能耗
	13	城市优良天数比例
	14	森林覆盖率
	15	教育指数
	16	人文发展指数
	17	环境容量

参考文献

[1] Alan S. Blinder, "Offshoring: The Next Industrial Revolution?", *Foreign Affairs*, Vol. 85, No. 2, 2006.

[2] Alan V. Deardorff, "Fragmentation in Simple Trade Models", *North American Journal of Economics and Finance*, Vol. 12, No. 2, 2001.

[3] Alexander J. Yeats, "Just How Big Is Global Production Sharing", World Bank Policy Research Working Paper, No. 1871, 1998.

[4] Amiti, Mary and Jozef Konings, "Trade Liberalization, Intermediate Inputs and Productivity", *American Economic Review*, Vol. 97, No. 5, 2007.

[5] Andrew B. Bernard, and J. Bradford Jensen, "Why Some Firms Export", MIT Dept of Economics Working Paper, No. 97 – 26, 2001.

[6] Andrew B. Bernard, J. Bradford Jensen, and Peter K. Schott, "Falling Trade Costs, Heterogeneous Firms and Industry Dynamics", NBER Working Paper, No. w9639, 2003.

[7] Andrew B. Bernard, and J. Bradford Jensen, "Exceptional Exporter Performance: Cause, Effect, or Both", *Journal of International Economics*, Vol. 47, No. 1, 1999.

[8] Andrew B. Bernard, J. Bradford Jensen, Stephen J. Redding and Peter K. Schott, "Firms in International Trade", *Journal of Economic Perspectives*, Vol. 21, No. 3, 2007.

[9] Andrew B. Bernard, J. Bradford Jensen and Peter K. Schott, *Importers*,

Exporters and Multinationals: *A Portrait of Firms in the U. S. that Trade Goods*, Chicago: University of Chicago Press, 2009.

[10] Andrew B. Bernard, J. Bradford Jensen, Stephen J. Redding, and Peter K. Schott, "The Margins of US Trade", *American Economic Review*, , Vol. 99, No. 2, 2009.

[11] Andrew B. Bernard, Jonathan Eaton, J. Bradford Jensen, and Samuel S. Kortum, "Plants and Productivity in International Trade", *American Economic Review*, Vol. 93, No. 4, 2003.

[12] Andrew B. Bernard, Stephen J. Redding and Peter K. Schott, "Comparative Advantage and Heterogeneous Firms", Yale SOM Working Paper No. ES – 46, 2005.

[13] Andrew B. Bernard, Stephen J. Redding and Peter K. Schott, "Multi – product Firms and Trade Liberalization", *Tuck School of Business Working Paper*, No. 2008 – 44.

[14] Arkolakis, Costas and Marc – Andreas Muendler, "The Extensive Margin of Exporting Goods: A Firm – Level Analysis", *Yale University and Mimeograph*, 2008.

[15] Arndt, Sven W, "Globalization and the Open Economy", *North American Journal of Economics and Finance*, Vol. 8, No. 1, 1997.

[16] Avinash K. Dixit, and Gene M. Grossman, "Trade and Protection with Multistage Production", *Review of Economic Studies*, Vol. 49, No. 4, 1982.

[17] Bee Yan Aw, Sukkyun Chung, and Mark J. Roberts, "Productivity and Turnover in the Export Market: Micro – level Evidence from the Republic of Korea and Taiwan (China)", *World Bank Economic Review*, Vol. 14, No. 1, 2000.

[18] Bilbe, Florin O. , Fabio Ghironi and Marc J. Melitz, "Endogenous Entry, Product Variety and Business Cycles", *Princeton University*, *Mimeograph*, 2007.

[19] Bottazzi, Giulio and Devetag, Maria G. , "Expectations Structure in Asset Pricing Experiments." in T. Lux, S. Reitz and E. Samanidou, eds. , *Nonlinear Dynamics and Heterogeneous Interacting Agents*, *Lecture Notes in Economics and Mathematical Systems* 550, Berlin: Springer Verlag, 2005.

[20] Brian Aitken, Gordon H. Hanson, Ann E. Harrison, "Spillovers, Foreign Investment, and Export Behavior", *Journal of International Economics*, Vol. 43, 1997.

[21] Broda, Christian, Joshua Greenfield and David E. Weinstein, "From Groundnuts to Globalization: A Structural Estimate of Trade and Growth", *NBER Working Paper*, No. 12512, 2006.

[22] Carsten Eckel, and J. Peter Neary, "Multi – Product Firms and Flexible Manufacturing in the Global Economy", *Economics Series Working Papers from University of Oxford*, *Department of Economics*, No. 292, 2006.

[23] Christian Broda and David Weinstein, "Globalization and the Gains from Variety", *Federal Reserve Bank of New York Staff Reports*, No. 180, March, 2004.

[24] Colin Camerer, and Teck – Hua Ho, "Experience – Weighted Attraction Learning in Normal Form Games", *Econometrica*, Vol. 67, No. 4, 1999.

[25] Costas Arkolakis and Marc – Andreas Muendler, "The Extensive Margin of Exporting Products: A Firm – Level Analysis", *NBER Working Paper*, No. w16641, 2010.

[26] Dalia Marin, and Thierry Verdier, "Globalization and the Empowerment of Talent", *Munich Economics Working Paper*, No. 268, 2003.

[27] Dalia Marin, and Thierry Verdier, "Globalization and the New Enterprise", *Journal of the European Economic Association*, Vol. 1, No. 2 – 3, 2003.

[28] Daniel Trefler, "The Case of the Missing Trade and Other Mysteries", *American Economic Review*, Vol. 85, No. 5, 1995.

[29] Edward E. Leamer, "In Search of Stolper – Samuelson Linkages between

International Trade and Lower Wages", in *Imports*, *Exports*, *and the American Worker*, ed. Susan M. Collins, Washington, D. C. : The Brookings Institution Press, 1998.

[30] Edward E. Leamer, "What's the Use of Factor Contents?" *Journal of International Economics*, Vol. 50, No. 1, 2000.

[31] Edward E. Leamer and James Levinsohn, "International Trade Theory: The Evidence", *NBER Working Papers with Number* 4940, 1994.

[32] Edward E. Leamer and Michael Storper, "Economic Geography of the Internet Age", *Journal of International Business Studies*, Vol. 32, No. 4, 2001.

[33] Eiichi Tomiura, "Foreign Outsourcing and Firm – level Characteristics: Evidence from Japanese Manufacturers", *Journal of the Japanese and International Economies*, Vol. 19, No. 2, 2005.

[34] Elhanan Helpman, "A Simple Theory of International Trade with Multinational Corporations", *Journal of Political Economy*, Vol. 92, No. 3, 1984.

[35] Elhanan Helpman, and Paul R. Krugman, *Market Structure and Foreign Trade*, Cambridge, M. A. : MIT Press, 1985.

[36] Elhanan Helpman, Marc J. Melitz, and Stephen R. Yeaple, "Exports versus FDI with Heterogeneous Firms", *American Economic Review*, Vol. 94, No. 1, 2004.

[37] Frank Levy and Richard Murnane, *The New Division of Labor*, Princeton University Press, 2004.

[38] George Alessandria, and Choi Horag, "Do Sunk Costs of Exporting Matter for Net Export Dynamics?", *Quarterly Journal of Economics*, Vol. 122, No. 1, 2007.

[39] Gregory W. Brown and Michael T. Cliff, "Investor Sentiment and Asset Valuation", *Journal of Business*, Vol. 78, Iss2, 2005.

[40] Gene M. Grossman, and Elhanan Helpman, "Integration vs Outsourcing in Industry Equilibrium", *Quarterly Journal of Economics*, Vol. 117, No. 1,

2002.

[41] Gene M. Grossman, and Elhanan Helpman, "Managerial Incentives and the International Organization of Production", *Journal of International Economics*, Vol. 63, No. 2, 2004.

[42] Gene M. Grossman, and Elhanan Helpman, "Outsourcing in a Global Economy", *Review of Economic Studies*, Vol. 72, No. 1, 2005.

[43] Gene M. Grossman, and Esteban Rossi – Hansberg, "Trading Tasks: A Simple Theory of Offshoring", *National Bureau of Economic Research Working Paper*, No. 12721, 2006.

[44] Gianmarco I. P. Ottaviano, and Marc J. Melitz, "Market Size, Trade and Productivity", *Review of Economic Studies*, Vol. 75, No. 1, 2008.

[45] Gordon H. Hanson, Raymond J. Mataloni, and Matthew J. Slaughter, "Expansion Strategies of US Multinational Firms", In *Brookings Trade Forum* 2001, ed. Dani Rodrik and Susan M. Collins, Washington, D. C.: Brookings Institution Press, 2001.

[46] Gordon H. Hanson, Raymond J. Mataloni, and Matthew J. Slaughter, "Vertical Production Networks in Multinational Firms", *Review of Economics and Statistics*, Vol. 87, No. 4, 2005.

[47] Hartmut Egger, "International Outsourcing in a Two – Sector Heckscher – Ohlin Model", *Journal of Economic Integration*, Vol. 17, No. 4, 2002.

[48] HartmutEgger, and Josef Falkinger, "The Distributional Effects of International Outsourcing in a 2 x 2 Production Model", *North American Journal of Economics and Finance*, Vol. 14, No. 2, 2003.

[49] Hasheem Nouroz, "Protection in Indian Manufacturing: An Empirical Study", *Delhi*, *MacMillan India Ltd*, 2001.

[50] Hiroyuki Kasahara and Beverly Lapham, "Productivity and the Decision to Import and Export: Theory and Evidence," *CESifo Working Paper*, No. 2240, 2008.

[51] Hummels David, Dana Rapoport, and Kei – Mu Yi, "Vertical Speciali-zation and the Changing Nature of World Trade", *Federal Reserve Bank of New York Economic Policy Review*, Vol. 4, No. 2, 1998.

[52] Hummels David, Jun Ishii, and Kei – Mu Yi, "The Nature and Growth of Vertical Specialization in World Trade", *Journal of International Econom-ics*, Vol. 54, No. 1, 2001.

[53] Hummels David and Peter J. Klenow, "The Variety and Quality of a Nation's Exports", *American Economic Review*, Vol. 95, No. 3, 2005.

[54] James Tybout, "Plant – and Firm – level Evidence on the 'New' Trade Theories", in E. Kwan Choi and James Harrigan, ed., *Handbook of In-ternational Trade*, Oxford: Basil – Blackwell, 2003, and NBER Working Paper, No. 8418, 2001.

[55] Jonathan Eaton, Samuel Kortum, and Francis Kramarz, "Dissecting Trade: Firms, Industries, and Export Destinations," *Federal Reserve Bank of Minneapolis Research Department Staff Report* 332, February 2004.

[56] Jonathan E. Haskel, Sonia Pereira and Matthew Slaughter, "Does Inward Foreign Direct Investment Boost the Productivity of Domestic Firms", *NBER Working Paper*, No. 8724, 2002.

[57] Jonathan Eaton, Marcela Eslava, Maurice Kugler, and James Tybout, "The Margins of Entry into Export Markets: Evidence from Colombia", in Elhanan Helpman, Dalia Marin and Thierry Verdier, eds., *the Organ-ization of Firms in a Global Economy*, Harvard University Press, 2008.

[58] James R. Markusen, "The Boundaries of Multinational Enterprises and the Theory of International Trade", *Journal of Economic Perspectives*, Vol. 9, No. 2, 1995.

[59] James R. Markusen and Anthony J. Venables, "Multinational Firms and the New Trade Theory", *Journal of International Economics*, Vol. 46, No. 2, 1998.

[60] James R. Markusen, *Multinational Firms and the Theory of International Trade*, Cambridge, M. A. : MIT Press. 2002.

[61] James R. Markusen, and Anthony J. Venables, "The Theory of Endowment, Intra – industry and Multi – national Trade", *Journal of International Economics*, Vol. 52, No. 2, 2000.

[62] Jonathan Eaton, Samuel Kortum, and Francis Kramarz, "An Anatomy of International Trade: Evidence from French Firms", *NBER Working Paper*, No. 14610 , 2008.

[63] John McLaren, " 'Globalization' And Vertical Structure", *American Economic Review*, Vol. 90, No. 5, 2003.

[64] Mary Amiti, and Donald R. Davis, "Trade, Firms, and Wages: Theory and Evidence", *NBER Working Paper*, No. 14106, 2008.

[65] Marc J. Melitz, "The Impact of Trade on Intra – Industry Reallocations and Aggregate Industry Productivity", *Econometrica*, Vol. 71, No. 6, 2003.

[66] Marc J. Melitz, and Gianmarco Ottaviano "The Margins of Trade," *Paper Presented at CEPR Erwit Conference*, 2008.

[67] Michael E. Porter, *The Competitive Advantage of Nations*, Free Press, New York, 1990.

[68] Nina Pavcnik, "Trade Liberalization, Exit, and Productivity Improvements: Evidence from Chilean Plants", *Review of Economic Studies*, Vol. 69, No. 1, 2002.

[69] Paul Krugman, "Scale Economies, Product Differentiation and the Pattern of Trade", *American Economic Review*, Vol. 70, No. 5, 1990.

[70] Paul Krugman, "Technology, Trade and Factor Prices", *Journal of International Economics*, Vol. 50, No. 1, 2000.

[71] Penelopi K. Goldberg, Amit K. Khandelwal, Nina Pavcnik and Petia Topalova, "Multi – product Firms and Product Turnover in the Developing World: Evidence from India", *NBER Working Paper*, No. 14127, 2008.

[72] Peter K. Schott, "Across – Product versus Within – Product Specialization in International Trade", *Quarterly Journal of Economics*,, Vol. 119, No. 2, 2004.

[73] Petia Topalova, "Trade Liberalization and Firm Productivity: The Case of India", *IMF Working Paper*, WP/04/28, 2007.

[74] Pinelopi K. Goldberg, Amit K. Khandelwal, Nina Pavcnik and Petia Topalova, "Imported Intermediate Inputs and Domestic Product Growth: Evidence from India", *NBER Working Paper*, No. 14416, 2008.

[75] Pol Antras, Firms, Contracts, and Trade Structure", *Quarterly Journal of Economics*, Vol. 118, No. 4, 2003.

[76] Pol Antras, and Elhanan Helpman, "Global Sourcing", *Journal of Political Economy*, Vol. 112, No. 3, 2004.

[77] Pol Antras, Luis Garicano, and Esteban Rossi – Hansberg, "Offshoring in a Knowledge Economy", *Quarterly Journal of Economics*, Vol. 121, No. 1, 2006.

[78] Rasmus Lentz, and Dale T. Mortensen, "Productivity Growth and Worker Reallocation", *InternationalEconomic Review*, Vol. 46, No. 3, 2005.

[79] Richard E. Baldwin, "Heterogeneous Firms and Trade: Testable and Untestable Properties of the Melitz Model", *NBER Working Paper*, No. w11471, 2005.

[80] Robert C. Feenstra, "New Product Varieties and the Measurement of International Prices", *American Economic Review*, Vol. 84, No. 1, 1994.

[81] Robert C. Feenstra, "Integration of Trade and Disintegration of Production in the Global Economy", *Journal of Economic Perspectives*, Vol. 12, No. 4, 1998.

[82] Robert C. Feenstra, and Gordon H. Hanson, "Globalization, Outsourcing, and Wage Inequality", *American Economic Review*, Vol. 86, No. 2, 1996.

[83] Robert C. Feenstra and Gordon H. Hanson, "Foreign Investment, Outsourc-

ing, and Relative Wages", In *The Political Economy of Trade Policy: Papers in Honor of Jagdish Bhagwati*, *ed.* Robert C. Feenstra, Gene M. Grossman, and Douglas A. Irwin, Cambridge, M. A. : MIT Press, 1996.

[84] Robert C. Feenstra, Dorsati Madan, Tzu – Han Yang, and Chi – Yuan Liang, "Testing Endogenous Growth in South Korea and Taiwan", *Journal of Development Economics*, Vol. 60, No. 2. 1999.

[85] Robert C. Feenstra, and Hong Ma, "Optimal Choice of Product Scope for Multiproduct Firms," in Elhanan Helpman, Dalia Marin and Thierry Verdier, *The Organization of Firms in a Global Economy*, Harvard University Press, 2008.

[86] Robertson Jesse, Dan Stone, Liza Niedewanger, Matthew Grocki, Erica Martin, and Ed Smith , "Offshore Outsourcing of Tax – Return Preparation", *The CPA Journal*, Vol. 75, No. 6. 2005.

[87] Ronald W. Jones, and Henryk Kierzkowski, "The Role of Services in Production and International Trade: A Theoretical Framework", In *the Political Economy of International Trade: Essays in Honor of Robert E. Baldwin*, ed. Ronald W. Jones and Anne O. Krueger, Cambridge, M. A. : Blackwell, 1990.

[88] Ronald Coase, "The Nature of the Firm", *Economica*, Vol. 4, No. 16, 1937.

[89] Ronald W. Jones, and Henryk Kierzkowski, "Globalization and the Consequences of International Fragmentation", In *Money, Capital Mobility, and Trade: Essays in Honor of Robert A. Mundell*, ed. Guillermo A. Calvo, Rudiger Dornbusch, and Maurice Obstfeld, M. A. : MIT Press, 2001.

[90] Sanghamitra Das, Mark J. Roberts, and James R. Tybout, "Market Entry Costs, Producer Heterogeneity and Export Dynamics", *Econometrica*, Vol. 75, No. 3, 2007.

［91］ Simon J. Evenett, and Anthony J. Venables, "Export Growth in Developing Countries: Market Entry and Bilateral Trade Flows", *University of Saint Gallen, Mimeograph*, 2002.

［92］ Sofronis K. Clerides, Saul Lach, James R. Tybout, "Is learning by exporting important? Micro – dynamic Evidence from Colombia, Mexico, and Morocco", *Quarterly Journal of Economics*, Vol. 113, No. 3, 1998.

［93］ Stephen Ross Yeaple, "The Complex Integration Strategies of Multinationals and Cross Country Dependencies in the Structure of FDI", *Journal of International Economics*, Vol. 60, 2003.

［94］ Stephen Ross Yeaple, "The Role of Skill Endowments in the Structure of U. S. Outward FDI," *Review of Economics and Statistics*, Vol. 85, No. 3, 2003.

［95］ Timothy J. Kehoe and Kim J. Ruhl, "How Important is the New Goods Margin in International Trade", *Society for Economic Dynamics in its Meeting Papers with*, No. 733, 2006.

［96］ Thomas Chaney, "Distorted Gravity: the Intensive and Extensive Margins of InternationalTrade", *American Economic Review*, Vol. 98, No. 4, 2008.

［97］ Tor Jakob Klette, and Samuel Kortum, "Innovating Firms and Aggregate Innovation", *Journal of Political Economy*, Vol. 112, No. 5, 2004.

［98］ Volker Nocke, and Stephen Yeaple, "Globalization and Endogenous Firm Scope", *PIER Working Paper*, No. 06 – 015, 2006.

［99］ Wilhelm Kohler, "Aspects of International Fragmentation", *Review of International Economics*, Vol. 12, No. 5, 2004.

［100］ Wilhelm Kohler, "International Outsourcing and Factor Prices with Multistage Production", *Economic Journal*, Vol. 114, No. 494, 2004.

［101］ Wolfgang Keller, and Stephen Yeaple, "Multinational Enterprises, International Trade, and Productivity Growth: Firm Level Evidence from the United States", *Discussion Paper Series 1: Economic Studies*, No. 7, 2005.

［102］ Yi, Kei – Mu, "Can Vertical Specialization Explain the Growth of

World Trade", *Journal of Political Economy*, Vol. 111, No. 1, 2003.

[103] 柴忠东、施慧家：《新新贸易理论"新"在何处——异质性企业贸易理论剖析》，《国际经贸探索》2008 年第 12 期。

[104] 陈强远、施贞怀：《出口企业与企业生产率一个基于"新新"贸易理论的文献综述》，《经营管理者》2009 年第 16 期。

[105] 陈素颖、胡建荣：《加快转变对外开放发展方式》，《发展研究》2008 年第 9 期。

[106] 陈文玲：《加快转对外贸易增长方式》，《宏观经济研究》2007 年第 7 期。

[107] 陈文芝：《贸易自由化与行业生产率：企业异质性视野的机理分析与实证研究》，《中国博士学位论文全文数据库》，2009。

[108] 樊纲、关志雄、姚枝仲：《国际贸易结构分析：贸易品的技术分布》，《经济研究》2006 年第 8 期。

[109] 冯雷：《经济全球化与中国贸易政策》，经济管理出版社，2004。

[110] 傅自应：《加快转变外贸发展方式》，《经济日报》2010 年 5 月 10 日第 011 版。

[111] 耿协威：《转变外贸增长方式 促进对外贸易可持续发展》，《国际经贸探索》2005 年第 6 期。

[112] 顾卫平、邓雅勤：《转变贸易增长方式的理论反思》，《上海经济研究》2007 年第 4 期。

[113] 郭建宏：《中国加工贸易问题研究——发展、挑战和结构升级》，经济管理出版社，2006。

[114] 何永达：《转变外贸增长方式的理论研究综述》，《丽水学院学报》2008 年第 12 期。

[115] 贺骁、廖维琳：《高新技术产品进出口贸易对经济增长的作用》，《国际贸易问题》2004 年第 5 期。

[116] 洪联英：《企业权力机制、层次结构与贸易非均衡发展》，《中国博士学位论文全文数据库》，2008。

[117] 洪联英、刘解龙：《论我国出口导向型发展模式转型的战略性调整》，《国际经贸探索》2009年第2期。

[118] 洪银兴：《经济全球化条件下的比较优势和竞争优势》，《经济学动态》2002年第12期。

[119] 黄静波：《技术创新、企业生产率与外贸发展方式转变》，《中山大学学报》（社会科学版）2008年第3期。

[120] 简新华、张皓：《论中国外贸增长方式的转变》，《中国工业经济》2007年第8期。

[121] 蒋蕾蕾：《国家竞争优势理论与外贸增长方式的转变》，《中外企业家》2007年第2期。

[122] 江小涓、杨圣明、冯雷编《中国对外经贸理论前沿Ⅲ》，社会科学文献出版社，2003。

[123] 江小涓：《中国经济的开放与增长（1980～2005年）》，人民出版社，2007。

[124] 江小涓：《服务外包：合约形态变革及其理论蕴意》，《经济研究》2008年第7期。

[125] 来特、王国顺：《对外贸易评价体系的构建及我国对外贸易关系现状评析》，《国际商务》2006年第3期。

[126] 赖明勇、周杨：《高新技术产品出口对中国经济增长的拉动效应及外溢分析》，《世界经济研究》2005年第8期。

[127] 李春顶：《异质性企业国际化路径选择研究》，《中国博士学位论文全文数据库》，2009。

[128] 李春顶、王领：《异质性企业的出口贸易行为选择与经济效应——新－新贸易理论的模型扩展及其对我国的启示》，《商业经济与管理》2009年第8期。

[129] 李桂子：《谈外贸增长方式的转变》，《理论学习》2006年第5期。

[130] 李伍荣：《服务贸易促进外贸增长方式转变机理及其实现》，《国际经贸探索》2007年第4期。

[131] 李霞:《当前国内外经济环境分析与广东外贸增长方式的转变》,《商业经济文萃》2005 年第 3 期。

[132] 刘刚:《企业的异质性假设——对企业本质和行为基础的演化论解释》,《中国社会科学》2002 年第 2 期。

[133] 刘琳:《国家竞争优势理论视角下我国对外贸易利益及政策取向》,《商业时代》2008 年第 11 期。

[134] 隆国强:《加工贸易发展问题研究》,《国际贸易》2006 年第 9 期。

[135] 林毅夫、李永军:《比较优势、竞争优势与发展中国家的经济发展》,《管理世界》2003 年第 7 期。

[136] 〔美〕詹姆斯·R. 马库森:《跨国公司与国际贸易理论》,强永昌、陆雪莲、杨泓艳译,上海财经大学出版社,2005。

[137] 孟建国:《关于转变我国对外贸易方式的几点思考》,《商场现代化》2006 年第 3 期。

[138] 蒙英华、黄建忠:《服务贸易提供模式及其比较优势研究》,《亚太经济》2009 年第 3 期。

[139] 宁向东:《理性点亮中国》,中国发展出版社,2006。

[140] 裴长洪编《中国对外经贸理论前沿 (4)》,社会科学文献出版社,2006。

[141] 裴长洪、冯雷编《中国国际商务理论与前沿 (5)》,社会科学文献出版社,2008。

[142] 彭露、钟志定、王小进:《跨国公司主导下的中国出口贸易模式》,《商场现代化》2009 年第 3 期。

[143] 全教:《标准化战略与我国外贸增长方式转变》,《世界经济研究》2007 年第 6 期。

[144] 施慧家、柴忠东:《新新贸易理论" 新"在何处——异质性企业贸易理论剖析》,《国际经贸探索》2008 年第 12 期。

[145] 沈玉良、孙楚仁、凌学岭:《中国国际加工贸易模式研究》,人民出版社,2007。

［146］宋群：《利用外资对转变我国外贸增长方式的影响》，《中国经贸导刊》2006 年第 3 期。

［147］苏桂富、刘德学、陶晓慧：《全球生产网络下我国加工贸易转型升级与结构优化机制》，《特区经济》2005 年第 5 期。

［148］孙杭生：《我国确立贸易强国地位的指标体系研究》，《价格理论与实践》2006 年第 3 期。

［149］谭致君：《基于比较优势与竞争优势理论的中国外贸战略》，《湖南城市学院学报》2010 年第 9 期。

［150］唐宜红、林发勤：《异质性企业贸易模型对中国企业出口的适用性检验》，《南开经济研究》2009 年第 6 期。

［151］王放：《国际金融危机与我国出口企业外贸发展方式转变研究》，《现代商贸工业》2009 年第 5 期。

［152］王洛林、宋泓、马涛：《金融危机与中国对外贸易——沿海地区中小外贸企业调查研究》，《国际经济评论》2009 年第 4 期。

［153］王受文：《转变外贸增长方式 促进贸易平衡发展》，《国际贸易》2007 年第 7 期。

［154］魏浩等：《贸易大国、贸易强国与转变我国外贸增长方式的战略》，《世界经济与政治论坛》2006 年第 3 期。

［155］危旭芳、郑志国：《服务贸易对我国 GDP 增长贡献的实证研究》，《财贸经济》2004 年第 3 期。

［156］闻潜：《论外贸增长方式的转变》，《经济经纬》2005 年第 3 期。

［157］谢娟：《比较优势与竞争优势的对比研究》，《国际经贸探索》2001 年第 4 期。

［158］许统生、涂远芬：《高新技术产品贸易与我国经济增长的长、短期关系——基于协整理论和误差修正模型检验》，《统计研究》2006 年第 5 期。

［159］尹晓波：《进出口贸易对我国经济增长关系的变因分析》，《运筹与管理》2002 年第 6 期。

[160] 项飞：《构建新型的外贸增长方式》，《南京政治学院学报》2005 年第 6 期。

[161] 杨圣明：《马克思国际贸易理论新探》，《经济管理出版社》2002 年第 4 期。

[162] 杨圣明：《关于服务外包问题》，《中国社会科学院研究生院学报》2006 年第 6 期。

[163] 杨思振：《从比较优势理论到国家竞争优势理论——转变我国外贸增长方式》，《柴达木开发研究》2009 年第 1 期 。

[164] 杨正位：《加快转变外贸增长方式》，《中国经济导刊》2005 年第 6 期。

[165] 袁正明：《从比较优势到竞争优势——基于比较优势理论发展路径的分析》，《武汉工程大学学报》2007 年第 11 期。

[166] 张鸿：《关于中国对外贸易战略调整的思考》，《国际贸易》2005 年第 9 期。

[167] 张军：《技术创新与中国对外贸易可持续发展关系研究》，《企业经济》2007 年第 8 期。

[168] 张曙霄、王爽：《关于我国外贸增长方式与可持续发展的探讨》，《财经问题研究》2006 年第 10 期。

[169] 张燕生：《我国加工贸易发展面临着新一轮的转型》，《宏观经济管理》2003 年第 6 期。

[170] 张燕生：《我国外向型模式转变与国际收支结构调整》，《中国投资》2010 年第 11 期。

[171] 张效梅：《国家竞争优势理论对我国外贸发展的启示》，《商业时代》2010 年第 2 期。

[172] 张旭宏：《外经贸发展中亟须研究解决的几个重大政策问题》，《中国经贸导刊》2005 年第 22 期。

[173] 张旭宏、任翠玉：《加快增长方式转变　促进我国外经贸健康发展》，《宏观经济管理》2005 年第 5 期。

[174] 张蕴如：《加工贸易与开放式产业结构升级探析》，《国际经贸探索》2001年第3期。

[175] 张蕴如：《开放式产业结构升级与加工贸易的互动发展》，《现代经济探讨》2001年第4期。

[176] 赵伟、李淑贞：《出口与企业生产率：由实证而理论的最新拓展》，《国际贸易问题》2007年第7期。

[177] 赵忠秀、吕智：《企业出口影响因素的研究述评——基于异质性企业贸易理论的视角》，《国际贸易问题》2009年第9期。

[178] 郑礼明、张燕林：《异质性企业贸易理论研究综述》，《改革与战略》2010年第3期。

[179] 周建军、王江：《中国企业"走出去"与对外贸易可持续发展的关系分析》，《江苏商论》2006年第3期。

[180] 周琛影：《外贸增长方式转变滞后原因及路径展望》，《现代财经》2007年第6期。

[181] 周晓青：《试述转变我国外贸增长方式的途径》，《全国商情》2006年第9期。

后　记

中国经济升级是经济进入新常态的必然要求，是避免陷入"中等收入陷阱"的最佳选择，是实现经济大国到经济强国转变的必由之路。中国经济升级是以时间和空间相结合的经济量变逐渐发展到经济质变的过程，是对现有经济发展版本的继承与发展。需要不断以新的视角分析中国经济升级的原理与路径，为顺利实现中国经济升级提供理论支持和实践经验。

目前，新新贸易理论尚处于发展阶段，理论研究和实证分析都需要不断深化和扩展。新新贸易理论未来的发展方向是在企业生产率和固定出口成本基础上引入更多的解释因素，构造国际贸易理论的微观基础，增强理论的解释力和预测力。新新贸易理论的实证分析也会利用更多的企业数据对微观企业的经济行为进行更深入的论证，推动新新贸易理论的完善和发展。新新贸易理论的进一步发展将为研究经济升级提供更强大的理论支持，怎样综合运用更多的解释因素来分析异质企业如何促进中国经济升级将是未来研究的重要方向。

随着企业微观数据的不断积累，对异质企业如何促进中国经济升级的理论研究和实证研究将不断深入。未来进一步扩展的方向是充分利用上市公司的年度报表和企业联合年检数据库等微观数据资源，获取更多行业的企业数据，分行业比较异质企业与非异质企业在生产率、规模、创新能力和品牌国际化程度等方面的差异，完善异质企业促进中国经济升级的理论与模型，进一步研究异质企业与中国经济升级的机理，分析企业异质化的路径，扩展理论框架，并用以指导中国经济升级的实践。

在本书的写作过程中需要感谢的人和事太多太多。首先要感谢的是我的父母、妻子、妹妹、弟弟和女儿，他们的支持是我坚持不懈的强大动力，是我克服无数困难的动力源泉，使我能够以轻松、乐观的心态面对一切困难和挑战。特别要感谢我的导师冯雷研究员，他给了我无数指导和帮助。同时还要感谢我的师兄、师姐、师弟、师妹以及同学和朋友们，他们给了很多的帮助、支持和建议！

本书的完成是学术生涯的新篇章，充满了收获的喜悦和对未来的向往，今后将沿着本书的选题方向持续研究下去，争取做出更好的科研成果。

李锋

2015 年 7 月

图书在版编目(CIP)数据

异质企业与中国经济升级/李锋著.—北京:社会科学文献出版社,
2015.11
　　ISBN 978 - 7 -5097 - 8124 - 1

　　Ⅰ.①异…　Ⅱ.①李…　Ⅲ.①企业发展 - 研究 - 中国
②中国经济 - 产业结构升级 - 研究　Ⅳ.①F279.2　②F121.3

　　中国版本图书馆 CIP 数据核字(2015)第 232859 号

异质企业与中国经济升级

著　　者/李　锋

出 版 人/谢寿光
项目统筹/陈　颖
责任编辑/陈　颖

出　　版/社会科学文献出版社·皮书出版分社(010)59367127
　　　　　地址:北京市北三环中路甲 29 号院华龙大厦　邮编:100029
　　　　　网址:www. ssap. com. cn
发　　行/市场营销中心(010)59367081　59367090
　　　　　读者服务中心(010)59367028
印　　装/三河市东方印刷有限公司

规　　格/开　本:787mm × 1092mm　1/16
　　　　　印　张:17.5　字　数:261 千字
版　　次/2015 年 11 月第 1 版　2015 年 11 月第 1 次印刷
书　　号/ISBN 978 - 7 -5097 - 8124 - 1
定　　价/79.00 元

本书如有破损、缺页、装订错误,请与本社读者服务中心联系更换

△ 版权所有 翻印必究